Toskana
Das Kochbuch

Herzlichen Dank für die fachkundige Führung durch Maria Angela Soldà, Florenz.

© 2010 Fackelträger Verlag GmbH
Rezepte und Texte: Sylvia Winnewisser
Fotos:
mauritius images/Jose Fuste Raga: S. 18
picture alliance/dpa: S. 76 o.r., 88, 100, 196 o.l.
Alle anderen Fotos: TLC Fotostudio
Coverfotos: unten: TLC Fotostudio, oben + S. 3: Werner Weber/Fotolia.com
Fotos der Weine: Jochen Arndt www.jochenarndt.com
Weinempfehlungen: Anja Schröder, Matthias Martens, Planet Wein
www.planet-weinhandel.de
Gesamtherstellung: Fackelträger Verlag GmbH
Alle Rechte vorbehalten
Printed in China
ISBN 978-3-7716-4458-1
www.fackeltraeger-verlag.de

TOSKANA

Das Kochbuch

INHALT

Vorwort	6–15	Secondi Piatti	140–209
Antipasti	16–63	Dolci	210–251
Zuppe	64–93	Rezeptverzeichnis	256
Primi Piatti	94–139		

EINLEITUNG

Die Toskana gilt als das Herz, „il cuore", Italiens. Das Gebiet zwischen Genua und Rom ist in Italien die Region mit der ursprünglichsten Tradition, der lebendigsten Kultur und der reinsten Sprache und natürlich auch diejenige mit dem besten Essen und dem beliebtesten Wein.

Die Region, die im Norden an die Emilia Romagna und Ligurien, im Südosten an Umbrien und die Marken und im Süden an Latium grenzt, liegt im oberen Teil des italienischen Stiefels. Im Westen wird sie durch das Ligurische Meer begrenzt.
Die Toskana hat von allem etwas zu bieten: Landschaften, die weltberühmt für ihre Schönheit und Natürlichkeit sind, Naturparks, Berge, Hügel und Täler und eine ausgedehnte Küste mit bekannten Touristenorten wie Viareggio, Livorno oder Grosseto.

Außer Florenz gibt es keine „richtigen" Großstädte in der Toskana, allerdings so bekannte Städte wie Pisa, Siena, Lucca, San Gimignano, in denen die Geschichte nicht nur ihre architektonischen Spuren hinterlassen hat. Beim Schlendern durch die Altstadtgässchen toskanischer Orte scheinen vergangene Zeiten aufzuleben. Aus der Gegenwart umweht uns der Duft von frisch gebackenem Brot und Gebäck, aus den Küchen der Trattorien dringt köstlicher Duft von gebratenem Fleisch, man kann Pizzabäckern bei der Arbeit zuschauen.

Die toskanische Landschaft ist bekannt für ihre abwechslungsreiche Fauna und Flora. Zypressen und vereinzelte Pinien säumen den Wegesrand oder die zahlreichen Weinberge und Olivenhaine, die den Lebensunterhalt vieler toskanischer Bauern sichern. Kleine Dörfer schmiegen sich an die Berghänge. In ihnen findet noch das ursprüngliche Leben statt: Die Wäsche flattert über der Straße, die Signori sitzen vor der Bar beim Caffè im Schatten und lassen sich auch von knatternden Motorrollern nicht aus der Ruhe bringen.

STÄDTE DER TOSKANA

Florenz ist die Provinzhauptstadt der Toskana. Mit ihren ca. 400 000 Einwohnern ist sie mit Abstand die größte aller toskanischen Städte. Die Haupteinnahmequelle der Florentiner ist der Tourismus. Daneben gibt es das Handwerk, darunter auch Kunsthandwerk, und ein wenig Industrie. Darüber hinaus hat Florenz eine berühmte Universität aus dem 14. Jahrhundert, in der heute etwa 50 000 Studenten eingeschrieben sind. Die Stadt selbst wurde von den Römern im 1. vorchristlichen Jahrhundert an dem Ort gegründet, wo sich heute Fiesole befindet. Sämtliche historische Bauwerke der Stadt wie der Palazzo Vecchio, der Campanile oder der berühmte Renaissance-Dom Santa Maria del Fiore samt Baptisterium weisen daraufhin, dass die Stadt einst sehr reich und mächtig war, besonders in den Zeiten der „Signoria", der Regierung, als das Bürgertum gro-

ßen Einfluss hatte. Im 14. und 15. Jahrhundert war es Europas Finanz- und Handelszentrum, in dem vor allem die Familie der Medici eine große Rolle spielte.

Aber auch in Kunst und Kultur war die Stadt richtungsweisend. Bedeutende Künstler und Gelehrte waren hier beheimatet, die in Florenz wirkten und später zu Weltruhm gelangten, darunter Donatello, Botticelli, Michelangelo, Leonardo da Vinci und Galileo. Viele ihrer Werke kann man noch heute in den Uffizien bewundern.

Das Zentrum der historischen Florentiner Altstadt bildet die Piazza della Signoria. Hier stehen nicht nur eine Kopie von Michelangelos David, sondern auch der berühmte Neptun-Brunnen und der Palazzo Vecchio, einst das Regierungsgebäude. Ein weiteres Schmuckstück ist der Ponte Vecchio, die Steinbrücke der Etrusker über den Arno. Viele Kunsthandwerker stellen hier ihre Waren in kleinen Häuschen aus. Der Ponte Vecchio verbindet die Uffizien, die bekannte Kunstsammlung, mit dem Palazzo Medici.

Zum Einkaufen sollte man unbedingt zum Mercato Centrale gehen, wo es auf zwei Ebenen alles gibt, was das Feinschmecker-Herz begehrt. Rundherum in den Altstadtgassen haben sich Weinhändler, Pasticcerien und Trattorien angesiedelt.

Pisa

Die drittgrößte toskanische Stadt mit fast 100 000 Einwohnern ist Pisa. Sie ist die Hauptstadt der Provinz Pisa und weltweit bekannt durch ihren Torre Pendente, den Schiefen Turm. Er wurde im 12. Jahrhundert als freistehender Glockenturm der Kathedrale ganz aus Marmor gebaut. Da der Untergrund aus instabilem Material wie Sand und Morast besteht – einst soll an dieser Stelle ein Hafenbecken gewesen sein –, neigte sich der Turm bald nach Südost. Die Bauarbeiten wurden unterbrochen, erst 100 Jahre später weitergeführt und erst im 14. Jahrhundert beendet. Die nächsten Stockwerke wurden von Anfang an schief gebaut. Doch baute man letztlich den Turm nur halb so hoch wie geplant. Mittels Bleibarren an der Unterseite versucht man heute, ihn zu stabilisieren.

Der Turm sowie die Kathedrale Santa Maria Assunta mit dem Baptisterium befinden sich auf dem Platz der Wunder, Piazza dei miracoli. An der Nordseite des Platzes ist der Camposanto monumentale untergebracht, eine große alte Begräbnisstätte im gotischen Stil, die noch heute antike Sarkophage beherbergt. Einst waren ihre Wände mit Fresken ausgemalt, die nach der Zerstörung im Zweiten Weltkrieg abgenommen und restauriert wurden und heute in Museen ausgestellt werden.

Fast die Hälfte der Pisaner Bevölkerung machen Studenten aus, denn auch in Pisa gibt es eine Universität, außerdem zwei Elitehochschulen des Landes.

Dank seiner Lage in der Nähe des Tyrrhenischen Meeres gehörte das unabhängige Pisa einst neben Genua, Venedig und Amalfi zu den Seefahrerstädten und verfügte sogar über eine eigene Stadt-Sprache. Im 15. Jahrhundert jedoch wurde es von Florenz übernommen und verlor seine Unabhängigkeit. Die Hafenstadt versandete allmählich und musste ihre Vormachtstellung später an Livorno abgeben.

Haupttouristenattraktion der Stadt ist allein die Piazza dei miracoli, die Altstadt Pisas ist sehr ursprünglich geblieben. Hier findet man noch die im Pisaner Gelb gestrichenen alten Häuser.

Berühmter Sohn Pisas ist Galileo Galilei, Wissenschaftler und Querdenker, der nur knapp dem Feuertod entkam, weil er seine Annahme, die Erde bewege sich um die Sonne, vor der Inquisition widerrief. Danach soll er jedoch den Satz gesagt haben: „Und sie bewegt sich doch." Übrigens soll Galileo die Fallgesetze auf dem Schiefen Turm entdeckt haben – eine Legende.

Livorno

Livorno, 20 km südöstlich von Pisa gelegen, ist Hauptstadt der gleichnamigen Provinz (ca. 165 000 Einwohner) und die zweitgrößte Stadt der Toskana. Sie liegt direkt am Tyrrhenischen Meer und nennt einen der bedeutendsten italienischen Häfen ihr eigen. Im Norden ist er

Umschlagplatz für Mineralöl, Autos und Container, im Süden ist er Anlegestelle für Fährschiffe nach Korsika und Sardinien und für die großen Kreuzfahrtschiffe.

Einst gehörte die Stadt zu Pisa und bildete den Vorposten des Pisaner Hafens. Doch nach dessen Versandung erhielt sie die alleinige Vormachtstellung. Aufgrund von politischen Veränderungen gehörte sie im 15. Jahrhundert zuerst zu Genua, dann wie Pisa zu Florenz, für das sie einen bedeutenden Zugangsort zum Meer darstellte. Der Hafen wurde ausgebaut und die Befestigungsanlage Fortezza Vecchia errichtet.

Im 16. und 17. Jahrhundert erlebte die Stadt eine Lockerung durch das Toleranzgesetz, das Händlern jeder Art, Kultur und Glaubensrichtung den Aufenthalt in der Stadt erlaubte. So bildete sich bald ein Vielvölkergemisch in der Stadt, deren ehemaliger Wohlstand einigen wenigen, nicht zerstörten Bauwerken noch heute anzusehen ist.

Diese Freiheit im Geiste war mit der Grund, weshalb sich zu Beginn des 20. Jahrhunderts in Livorno die Kommunistische Partei Italiens gründete. Noch heute gilt Livorno als die Hochburg der Linken in Italien, wenn auch mit abnehmender Tendenz, ihr Sprachrohr ist unter anderem die satirische Zeitung Il Vernacoliere.

Kulinarisch gesehen profitiert Livorno von seiner Lage am Meer. Fisch und Meeresfrüchte werden hier in den Küchen in vielen Variationen und immer frisch zubereitet. Bekanntestes Gericht der Livorneser ist ihr Caciucco, der Fischtopf, der das enthält, was die Fischer jeweils mitbringen.

Viareggio

In Viareggio in der Provinz Lucca herrscht weniger eine Hafenstadtatmosphäre als eine Seebadstimmung. Hier treffen sich Touristen zum Baden am Strand, der nicht nur einer der längsten, sondern auch einer der schönsten in Italien ist. Die Strandpromenade wird von

Pinienwäldern gesäumt, um den Wind abzuhalten, im Hintergrund sieht man die Apuanischen Alpen. Teile der Wälder gehören bereits zu einem Naturpark.

Darüber hinaus gibt es in Viareggio marmorverarbeitende Industrie, Schiffsbau und einige Töpfereien.

Etwa 4 km landeinwärts befindet sich der See Lago di Massaciuccoli, an dem Giacomo Puccini in einer Villa die letzten 30 Jahre seines Lebens verbrachte.

Lucca

Lucca ist mit seinen etwa 85 000 Einwohnern Hauptstadt der Provinz Lucca in der Toskana. Die Stadt liegt etwa 20 km von der Küste entfernt im Tal des Flusses Serchio. Ob sie von den Etruskern oder den Römern gegründet wurde, ist nicht ganz geklärt. Heute eher beschaulich, hatte die Stadt im 13. und 14. Jahrhundert jedoch größten Einfluss in Europa. Bedeutend war die Seidenweberindustrie Luccas. Doch politische Unruhen sorgten dafür, dass viele der Färber und Seidenweber nach Venedig auswanderten und dort ihr Handwerk ausübten. Damit begann der wirtschaftliche Untergang Luccas.

Von seiner Machtstellung zeugen noch heute die vollständig erhaltenen Befestigungsanlagen rund um die Stadt sowie große Plätze und Türme wie der Torre delle Ore. Einer der Plätze ist die berühmte Piazza dell' Anfiteatro. Dieser Bereich wurde auf den Überresten eines römischen Amphitheaters erbaut, wovon auch die elliptische Form zeugt.

Lucca hat berühmte Leute hervorgebracht: neben Malern wie Anselmi auch Künstler wie Pietro Testa, Architekten, Päpste und Komponisten wie Giaccomo Puccini, der 1858 in Lucca geboren wurde und dort nach dem Musikstudium seine Karriere als Organist und später erfolgreicher Komponist begann.

Heute ist Lucca neben seiner historischen Bedeutung für sein Olivenöl bekannt.

Siena

Siena ist mit seinen knapp 55 000 Einwohnern eine eher kleine toskanische Stadt. Dennoch ist sie nicht weniger berühmt als zum Beispiel Florenz, denn sie wird zu den schönsten italienischen Städten gezählt. Die gotische Altstadt ist seit 1995 UNESCO-Weltkulturerbe. Die Universität von Siena ist eine der ältesten Italiens. Entsprechend geprägt ist das Stadtbild von jungen Menschen, die hier studieren und Leben in die alten Gässchen bringen. Sie treffen sich am

Abend auf der Piazza del Campo in der Mitte der Stadt, auf der alljährlich auch der berühmte Palio stattfindet, ein Pferderennen, das einen Wettstreit aller Sieneser Stadtteile darstellt und auf das Mittelalter zurückgeht. Der Palio findet zweimal jährlich statt. Am Campo befindet sich der Palazzo Pubblico, der ehemalige Regierungssitz mit dem Torre del Mangia.

Der Dom von Siena ist ein Meisterstück gotischer Baukunst aus schwarzem und weißem Marmor. Weitere Kirchen, das Ospedale Santa Maria della Scala und einige Museen gehören außerdem zu den Sehenswürdigkeiten der Stadt.

Weltberühmt ist das Panforte di Siena, ursprünglich ein Weihnachtsgebäck aus Mandeln, Mehl, kandierten Früchten und Honig, das es heute jedoch das ganze Jahr über gibt, denn es zählt neben Wein, Cantuccini und getrockneten Steinpilzen zu DEN Mitbringseln aus der Toskana. Sieneser sagen, es muss so viele Zutaten haben wie es Stadtteile gibt, nämlich 17.

Bekannte Sieneser sind heute die Sängerin Gianna Nannini und ihr Bruder, der ehemalige Rennfahrer Alessandro, der das für die Kaffee-, Gebäck und Eisspezialitäten berühmte traditionsreiche Familienunternehmen führt.

GRUNDREZEPTE

Pastateig

Für ca. 4–6 Portionen
250 g Weizenmehl, Type 405
2 Eier
4 Eigelb
Salz
Grieß
Mehl für die Arbeitsfläche

Das Mehl auf eine Arbeitsfläche sieben. In die Mitte eine Mulde drücken. Die Eier aufschlagen und in die Mulde geben.

Einige Esslöffel Mehl mit etwas Salz und Wasser vermischen und zu den Eiern geben.

Mit einem Kochlöffel Mehl und Eier von außen nach innen vermischen. Wenn der Teig fest wird, mit den Händen weiterkneten, bis ein fester, glatter Teig entstanden ist. Mit Grieß bestreuen und 1 Stunde ruhen lassen.

Den Nudelteig mit dem Nudelholz sehr dünn ausrollen. Sollte er zu kleben beginnen, Mehl oder Grieß zugeben. 30 Minuten ausgerollt ruhen lassen.

Den Teig nun in die gewünschte Form rollen oder in die Nudelmaschine geben und Pasta zuschneiden. Für Bandnudeln den Teig zum Beispiel in etwa 1,5 cm breite Streifen schneiden.

Nudeln in kochendem Salzwasser bissfest garen, abtropfen lassen und servieren.

Zubereitungszeit: ca. 20 Minuten
(plus Ruhe- und Kochzeit)

TIPP:

Der Pastateig kann je nach Rezept mit Kräutern, getrockneten Tomaten, Pilzen, Chili, Kürbis, Kastanienmehl, Tintenfischtinte oder Grieß verfeinert werden.

Risotto

Für 4 Portionen
1 Zwiebel
85 g Butter
300 g Rundkornreis für Risotto
100 ml trockener Weißwein
1 l Hühner-, Fleisch- oder Gemüsebrühe
Salz
Pfeffer
75 g frisch geriebener Parmesan

Die Zwiebel schälen und fein hacken. 1 El Butter in einem Topf erhitzen und die Zwiebel darin glasig schmoren.

Den Reis waschen, abgießen und abtropfen lassen. Die Brühe erhitzen. Den Reis zur Zwiebel geben und unter Rühren darin anschwitzen, bis er mit einem Fettfilm überzogen ist.

Den Wein und 100 ml heiße Brühe zugeben und unter Rühren unter den Reis mischen. Bei geringer Temperatur köcheln, bis der Reis die Flüssigkeit vollständig aufgenommen hat.

Nach und nach die restliche Brühe schöpfkellenweie zugeben und vom Reis aufnehmen lassen.

Wenn der Reis noch bissfest ist, aber eine cremige Konsistenz hat, ist das Risotto fertig. Das dauert etwa 35 bis 40 Minuten. Mit Salz und Pfeffer abschmecken. Restliche Butter und Parmesan unterrühren.

Zubereitungszeit: ca. 15 Minuten
(plus Schmor- und Kochzeit)

TIPP:

Risotto kann je nach Rezept mit Gemüse, Pilzen, Kräutern, Safran, Fisch, Meeresfrüchten usw. zubereitet werden. Diese Zutaten werden vorgekocht und etwa 5 Minuten vor Ende der Garzeit unter das Risotto gehoben und darin erhitzt.

Polenta

Für 4 Portionen
250 g Maisgrieß
Salz
1 El Butter oder Olivenöl

In einem großen Topf etwa 1,5 l Wasser mit etwas Salz zum Kochen bringen.

Den Maisgrieß hineinstreuen und gut unterrühren. Es dürfen keine Klumpen entstehen.

Den Grieß bei geringster Temperatur etwa 30 Minuten quellen lassen, bis dicker Brei entstanden ist. Butter unterheben und servieren.

Zubereitungszeit: ca. 10 Minuten
(plus Quellzeit)

VARIATION:

Für gebratene Polenta den Grieß in nur 750 ml kochendes Salzwasser einrühren und 15 Minuten quellen lassen.

Anschließend auf ein mit Wasser ausgespültes Backblech oder ein Küchenbrett streichen und abkühlen lassen. In Stücke schneiden und in Olivenöl knusprig braten.

ESSEN UND TRINKEN IN DER TOSKANA

Einige typische Produkte der Toskana werden hier vorgestellt. Weitere sind in den einzelnen Kapiteln beschrieben.

Wein

Das bekannteste Rotweinanbaugebiet liegt im Chianti zwischen Pisa und Montalcino. Es ist unterteilt in die Gebiete Colli Senesi, Colli Fiorentini, Colli Aretini, Colline Pisane, Colli Montalbano, Colli Lucchesi, Colli Montespertoli. Der steinige Boden der Region und das Mittelmeerklima mit dem typischen Wind, der vom Meer herüberweht, verleihen den Trauben ihren ganz typischen Geschmack. Im Gebiet zwischen Siena und Florenz wird der Chianti Classico produziert, der zu 80 % aus Sangiovesetrauben besteht, und durch den Gallo nero, den schwarzen Hahn, auf dem Etikett gekennzeichnet ist. Bekannte Weinorte des Chianti sind Castellina, Greve und Radda. Weitere bekanne Weinorte der Toskana sind Montepulciano mit seinem Vino Nobile und Montalcino mit dem Brunello.

Der bekannteste Weißwein der Region ist der Vernaccia di San Gimignano.

Olivenöl

Der steinige Boden der toskanischen Hügelgebiete bietet auch Olivenbäumen gute Wachstumsbedingungen. Und so gehören zu einem Weingut meist auch Olivenhaine, so dass der Weinbauer gleichzeitig Olivenölproduzent ist. Doch die Ausbeute ist eher gering. Erst nach 5 Jahren tragen Olivenbäume erste Früchte, die Ernte erfolgt von Hand und die Verarbeitung muss wegen des steigenden Säuregehalts rasch erfolgen und ist aufwändig. Das qualitativ hochwertigste Öl ist das „olio di oliva extravergine". Es hat höchstens 0,8 % Säure je 100 ml. Auf dem Etikett sollte außerdem stehen, wo das Öl produziert und abgefüllt wurde, am besten mit genauer Lagebezeichnug, sowie eine Herkunftsgarantie (DOC).

Käse

Pecorino ist der typische Käse der Toscana. Die Schafe, die die Milch liefern, weiden das ganze Jahr über auf saftigen Wiesen unter Olivenbäumen. Im Frühjahr fressen sie frische Kräuter, die dem Käse noch einen zusätzlichen aromatischen Geschmack geben. Jeder Käsehersteller, *formaggiaio*, hat sein eigenes Rezept für den Käse. Mancher lässt den Laib in Traubentrester reifen, ein anderer reibt ihn mit Asche ein. Eine Spezialität ist der *formaggio di fossa*. Hier reift der Pecorino in einer Höhle, abgeschlossen unter Stroh, Kräutern und Gips. Am Ende kommt ein würziger von Hefepilzen überzogener Käse dabei heraus. Aus der Molke, die bei der Pecorinoherstellung übrigbleibt, wird der Frischkäse Ricotta hergestellt.

Brot

Das typische Weißbrot der Toskana, das zu jedem Essen vom Frühstück bis zum Abendessen gereicht wird, ist eine Mischung aus Mehl, Hefe und Wasser. Salz enthält es nicht. Damit es besser geht, wird das Kreuzzeichen in den Teig geritzt. Gebacken wird es im Steinofen.

Kräuter

Typische Kräuter der Toskana sind Basilikum, Salbei und Rosmarin. Sie gedeihen überall und werden vielen Speisen zugegeben. Basilikum würzt vor allem Tomatengerichte, Salbei gehört zu Pasta, Rosmarin zu Fleisch und Gemüse.

Pilze

Pilze gehören in der Toskana wie in ganz Norditalien zur täglichen Speiseauswahl dazu. Das Land ist reich gesegnet mit Wäldern, in denen vor allem Steinpilze, Birkenpilz, Kaiserling und im Sommer Pfifferlinge gedeihen. Auch weiße oder schwarze Trüffel findet man an bestimmten Orten um Siena und Pienza, aber nicht ohne tierische Hilfe. Im Herbst werden Feste zu Ehren des „tartufo" gefeiert. Steinpilze, frisch oder getrocknet, sind zu erschwinglichen Preisen überall zu haben.

Nüsse, Kastanien und Pinienkerne

Im Herbst reifen die Nüsse und Kastanien in den Wäldern der Toskana. Pinien liefern ihre Kerne. Sie werden fleißig gesammelt und als Zutaten für typische Backwaren wie Kastanienfladen und Panforte oder Süßspeisen wie Eis verwendet. Pinienkerne findet man unter anderem im Pesto.

ANTIPASTI

Die Toskana hat nicht nur einiges an kulturellen Sehenswürdigkeiten zu bieten, sie ist bei Feinschmeckern auch als absolutes Schlemmerparadies bekannt.

Ebenso wie die italienischen Baumeister ihre Werke kunstvoll, architektonisch wertvoll und so unverwüstlich wie den weltberühmten schiefen Turm zu Pisa geschaffen haben, verstehen es italienische Köchinnen und Köche, ihre Speisen unverwechselbar und einmalig zuzubereiten. Fast möchte man ihnen auch hierfür das Prädikat „Weltkulturerbe" verleihen. Die Toskana gilt schlechthin als der Landstrich Italiens, der durch eine besonders abwechslungsreiche Landschaft geprägt ist – von der Küste über das Flachland bis zu den Alpenregionen. Darüber hinaus ist die Toskana besonders fruchtbar: Berühmt sind die toskanischen Weine, geschätzt das gute Fleisch der Rinder und des Wildes. Fische und Meeresfrüchte, Gemüse und Obst gibt es in Hülle und Fülle.

ANTIPASTI

Wie in anderen Ländern auch beginnt die Speisenfolge in einem italienischen Ristorante oder einer Trattoria mit einer Vorspeise, den vielseitigen Antipasti.

Crostini mit Hühnerleber, Frittata mit Spinat, Bruschetta mit Trüffeln sind nur einige der Köstlichkeiten aus der toskanischen Anipasti-Speisekarte. Weitere wie Brotsalat, gegrillte Sardinen, Spinatpudding und frische Artischocken stellen wir Ihnen mit Rezepten vor. Probieren Sie auch unbedingt das Vitello mit Steinpilzen oder die gefüllten Tomaten.
Bereits beim Nachkochen werden Sie in mediterranen Gerüchen und Aromen schwelgen.

19

CROSTINI MIT OLIVENPASTE   CROSTINI MIT STEINPILZEN   CROSTINI MIT KÜRBISPASTE

CROSTINI MIT MUSCHELN    **CROSTINI MIT GESCHMORTEM KOHL**   **CROSTINI MIT PESTO**

CROSTINI MIT HÜHNERLEBER
CROSTINI DI FEGATELLI

Für 4 Portionen
200 g Hühnerleber*
1 Zwiebel*
½ Bund Petersilie*
2 El Olivenöl
Salz
3 El Weißwein*
1 Tl Kapern*
1–2 Sardellen*
4 Ciabattascheiben
2 Knoblauchzehen

Zubereitungszeit: ca. 15 Minuten (plus Bratzeit)
Pro Portion ca. 210 kcal/882 kJ
13 g E · 9 g F · 17 g KH

Die Leber waschen, trocken tupfen und von Haut und Sehnen befreien. Die Zwiebel schälen und hacken. Die Petersilie waschen, trocken schleudern und hacken. Das Öl in einer Pfanne erhitzen und die Leber mit Zwiebel und Knoblauch darin anbraten. Mit Salz abschmecken und den Wein angießen. Die Masse unter Rühren 3 Minuten schmoren, dann die Kapern und gewässerten Sardellen unterrühren. Die Mischung etwas abkühlen lassen, dann im Mixer fein pürieren. Die Ciabattascheiben im Toaster oder Backofen rösten. Die zweite Knoblauchzehe schälen und die Brotscheiben damit einreiben. Die Lebermasse auf die Brotscheiben streichen, diese halbieren und servieren.

* Die mit einem Sternchen versehenen Zutaten können ausgetauscht werden. Gewürze und Kräuter je nach Belieben.

FRITTATA MIT TOMATEN UND ZUCCHINI
FRITTATA CON POMODORO E ZUCCHINE

Für 4 Portionen
300 g Tomaten
1 mittelgroße Zucchini
3 El Olivenöl
Salz
Pfeffer
5 Eier
2 El frisch geriebener Pecorino
½ Bund Basilikum

Zubereitungszeit: ca. 20 Minuten (plus Bratzeit)
Pro Portion ca. 240 kcal/1008 kJ
13 g E · 20 g F · 4 g KH

Die Tomaten mit kochendem Wasser übergießen, von Stielansätzen, Häuten und Kernen befreien und würfeln. Die Zucchini putzen, waschen und ebenfalls fein würfeln. 2 El Olivenöl in einer Pfanne erhitzen und die Tomaten- und Zucchiniwürfel darin etwa 8 Minuten schmoren. Mit Salz und Pfeffer würzen. Das Gemüse aus der Pfanne heben, gut abtropfen lassen. Die Eier verquirlen. Das Gemüse und den Käse unterrühren. Das Basilikum waschen, trocken schütteln und in feine Streifen schneiden. Unter die Eimasse heben und würzen. Das restliche Olivenöl in der Pfanne erhitzen und die Eimasse darin bei geringer Temperatur stocken lassen. Frittata wenden und von der unteren Seite braten. Frittata in Stücke schneiden und servieren. Dazu schmeckt ein grüner Salat.

"SAN BENEDETTO" ZENATO, LUGANA, GARDASEE

Der klare und frische Weißwein mit fruchtigen Aromen klingt am Gaumen rund mit guter Länge und frischem Finish aus.

PECORINO ist der typische Käse der Toskana: ein aus Schafsmilch (ital. *pecora* = Schaf) hergestellter Hartkäse, der zum Füllen und Überbacken vieler Gerichte verwendet wird. Die Schafsmilch wird auf etwa 40 °C erhitzt und mit Lab versetzt. Der Käsebruch wird erneut erhitzt und in Formen gepresst. Ursprünglich stammt der Pecorino aus Sardinien.

ZUCCHINI sind beliebte Gemüse, die man in allen Variationen in der italienischen Küche findet. Die Mitglieder der Kürbisfamilie werden gebraten, geschmort, gebacken, gegrillt, für Suppen und zusammen mit anderen Gemüsesorten als Füllung verwendet. Mariniert sind sie überall im Land Bestandteil der Antipasti. Neben den grünen gibt es auch gelbe Zucchini, die in der Einzahl Zucchino genannt werden.

BRUSCHETTA MIT TRÜFFELN
BRUSCHETTA AL TARTUFO

Die Trüffeln putzen, waschen und trocken tupfen. Mit einem Trüffelhobel in dünne Scheiben hobeln. Das Öl in einer Pfanne erhitzen und die Trüffelscheiben darin 10–15 Sekunden wenden. Herausnehmen. Das Brot im heißen Öl von beiden Seiten goldbraun rösten, herausnehmen und auf Küchenpapier abtropfen lassen. Die Knoblauchzehe schälen, die Brotscheiben damit einreiben. Die Trüffelscheiben auf den Brotscheiben verteilen, würzen und mit Thymian bestreut servieren.

Für 4 Portionen
2 schwarze Trüffeln
3 El Olivenöl
4 Scheiben Bauernbrot
1 Knoblauchzehe
Salz
Pfeffer
½ Tl frische Thymianblättchen

Zubereitungszeit: ca. 10 Minuten (plus Röstzeit)
Pro Portion ca. 172 kcal/720 kJ
4 g E · 10 g F · 18 g KH

TIPP:

Die typische italienische Bruschetta wird mit geröstetem Weißbrot und einer Tomaten-Zwiebel-Mischung zubereitet. Es ist aber auch jeder andere Belag denkbar.

BROTSALAT PANZANELLA

Das Brot in Scheiben schneiden und in einer Schüssel mit kaltem Wasser einweichen. Die Zwiebel schälen und in dünne Ringe schneiden. Die Knoblauchzehen schälen und fein hacken. Die Tomaten mit kochendem Wasser übergießen, Stielansätze, Häute und Kerne entfernen und die Tomaten würfeln. Die Gurke schälen und ebenfalls würfeln. Wenn das Brot weich ist, aus dem Wasser nehmen und sehr gut ausdrücken. Dann mit den Händen in eine Schüssel zerkrümeln. Zwiebel, Knoblauch, Tomate und Gurke hinzufügen. Aus Essig, Öl, Gewürzen und Kräutern ein Dressing bereiten und mit dem Salat mischen. Den Brotsalat vor dem Servieren etwa 1 Stunde kühl stellen. Vor dem Servieren erneut abschmecken.

Für 4 Portionen
500 g altbackenes Brot
1 rote Zwiebel
2 Knoblauchzehen
5 Tomaten
½ Salatgurke
3 El Rotweinessig
4 El Olivenöl
Salz
Pfeffer
2 El frisch gehackte Petersilie
2 El fein gehacktes Basilikum

Zubereitungszeit: ca. 20 Minuten
(plus Einweich- und Kühlzeit)
Pro Portion ca. 430 kcal/1800 kJ
10 g E · 13 g F · 65 g KH

BASILIKUM hat seinen Namen dem griechischen Wort *basileús*, König, zu verdanken und wird deshalb auch Königskraut genannt. Es gibt zahlreiche Sorten des aromatischen Krautes, von rotem Basilikum über Limonen- bis zum Thai-Basilikum. Basilikum schmeckt roh am intensivsten; die Blätter nicht schneiden, sondern zupfen.

GLATTE PETERSILIE ist die Schwester der krausen Petersilie, im Geschmack aber wesentlich intensiver. Auch sie verdankt ihren Namen dem Griechischen (*petroselinon* = Steinteppich). Die Italiener nennen sie prezzemolo, es gibt auch eine eigene Art, die italienische Petersilie. Erst zum Schluss zugeben, damit die Vitamine erhalten bleiben.

GEFÜLLTE STEINPILZE
FUNGHI PORCINI RIPIENI

Für 4 Portionen
1 Brötchen vom Vortag
200 g Rinderhack
50 g gewürfelte Kalbsleber
30 g schwarze Oliven ohne Stein
1 Schalotte
1 Knoblauchzehe
8 große Steinpilzhüte
1 Ei
50 g frisch geriebener Parmesan
Salz
Pfeffer
1 El frisch gehackter Salbei
1 El gehackte Petersilie
Olivenöl

Zubereitungszeit: ca. 20 Minuten
(plus Backzeit)
Pro Portion ca. 425 kcal/1785 kJ
26 g E · 30 g F · 12 g KH

Das Brötchen in warmem Wasser einweichen. Das Hackfleisch mit der Kalbsleber mischen. Die Oliven hacken. Die Schalotte und Knoblauchzehe schälen und fein hacken. Die Pilzhüte putzen, feucht abreiben, das Innere der Hüte aushöhlen und oben von den Hüten eine Scheibe abschneiden. Das eingeweichte Brötchen ausdrücken.

Den Backofen auf 180 °C (Umluft 160 °C) vorheizen. Die vorbereiteten Zutaten bis auf die Pilzhüte mischen und mit Ei und Parmesan im Mixer fein pürieren. Mit Salz und Pfeffer würzen, die Kräuter untermischen. Die Fleischfarce in die Pilzhüte füllen und die abgeschnittene Kappe wieder aufsetzen. Die Pilzhüte mit etwas Öl einstreichen und auf ein Backblech setzen. Im Ofen etwa 20 Minuten backen. Mit Polenta servieren.

GEGRILLTE SARDINEN
SARDELLE ALLA GRIGLIA

Die Sardinen waschen, die Köpfe entfernen, die Sardinen trocken tupfen. Den Backofengrill vorheizen. Die Fische mit Olivenöl einstreichen und mit Salz und Pfeffer einreiben. Den Pancetta in Streifen schneiden und jede Sardine mit einem Streifen Speck umwickeln. Sardinen in eine ofenfeste Form oder auf ein Backblech legen und etwa 4–5 von jeder Seite grillen. Anschließend mit Petersilie bestreuen und mit Zitronenspalten servieren. Dazu frisches Brot reichen.

Für 4 Portionen
1 kg frische küchenfertige Sardinen
4 El Olivenöl
grobes Meersalz
Pfeffer
4 Scheiben Pancetta
3 El frisch gehackte Petersilie
Zitronenspalten zum Servieren

Zubereitungszeit: ca. 15 Minuten (plus Grillzeit)
Pro Portion ca. 550 kcal/2300 kJ
49 g E · 40 g F · 12 g KH

TIPP:

Statt mit Petersilie können die gegrillten Sardinen mit anderen frischen Kräutern wie Thymian, Rosmarin oder Kerbel verfeinert werden.

MARINIERTE PAPRIKA   MARINIERTE ZUCCHINI MIT ROSINEN   MARINIERTE MÖHREN

MARINIERTE FRÜHLINGSZWIEBELN MIT DATTELN

MARINIERTER ROTKOHL MIT GETROCKNETEN FEIGEN

MARINIERTE CHAMPIGNONS

MARINIERTER LAUCH PORRI MARINATI

Für 4 Portionen
4 Lauchstangen*
Salz
15 Pinienkerne*
125 ml weißer Aceto*
3 El Zucker*
15 g getrocknete Aprikosen*
2 rote Chilischoten*
1 El abgeriebene Schale von 1 unbehandelten Orange*

Zubereitungszeit: ca. 20 Minuten
(plus Koch- und Marinierzeit)
Pro Portion ca. 65 kcal/260 kJ
1 g E · 1 g F · 10 g KH

Den Lauch gründlich putzen, waschen und nur das Hellgrüne und Weiße in etwa 5 cm lange Stücke schneiden. In reichlich kochendem Salzwasser etwa 3 Minuten blanchieren, herausnehmen, in kaltem Wasser abschrecken und abtropfen lassen.

Die Pinienkerne in einer Pfanne ohne Fett rösten und herausnehmen. Den Aceto und 125 ml Wasser in die Pfanne gießen und aufkochen. Den Zucker einrühren. Die Aprikosen fein hacken und ebenfalls in die Pfanne geben. Die Mischung etwa 10 Minuten köcheln. Inzwischen die Chilis putzen, waschen, entkernen und in dünne Ringe schneiden. Mit der Orangenschale in die Pfanne geben und alles weitere 5 Minuten köcheln.

Den abgetropften Lauch in einer Schüssel mit dem Sud übergießen, mit den Pinienkernen bestreuen und mindestens 2 Stunden marinieren.

* Die mit einem Sternchen versehenen Zutaten können ausgetauscht werden. Gewürze und Kräuter je nach Belieben.

SPINATPUDDING
SFORMATO DI SPINACI

Für 1 Form von 1,5 l Inhalt
80 g Butter
80 g Mehl
250 ml Milch
250 ml Gemüsebrühe
Salz, Pfeffer
frisch geriebene Muskatnuss
1 kg frischer Spinat
2 Eier
125 g geriebener Parmesan
125 g gewürfelter Fontina
Butter und Paniermehl für die Form

Zubereitungszeit: ca. 25 Minuten
(plus Koch- und Garzeit)
Pro Portion ca. 637 kcal/2675 kJ
34 g E · 46 g F · 20 g KH

Die Butter in einem Topf schmelzen und das Mehl darin anschwitzen. Die Milch und die Brühe zugeben und unter Rühren eine Sauce herstellen. Mit Salz, Pfeffer und Muskatnuss abschmecken. Den Spinat putzen, verlesen, gut waschen, tropfnass in einen Topf geben und erwärmen. Wenn der Spinat zusammengefallen ist, herausnehmen, ausdrücken und hacken. Mit der Bechamelsauce, den Eiern, dem Parmesan und dem Fontina mischen und mit Salz, Pfeffer und Muskat abschmecken. Eine Puddingform mit Butter ausstreichen und mit Paniermehl ausstreuen. Die Spinatmasse hineinfüllen. Die Puddingform in die mit Wasser gefüllte Fettpfanne des Backofens stellen und den Pudding 40 Minuten bei 200 °C garen. Anschließend stürzen und in Scheiben schneiden. Als Vorspeise oder Beilage servieren.

Die MUSKATNUSS hat ihren Namen zu Unrecht, denn sie ist der Samen des Muskatbaumes, keine Nuss. In der Küche verwendet man sie am besten frisch gemahlen (so entfaltet sie ihr Aroma am intensivsten) und sparsam dosiert als Gewürz für Gemüsegerichte, Fleisch und Süßspeisen. In Italien liebt man geriebene Muskatnuss zu Spinatgerichten. In zu großen Mengen ist Muskat unverträglich.

SPINAT (ital. *spinaci*) wird als Schreck vieler Kinder sehr verkannt. Auch wenn er nicht so eisenhaltig ist wie einst angenommen, schmecken die frischen jungen Blätter des Frühlings- und Sommerspinats überaus delikat. Winterspinat ist kräftiger in Blatt, Stiel und Geschmack. In Italien wird er als Teig-, Fleisch-, Fisch- und Nudelfüllung sehr geschätzt. Übrigens ist Spinat reich an Kalium, Kalzium und Magnesium und hat ca. 2 g Eisen/100 g.

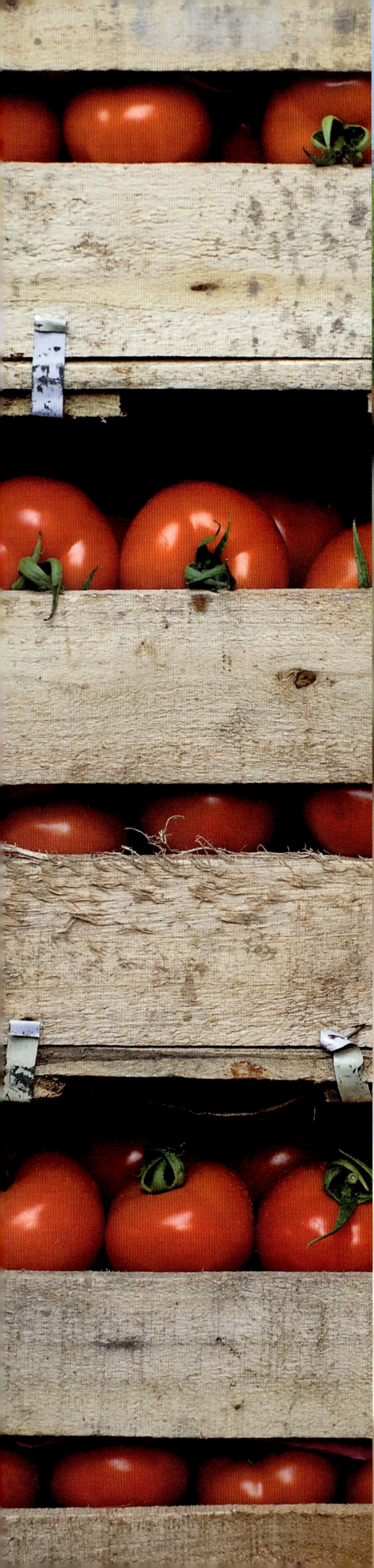
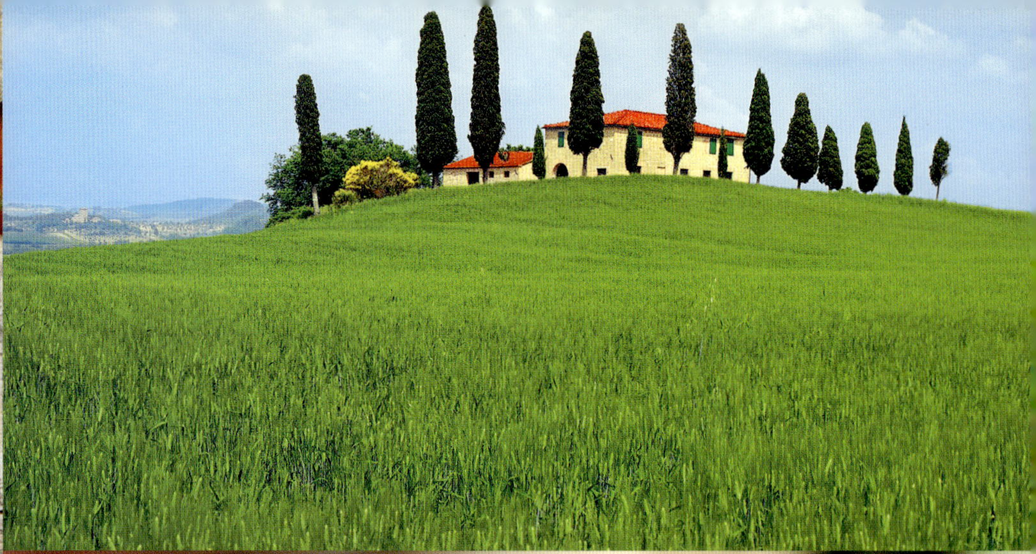
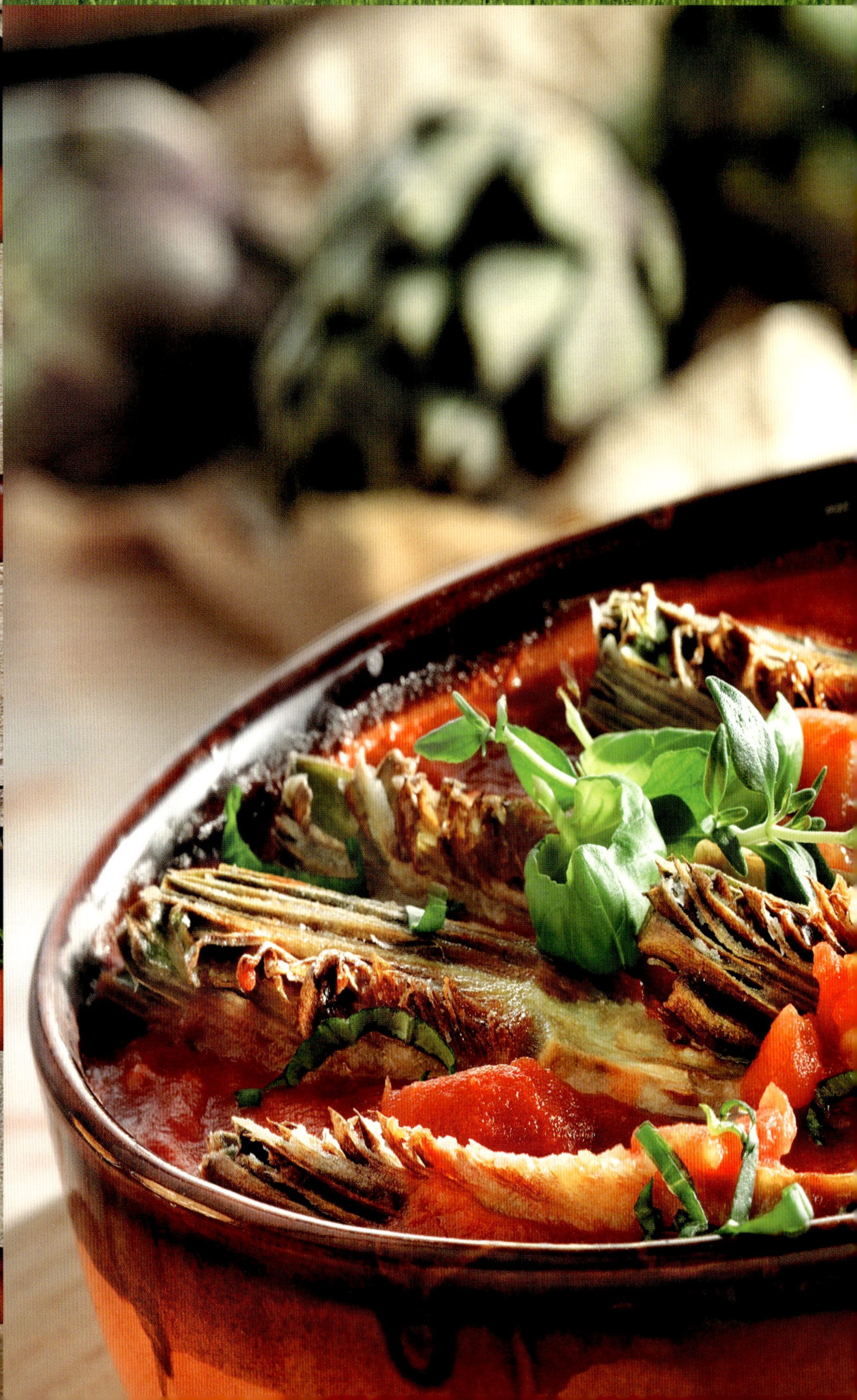

GEKOCHTE ARTISCHOCKEN
CARCIOFI RIFATTI

Die Artischocken putzen. Die Stiele bis auf 3 cm abschneiden und schälen, die äußeren harten Blätter entfernen, die Blattspitzen abschneiden, die Artischocken in vier Teile schneiden. Artischocken in eine Schüssel mit Wasser und Zitronensaft legen. Das Mehl auf einen Teller geben. Das Öl in einem Topf erhitzen. Die Artischocken aus dem Zitronenwasser nehmen und gut trocken tupfen. Im Mehl wenden und im heißen Öl hellbraun braten. Die Tomaten zugeben und mit Brühe auffüllen, sodass die Artischocken bedeckt sind. Mit Salz und Pfeffer würzen und etwa 20 Minuten köcheln, bis die Sauce dickflüssig wird. Mit Thymian und Basilikum würzen.

Für 4–6 Portionen
12 kleine Artischocken
Saft von 1 Zitrone
200 g Mehl
50 ml Sonnenblumenöl
400 g passierte Tomaten
Gemüsebrühe
Salz
Pfeffer
1 TL frisch gehackter Thymian
1 El frisch gehacktes Basilikum

Zubereitungszeit: ca. 25 Minuten
(plus Kochzeit)
Pro Portion ca. 417 kcal/1750 kJ
14 g E · 14 g F · 58 g KH

TIPP:

Im Mai werden Artischocken in Italien frisch geerntet. Wenn Sie Gelegenheit haben, zu dieser Zeit in der Toskana zu sein, lassen Sie sich den Genuss frisch zubereiteter Artischocken nicht entgehen.

37

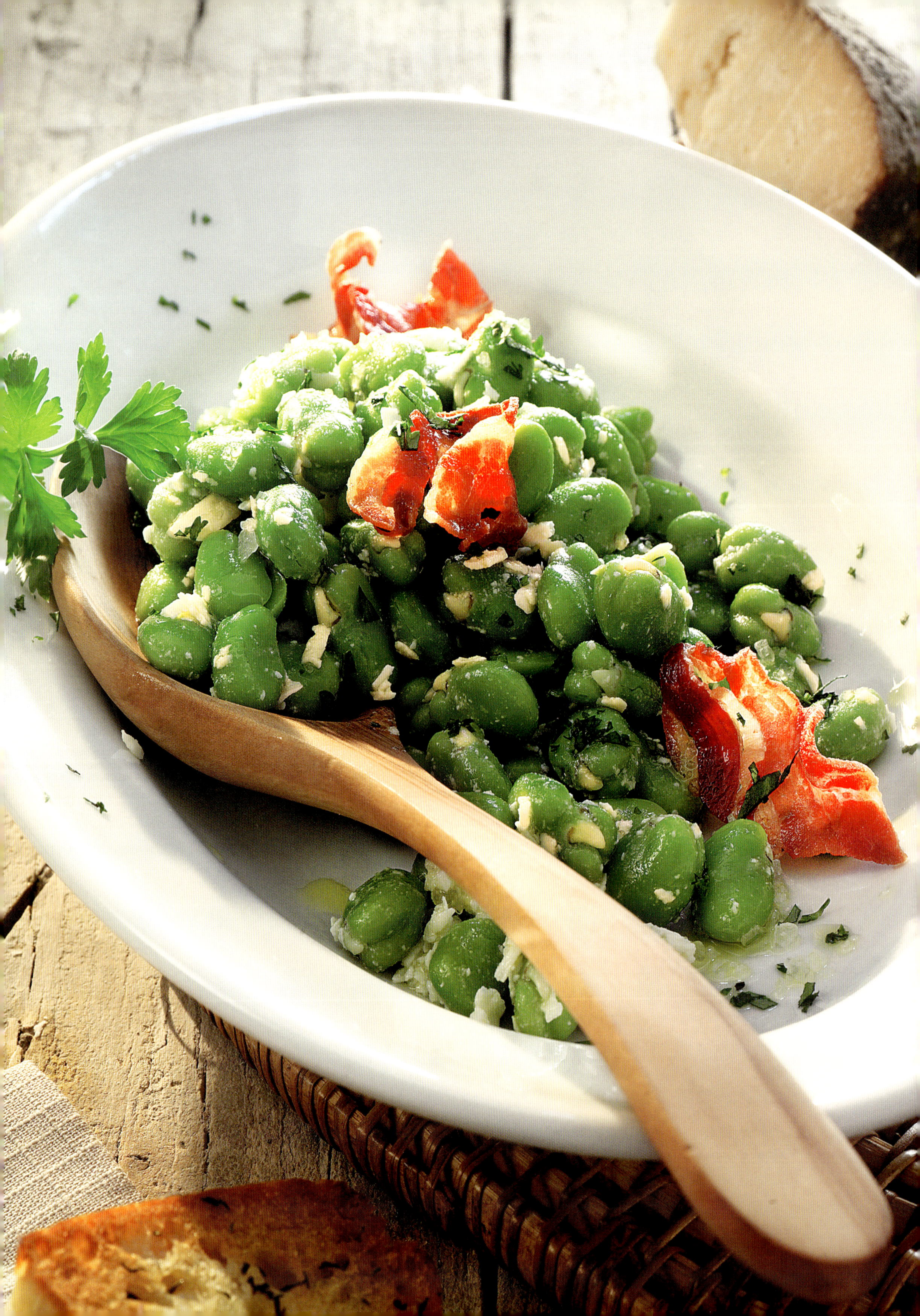

DICKE BOHNEN MIT PECORINO
FAVE E PECORINO

Für 4 Portionen
1 kg dicke Bohnen mit Hülse
100 ml kalt gepresstes Olivenöl
5 g grobes Meersalz
150 g alter Pecorino
1 El frisch gehackte Petersilie

Zubereitungszeit: ca. 20 Minuten
(plus Zeit zum Blanchieren)
Pro Portion ca. 595 kcal/2499 kJ
29 g E · 39 g F · 31 g KH

Die Bohnen aus den Hülsen schälen und etwa 7 Minuten in kochendem Wasser blanchieren. Abgießen und mit eiskaltem Wasser abschrecken. Anschließend die Haut der Bohnen abziehen. Gehäutete Bohnenkerne in einer Schüssel mit dem Olivenöl und dem Salz mischen. Den Pecorino reiben und unter die Bohnen mischen. Mit Petersilie bestreut servieren.

Ohne OLIVENÖL wird in Italien nirgendwo gekocht. Dabei unterscheiden die Italiener grob drei verschiedene Geschmacksrichtungen: leichte Öle, Öle mit mittelfruchtigem Aroma und solches mit intensiv- fruchtigem Geruch, das einen bitteren Unterton haben kann. Für Salate und Vorspeise sollte nur hochwertiges, kalt gepresstes Öl aus der ersten Pressung (extra vergine) verwendet werden.

TIPP:
Verfeinern Sie die Bohnen mit etwas angebratenem Speck.

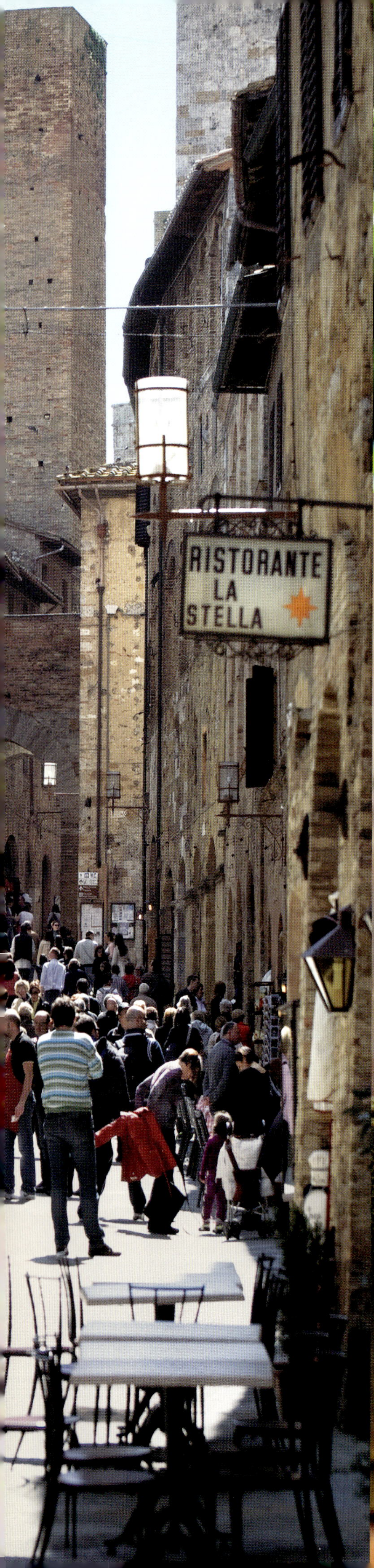
RISTORANTE
LA
STELLA

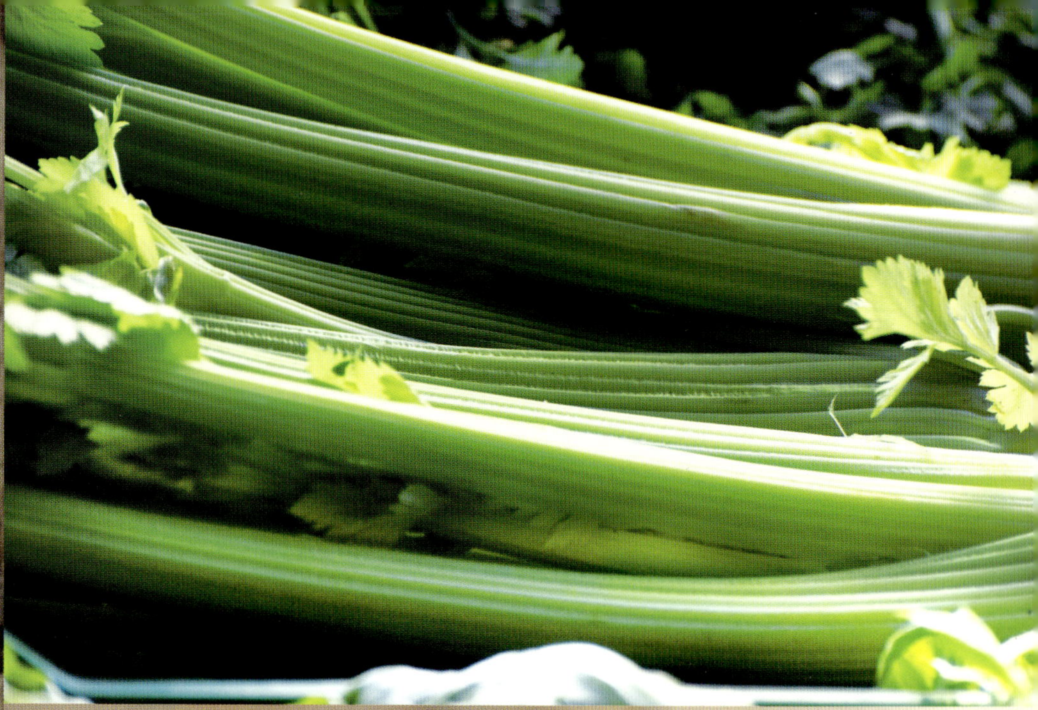

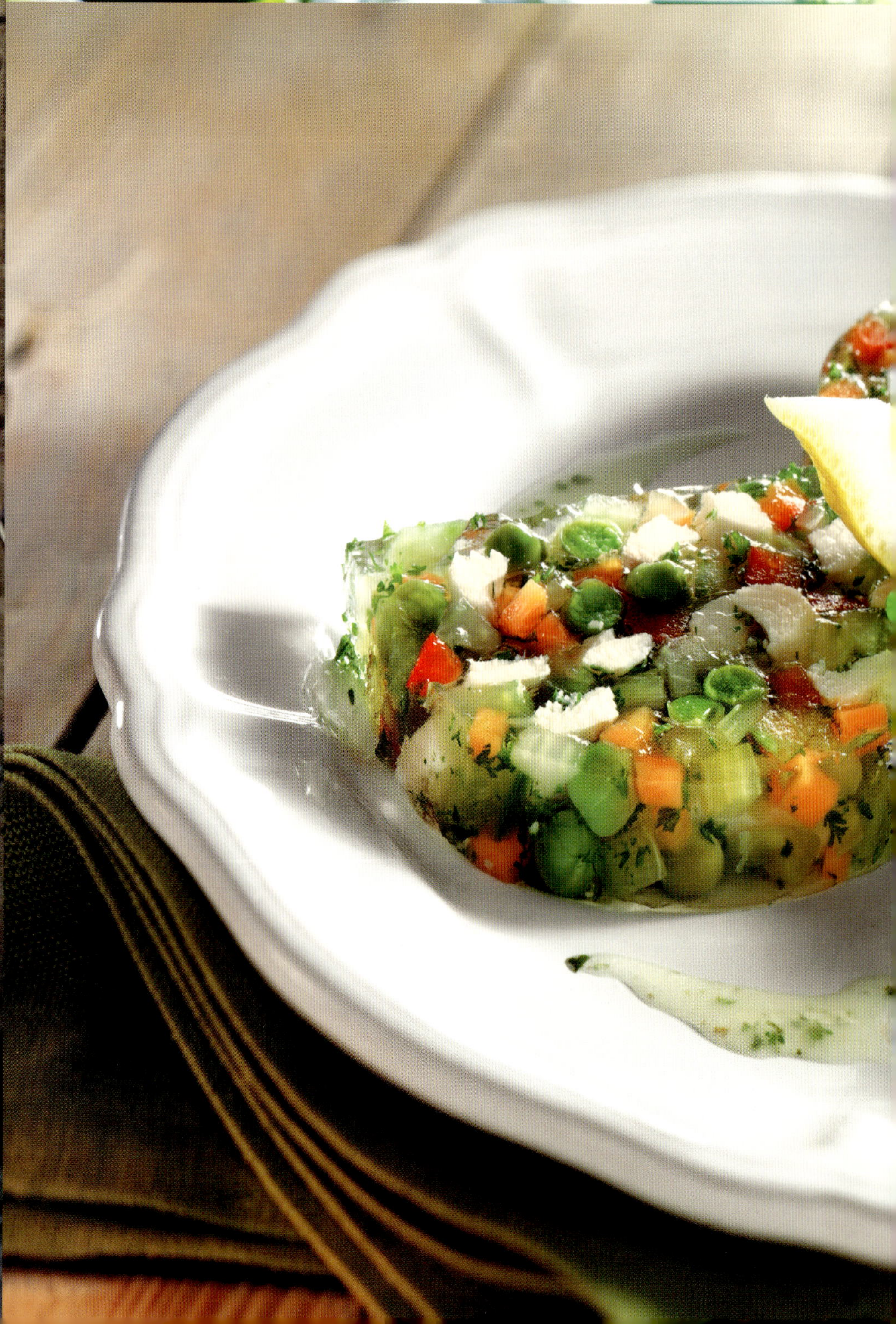

INDERFILETSCHEIBEN MIT STANGEN-
ELLERIE UND TOMATEN-MINZSAUCE

RINDERFILETSCHEIBEN MIT GEHACKTEN
OLIVEN UND ARTISCHOCKENHERZEN

KALBS- UND RINDERFILETSCHEIBEN MIT
GEHOBELTEM PARMESAN UND RUCOLA

MARINIERTE SARDELLEN
ALICI MARINATE

Für 4 Portionen
500 g frische küchenfertige Sardellen
Saft von 3–4 Zitronen
Salz
½ Bund Petersilie
Radicchio- und Kopfsalatblätter
Olivenöl
Zitronenscheiben zum Garnieren

Zubereitungszeit: ca. 20 Minuten
(plus Zeit zum Marinieren)
Pro Portion ca. 173 kcal/727 kJ
26 g E · 4 g F · 5 g KH

Die Sardellen waschen, Kopf und Gräten entfernen. Die Sardellen trocken tupfen. In eine Schale legen und mit Salz bestreuen. Den Zitronensaft darüber träufeln. Die Sardellen über Nacht marinieren lassen.

Die Petersilie waschen, trocken tupfen und fein hacken. Den Salat waschen und trocken schleudern. Salatblätter auf einem Teller anrichten und die marinierten Sardellen darübergeben. Mit Olivenöl beträufeln und mit Petersilie bestreuen. Dazu frisches Ciabatta reichen.

RADICCHIO gehört wie sein kleiner Bruder, der Chicorée, zu den Zichoriengewächsen. Doch ist er im Geschmack erheblich bitterer als dieser, was gut zu Pasta, Fisch, Meeresfrüchten und in Salate unterschiedlicher Zusammensetzung passt. Durch kurzes Blanchieren kann der bittere Geschmack abgemildert werden. Auch macht sich Radicchio durch seine leuchtend dunkelrote Farbe als Dekoration besonders gut.

Italien wurde schon immer als das Land beschrieben, wo die „Zitronen blühen". Zwar findet man die blühenden Zitronenbäume mehr im Süden des Landes, auf Sizilien und Sardinien, doch die Früchte (ital. *limone*) finden auch in der toskanischen Küche Zuspruch. Besonders aromatisch ist die abgeriebene Schale, die auch das Zitronenöl enthält. Der Saft der ZITRONEN enthält die meiste Säure aller Zitrusfrüchte.

I maledetti toscani

GEMISCHTER BOHNEN-SALAT MIT THUNFISCH
INSALATA DI FAGIOLE E TONNO

Thunfisch und weiße Bohnen getrennt voneinander in einem Sieb abtropfen lassen. Die grünen Bohnen putzen, waschen und in kochendem Salzwasser etwa 5 Minuten garen. Kalt abspülen und abtropfen lassen. Die Bohnen in 3–4 cm lange Stücke schneiden. Die Frühlingszwiebeln putzen, waschen und in dünne Ringe schneiden.

Den Thunfisch mit der Gabel in kleine Stücke zerteilen. Mit den beiden Bohnensorten in eine Schüssel geben. Aus Zitronensaft, Öl, Salz, Pfeffer und den beiden Kräutern ein Dressing bereiten. Über die Salatzutaten geben und 30 Minuten durchziehen lassen.

Für 4–6 Portionen
400 g Thunfisch in Öl aus der Dose
400 g weiße Cannellini-Bohnen aus der Dose
400 g grüne Bohnen
3 Frühlingszwiebeln
30 ml Zitronensaft
60 ml Olivenöl
Salz
Pfeffer
1 Tl gehacktes Bohnenkraut
1 El frisch gehackter Kerbel

Zubereitungszeit: ca. 25 Minuten
(plus Koch- und Marinierzeit)
Pro Portion ca. 480 kcal/2016 kJ
31 g E · 31 g F · 19 g KH

TIPP:
Der Thunfisch kann auch durch geräucherte Forelle oder in Streifen geschnittenes Lammfilet ersetzt werden.

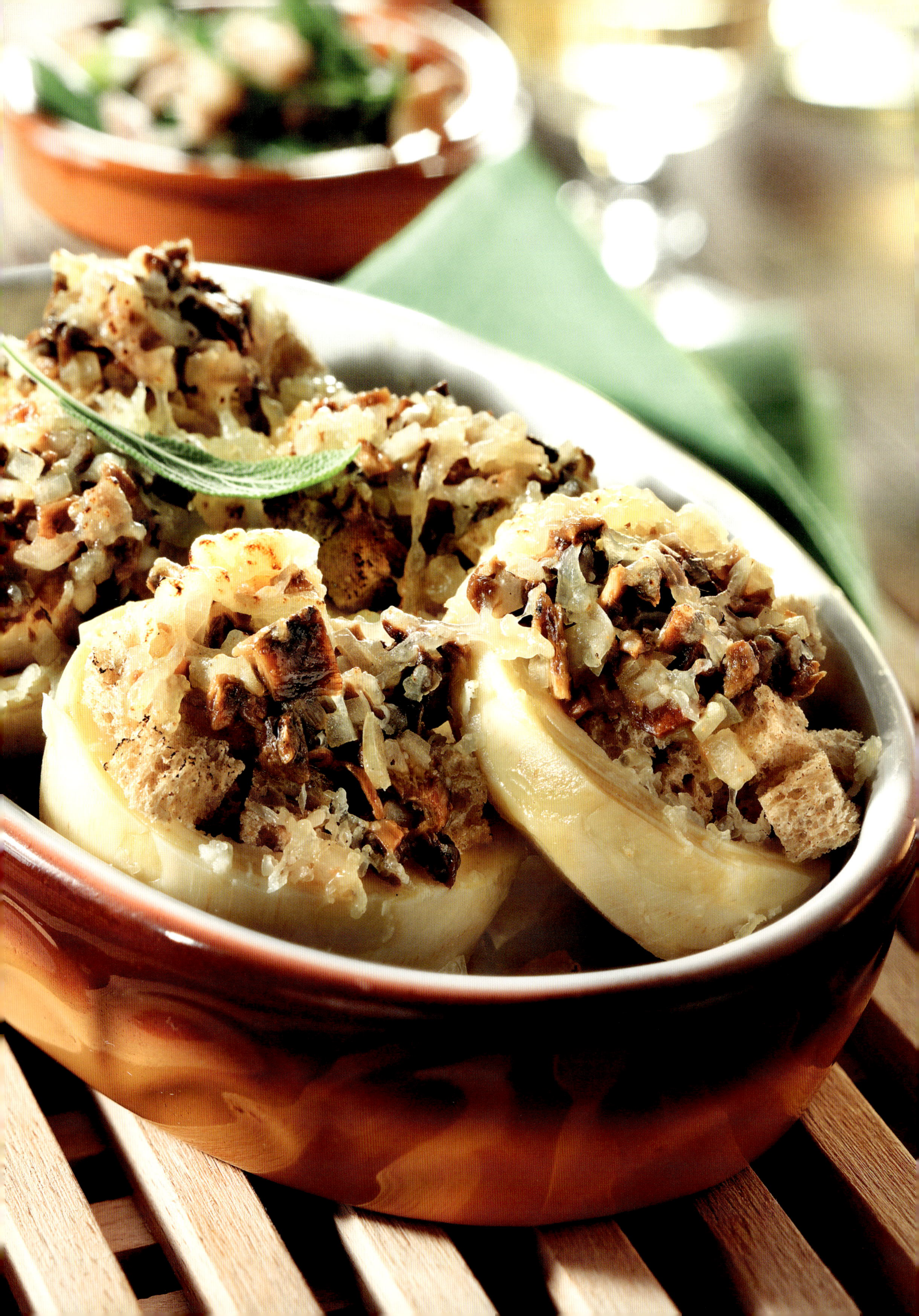

ARTISCHOCKENBÖDEN MIT PILZBUTTER
FONDI DI CARCIOFI CON BURRO AL FUNGHI

Die Artischocken putzen, die Stiele kürzen, die harten Blätter entfernen und die harten Blattspitzen abschneiden. Die Artischocken in reichlich kochendem Salzwasser etwa 35 Minuten garen. Die getrockneten Pilze in warmem Wasser einweichen. Die Artischocken aus dem Topf nehmen und abtropfen lassen. Die Artischockenblätter abzupfen und das Heu mit einem Löffel herauslösen. Die Artischockenböden trocken tupfen.

Die Brotscheiben toasten, anschließend zerkrümeln und auf die Artischockenböden geben. Die Zwiebel schälen und fein hacken. Die Pilze abtropfen lassen und fein hacken. Die Butter in einer Kasserole schmelzen und mit dem Stabmixer aufschäumen. Pilze und Zwiebeln in die Butter geben und 3 Minuten schmoren. Mit Salz und Pfeffer würzen. Den Käse untermischen.

Den Backofengrill vorheizen. Die Artischockenböden in eine Auflaufform setzen und mit der Pilzbutter übergießen. Artischocken unter dem Grill 2 Minuten überbacken. Öl und Essig mischen und auf eine Platte geben. Die Artischockenböden beträufeln und servieren.

Für 4 Portionen
4 Artischocken
Salz
15 g getrocknete Pilze (z. B. Steinpilze, Maronen, Morcheln)
Pfeffer
3 Scheiben Vollkorntoast
100 g Butter
1 Zwiebel
50 g geriebener Parmesan
3 El Öl
4 El Weißweinessig
2 El Aceto balsamico

Zubereitungszeit: ca. 30 Minuten (plus Koch- und Grillzeit)
Pro Portion ca. 388 kcal/1628 kJ
9 g E · 35 g F · 10 g KH

Entgegen ihrem eher unschönen Aussehen werden MORCHELN (ital. *spugnolè*) zu den Edelspeisepilzen gezählt. Die Morchel ist einer der ersten Pilze, die bereits im Frühjahr wachsen.

STEINPILZE (ital. *porcini*) bekommt man in Italien im Herbst frisch, das ganze Jahr über in getrockneter Form in allerbester Qualität. Vor allem als Zutat zu Pasta schwört man auf sie.

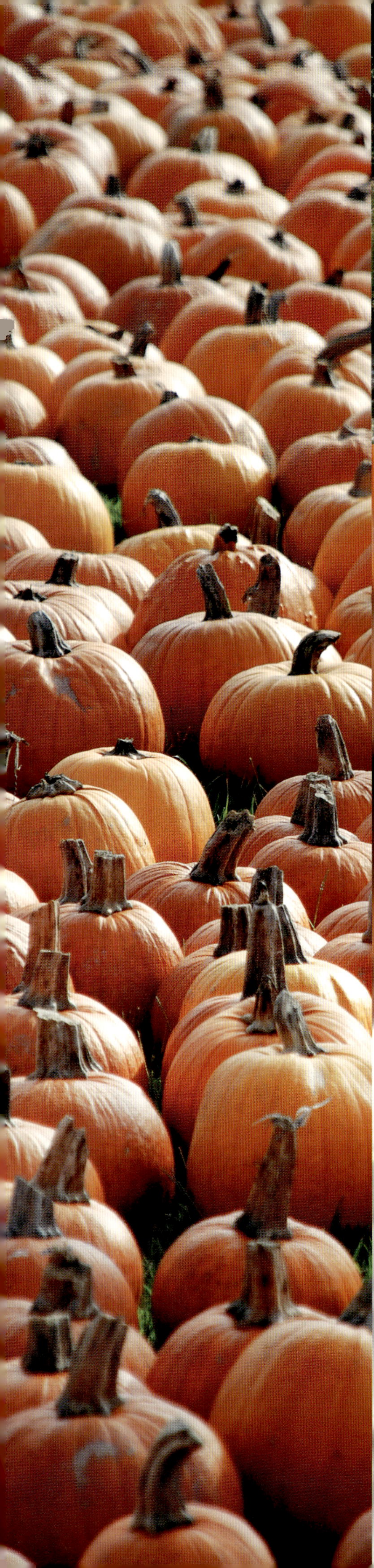
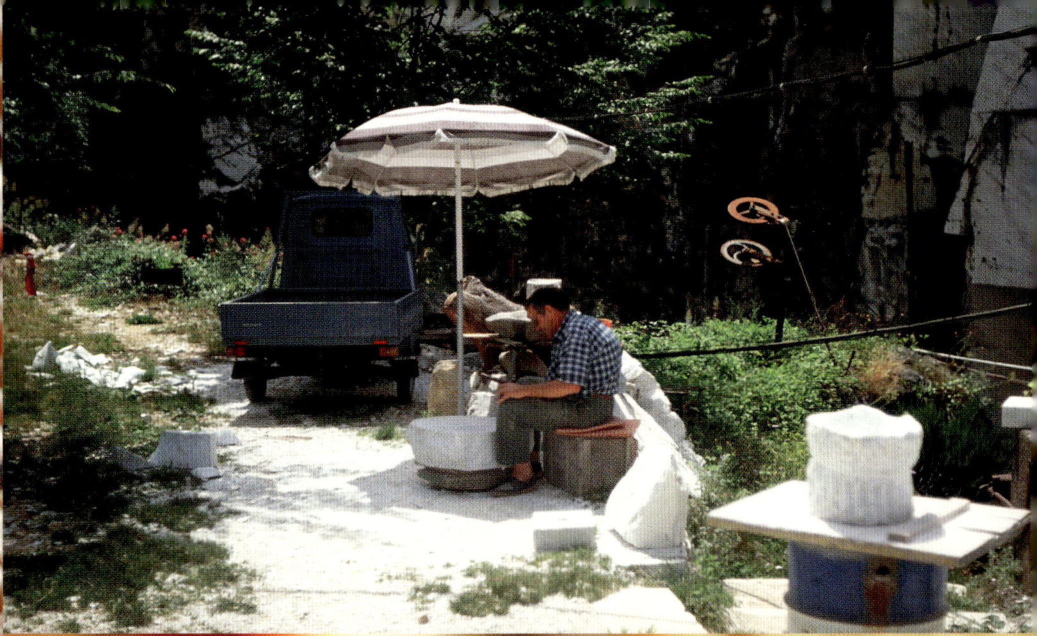
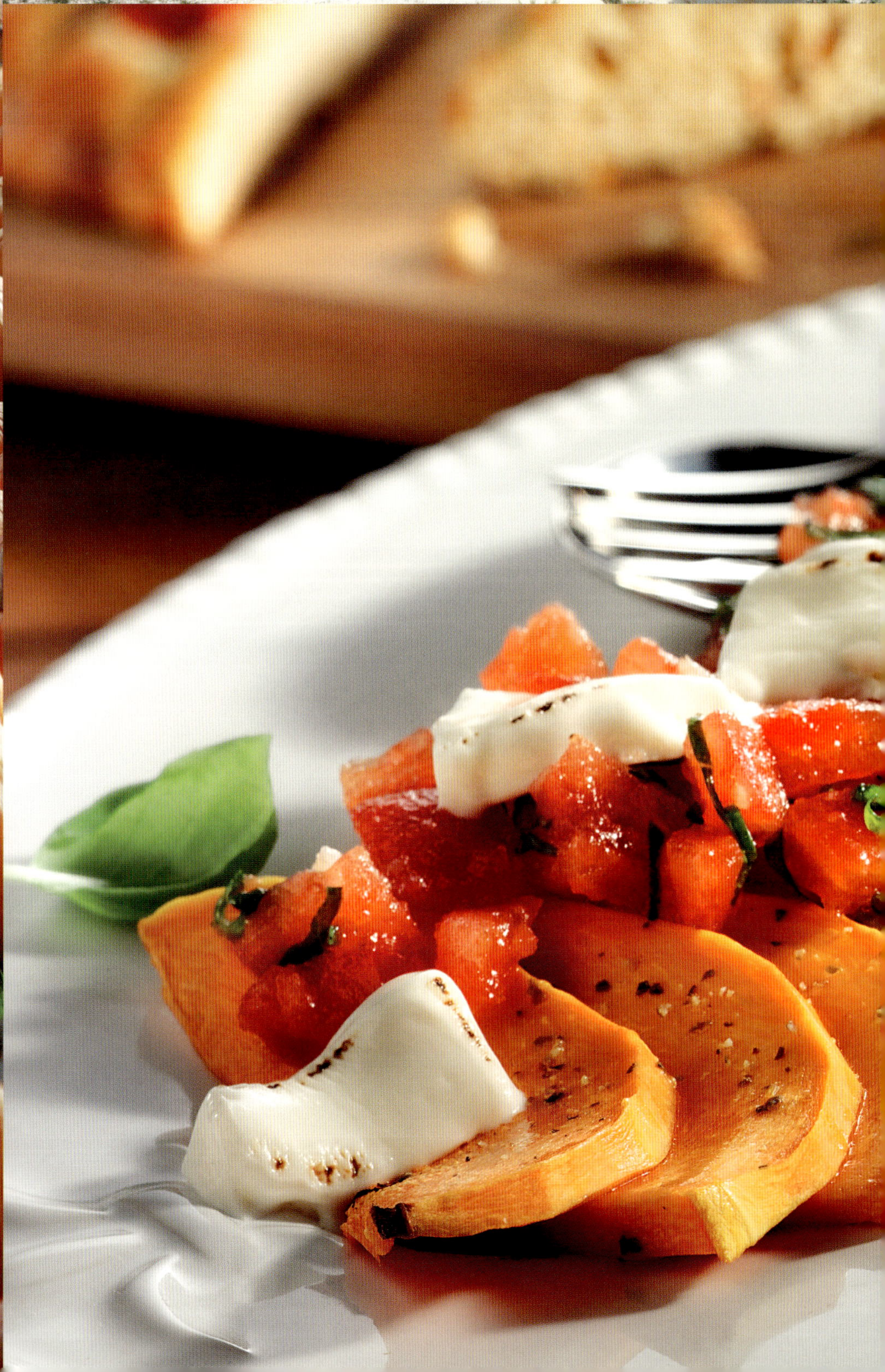

KÜRBISSCHNITTEN
ZUCCA ALLA PIZZAIOLA

Den Backofen auf 180 °C (Umluft 160 °C) vorheizen. Den Kürbis schälen, die Kerne entfernen und das Fruchtfleisch in Scheiben schneiden. Ein Backblech einölen, die Kürbisscheiben darauflegen und mit Salz und Pfeffer würzen. Im Ofen garen, bis sie weich sind.

Die Tomaten kurz in kochendes Wasser geben, dann von Haut, Stielansatz und Kernen befreien und würfeln. Den Knoblauch schälen und fein hacken. Den Ricotta in Scheiben schneiden.

Die gewürfelten Tomaten mit Knoblauch, Gewürzen und Basilikum mischen und auf die Kürbisschnitten legen. Je eine Scheibe Ricotta darauflegen und im Ofen schmelzen lassen. Sofort servieren.

Für 4–6 Portionen
500 g Kürbisfleisch
Olivenöl
Salz
Pfeffer
3 Tomaten
1 Knoblauchzehe
100 g Ricotta
2 El Basilikum in Streifen

Zubereitungszeit: ca. 30 Minuten
(plus Zeit zum Überbacken)
Pro Portion ca. 131 kcal/549 kJ
5 g E · 9 g F · 8 g KH

TIPP:

Versuchen Sie die Zucca pizzaiola auch mit Zucchini- oder Auberginenscheiben. Kenner schätzen sie mit Sellerie.

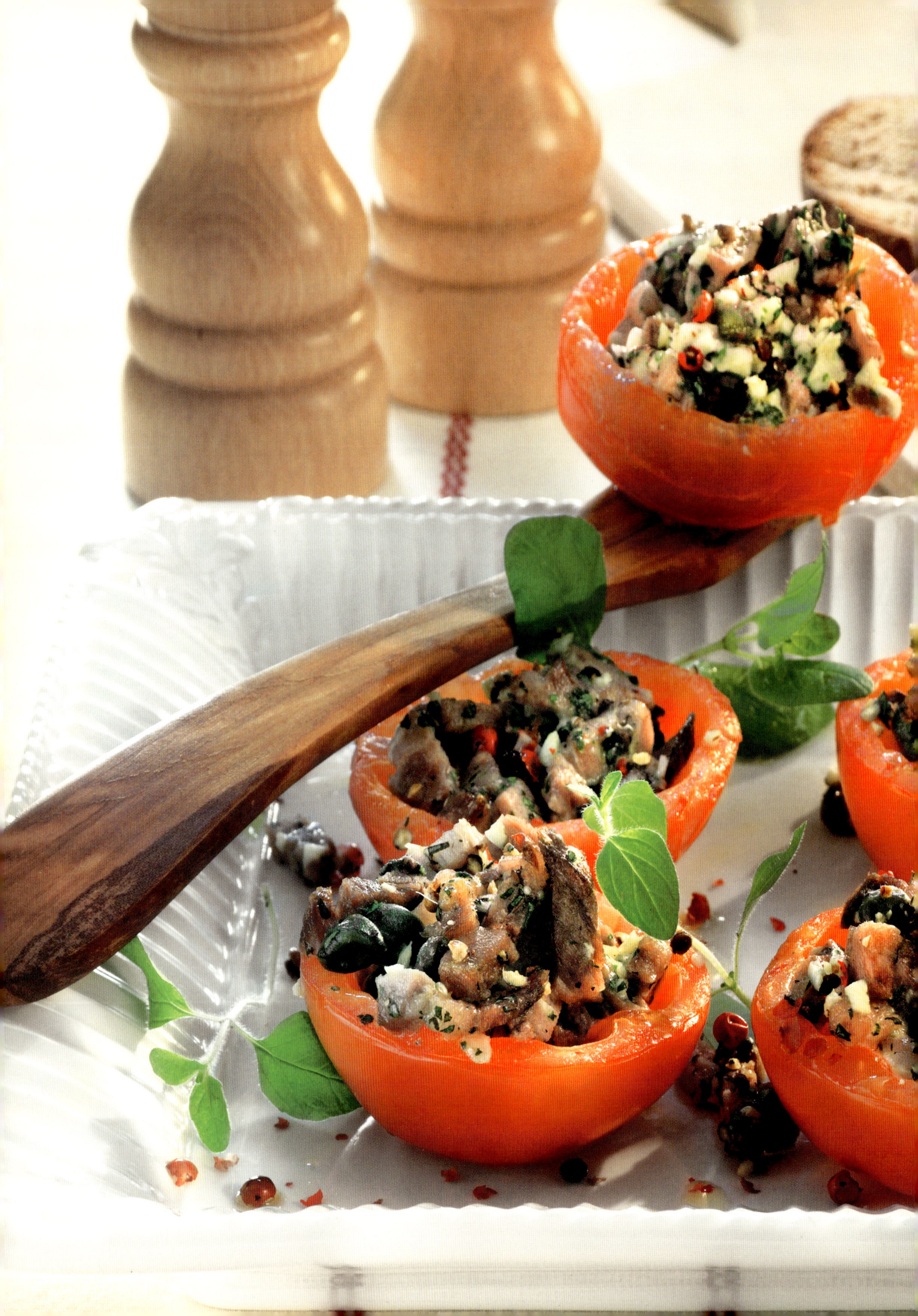

...ÜSESALAT MIT RINDFLEISCHSTREIFEN   GEMÜSESALAT MIT THUNFISCH   GEMÜSESALAT MIT HÄHNCHENSTREIFEN

GEMÜSESALAT MIT KARTOFFELN
INSALATA DI VERDURE

Die Kartoffeln waschen, die Spargelstangen schälen, holzige Enden entfernen. Die Möhren schälen. Den Sellerie putzen. Die Zucchini und die Paprikaschote putzen, entkernen. Das Gemüse waschen und in kleine Stücke schneiden. Die Kartoffeln in wenig gesalzenem Wasser garen. Spargel, Möhren, Zucchini und Paprika ebenfalls bissfest garen. Die Kartoffeln abgießen, abtropfen lassen, pellen und in Würfel schneiden. Das Gemüse in einem Sieb abgießen. Alles abkühlen lassen. Für das Dressing die Sardellenpaste mit Öl und Aceto verrühren und mit Pfeffer abschmecken. Das Gemüse und die Kartoffeln in einer Schüssel mischen und das Dressing darüberträufeln. Sofort servieren.

* Die mit einem Sternchen versehenen Zutaten können ausgetauscht werden. Gewürze und Kräuter je nach Belieben.

Für 4 Portionen
2 Kartoffeln*
je 4 grüne und weiße Spargelstangen*
3 Möhren*
150 g Staudensellerie*
2 kleine Zucchini*
1 rote Paprikaschote*
Salz
¼ Tl Sardellenpaste*
5 El Olivenöl
2 El weißer Aceto balsamico*
Pfeffer

Zubereitungszeit: ca. 30 Minuten (plus Kochzeit)
Pro Portion ca. 161 kcal/677 kJ
2 g E · 15 g F · 4 g KH

TIPP:
Der Spargel kann durch Schwarzwurzeln oder weiße Rüben ersetzt werden.

GEFÜLLTE ZUCCHINIBLÜTEN
FIORI DI ZUCCA RIPIENI

Für 4 Portionen
8 Zucchiniblüten
1 Schalotte
2 El Olivenöl
1 Scheibe altbackenes Bauernbrot
50 g Seelachsfilet
50 g Lachsfilet
50 g Steinpilze oder Champignons
50 ml Weißwein
Salz
Pfeffer
2 Eier
200 ml Hühnerbrühe
1 El Olivenöl
Öl für die Form

Zubereitungszeit: ca. 20 Minuten
(plus Schmor- und Garzeit)
Pro Portion ca. 240 kcal/1009 kJ
13 g E · 18 g F · 5 g KH

Die Zucchiniblüten vorsichtig auf einer Seite einschneiden und den Fruchtknoten herauslösen. Die Blüten waschen und trocken tupfen, ohne sie zu beschädigen.

Die Schalotte schälen und fein hacken. Das Öl in einer Pfanne erhitzen und die Schalottenwürfel darin glasig schmoren. Das Brot entrinden und einweichen. Die Fischstücke waschen, trocken tupfen und in Stücke schneiden. Die Pilze putzen, feucht abreiben und hacken. Fisch und Pilze in die Pfanne geben und 5 Minuten schmoren. Mit Wein ablöschen und mit Salz und Pfeffer würzen. Das Brot aus dem Wasser nehmen, gut ausdrücken. Ein Ei trennen. (Das Eiweiß anderweitig verwenden.)

Den Backofen auf 220 °C (Umluft 200 °C) vorheizen. Die Fischstücke aus der Pfanne nehmen und pürieren. Das Fischpüree mit Brot, Ei, Eigelb mischen und abschmecken. Die Füllung in die Zucchiniblüten geben und in eine gefettete Auflaufform legen. Mit Brühe begießen und mit Öl beträufeln. Die Blüten im Ofen etwa 10 Minuten garen. Sofort servieren.

VERMENTINO SAN FELICE, TOSKANA

Frisch, elegant mit zarten Zitrusaromen und weicher Säure leitet dieser toskanische leichte Wein die Terrassensaison ein.

ZUCCHINIBLÜTEN sehen nicht nur schön aus, sondern können auch sehr gut gefüllt werden, was übrigens auch für Kürbisblüten gilt. Neben der gefüllten Form können sie in Teig gewendet und in Öl ausgebacken oder einfach gebacken und als Beilage zu Reis und Nudeln serviert werden. Der Blütenstempel braucht nicht entfernt zu werden. Auch Waschen ist nicht nötig.

**LANGHE ARNEIS
MONTEBERTOTTO
CASTELLO DI NEIVE, PIEMONT**

Strohgelb mit grünen Reflexen ist der Piemonteser und erfreut mit delikatem Duft von frischen Mandeln und Orangenblüten. Seine elegante Fülle, das lebendige Wechselspiel von Frucht und Säure machen ihn sehr pikant und ansprechend.

MEERESFRÜCHTESALAT
INSALATA DI FRUTTI DI MARE

Die Tintenfische und Muscheln gründlich waschen, geöffnete Muschelschalen entfernen. Tintenfische und Muscheln getrennt voneinander in reichlich Salzwasser geben. Die geschälten und gehackten Zwiebeln sowie je 1 Petersilienstängel mit ins Kochwasser geben. Aufkochen und die Tintenfische etwa 10 Minuten leise köcheln, die Muscheln kochen, bis sich die Schalen öffnen.

Die Paprikaschoten putzen, waschen, entkernen und würfeln. Die Tomaten waschen, vom Stielansatz befreien und würfeln. Die Knoblauchzehen schälen und hacken. Restliche Petersilie hacken. Die Tintenfische abgießen, etwas abkühlen lassen und in Streifen schneiden. Die Muscheln aus dem Kochwasser nehmen und das Fleisch aus den Schalen lösen. Meeresfrüchte und Gemüse in einer Schüssel mischen. Aus Zitronensaft, Öl, Salz und Pfeffer ein Dressing bereiten und mit den Salatzutaten mischen.

Für 4 Portionen
300 g kleine küchenfertige Tintenfische
300 g Venusmuscheln
Salz
2 Zwiebeln
1 Bund Petersilie
2 rote Paprikaschoten
2 Tomaten
2 Knoblauchzehen
Zitronensaft
Olivenöl
Pfeffer

Zubereitungszeit: ca. 30 Minuten (plus Kochzeit)
Pro Portion ca. 170 kcal/714 kJ
22 g E · 4 g F · 11 g KH

TIPP:

Der Salat kann zusätzlich mit gebratenen Garnelen zubereitet werden.

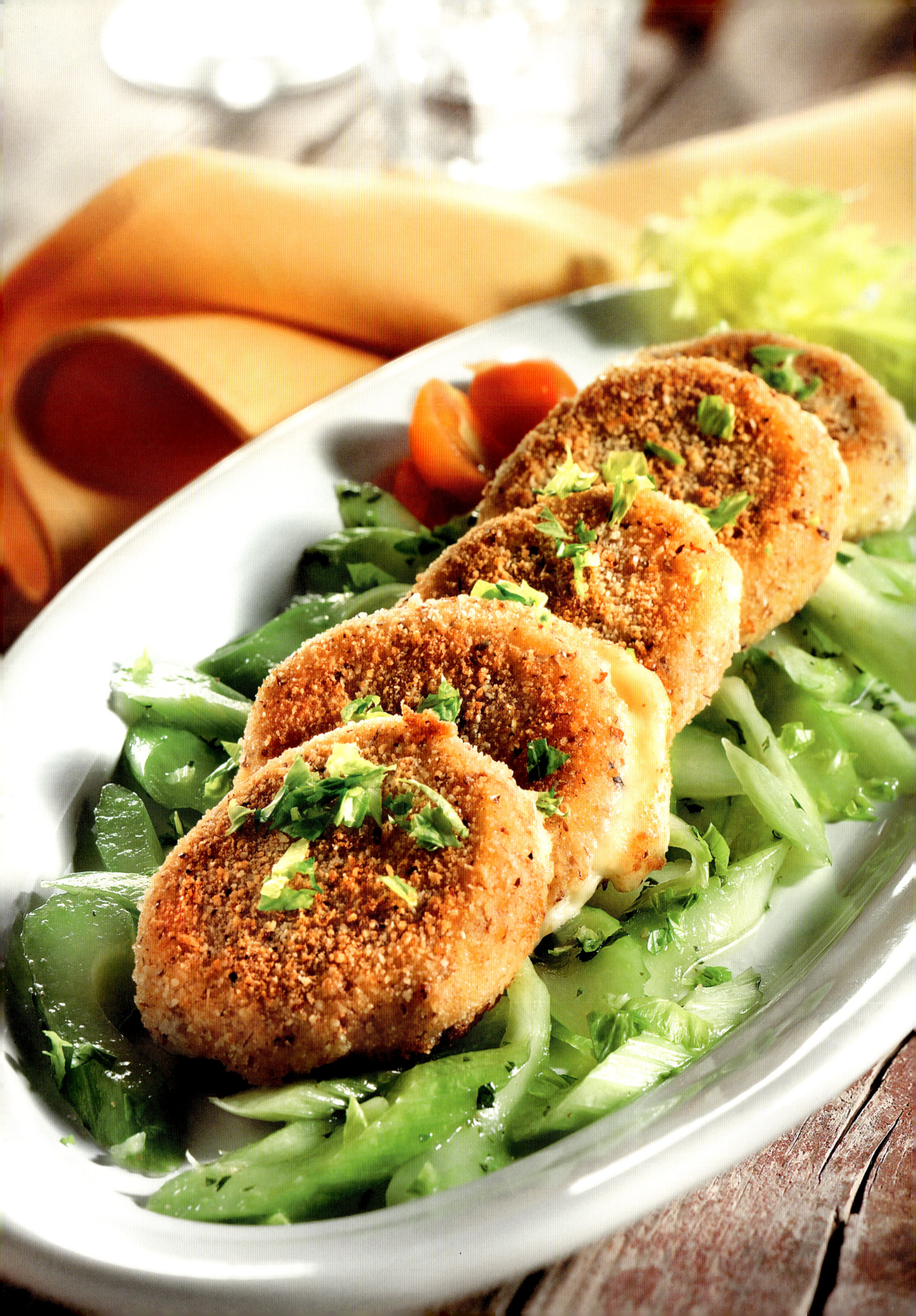

GEBACKENER MOZZARELLA MIT STAUDENSELLERIE MOZZARELLA FRITTA CON SEDANO

Den Mozzarella gut trocken tupfen und in Scheiben schneiden. Den Staudensellerie putzen, waschen, die Stangen in dünne Scheiben schneiden. Das Grün zum Garnieren beiseite legen. Den Essig mit dem Honig verrühren und mit Salz und Pfeffer würzen. Mehl, verquirlte Eier und Paniermehl auf getrennte Teller geben. Das Öl in einer hohen Pfanne auf 180 °C erhitzen.

Die Mozzarellascheiben mit Mehl bestäuben. Nacheinander in Ei und Paniermehl wenden und gut abklopfen. Den Vorgang wiederholen und so die Mozzarellascheiben doppelt panieren. Die Mozzarellascheiben im heißen Öl nacheinander goldgelb ausbacken und auf Küchenpapier abtropfen lassen.

Die Selleriestücke auf einer Platte anrichten und mit der Honigmarinade beträufeln. Die gebackenen Mozzarellascheiben darauf legen und mit gehackten Sellerieblättern bestreuen.

Für 4 Portionen
300 g Büffelmozzarella
300 g Staudensellerie
6 El Weißweinessig
2 El Honig
Salz
Pfeffer
30 g Mehl
2 Eier
50 g Paniermehl
1 l Öl zum Ausbacken

Zubereitungszeit: ca. 20 Minuten
(plus Zeit zum Ausbacken)
Pro Portion ca. 465 kcal/1953 kJ
21 g E · 31 g F · 24 g KH

TIPP:
Versuchen Sie auch gebackenen Gorgonzola. Der Käse sollte jedoch für diese Zubereitungsart nicht zu reif sein.

Echter BÜFFELMOZZARELLA (*mozzarella di bufala*) wird aus der Milch der Büffelkühe hergestellt. In Lake eingelegt wird er in Italien auch in Form kleiner Bällchen (*occhi di bufala*) oder Zöpfe (*trecce di mozzarella*) angeboten.

Bei den zahlreichen blühenden Obst- und anderen Bäumen in der Toskana und in Gesamtitalien haben Bienen die große Auswahl. Entsprechend aromatisch schmeckt der italienische BLÜTENHONIG.

ZUPPE

Die toskanische Landschaft zeichnet sich durch sanft gewellte Hügel aus, ähnlich fließend wie die Wellen des adriatischen Meeres an der Küste. Grüne Wiesen wechseln ab mit Getreidefeldern, Weinbergen und der typischen mediterranen Vegetation.

Saftig grüne Wiesen, wie sie im Frühling überall zu sehen sind, dienen nicht nur den Spaziergängern als Erholungsgebiet, sondern auch den Viehherden als Weideland. Entsprechend schmackhaft sind das Fleisch und die Würste, die eine kraftvolle Brühe und herzhafte Suppeneinlage ergeben. Suppen sind eigentlich als Zwischengericht gedacht und ersetzen schon einmal die Pasta im mehrgängigen Menü. Doch auch wer die Suppe als Hauptmahlzeit mittags zu sich nimmt, wird in jedem Fall davon satt, so gehaltvoll ist sie. Abends wärmt man sich in der kalten Jahreszeit besonders auf dem Land mit einem reichhaltigen Eintopf. Rund um das Jahr bietet der fruchtbare Boden alle Zutaten, die dazu benötigt werden: Kartoffeln, Kürbis, Tomaten, Zucchini, Bohnen, Zwiebeln. Im Herbst findet man im Wald die köstlichsten Pilze, die in der Suppe ihr einzigartiges Aroma entfalten.

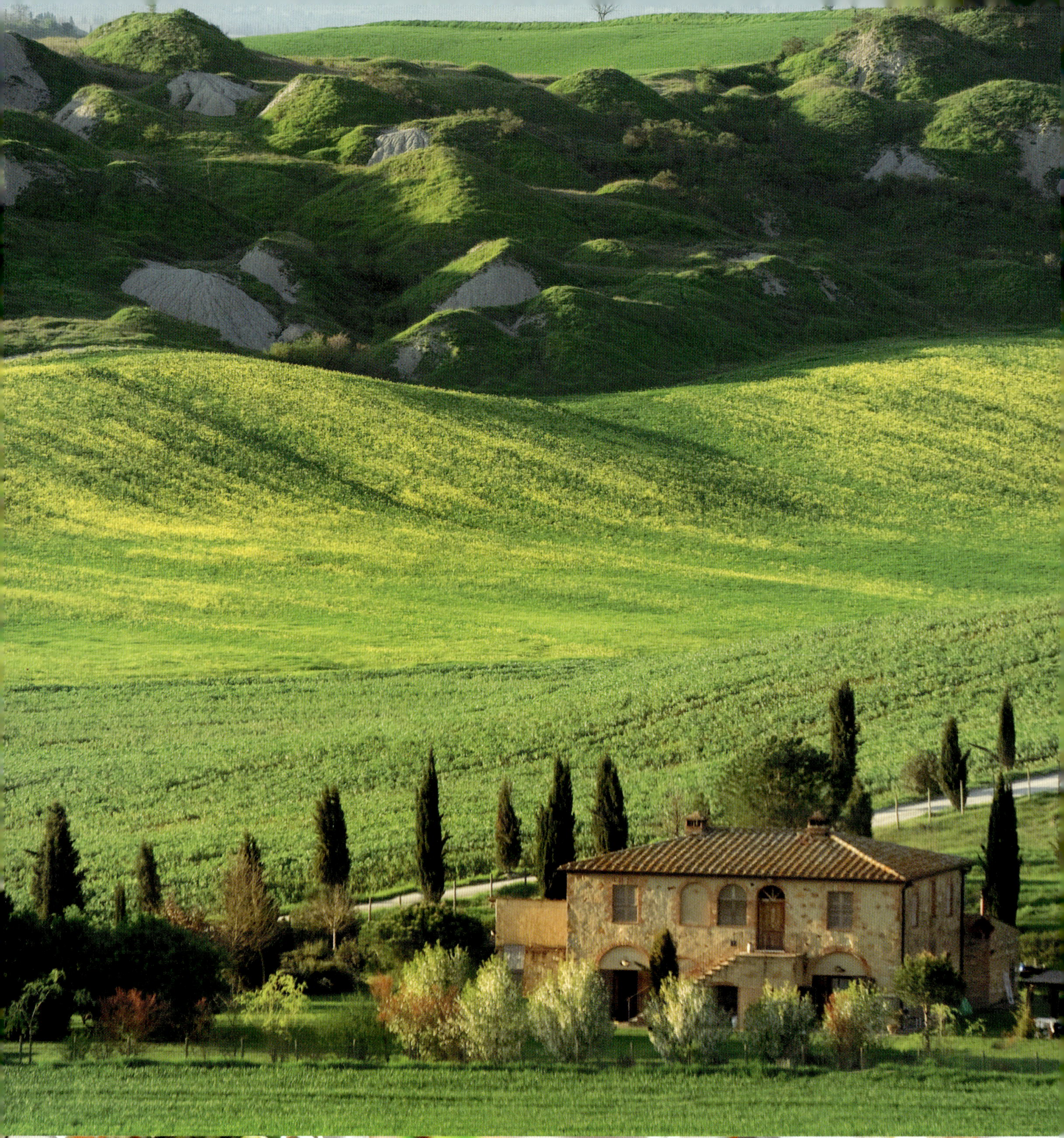
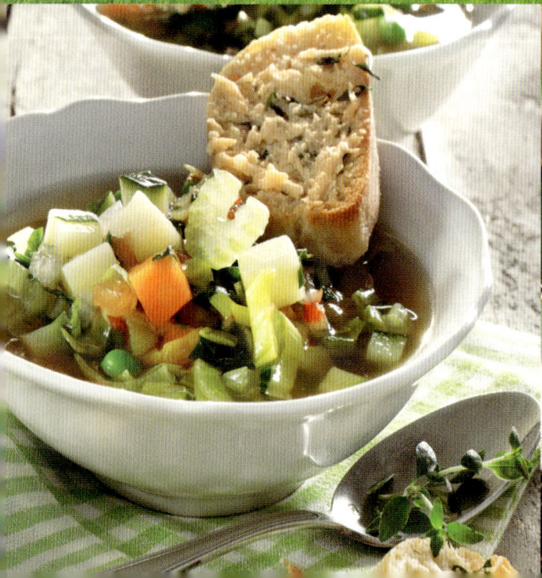
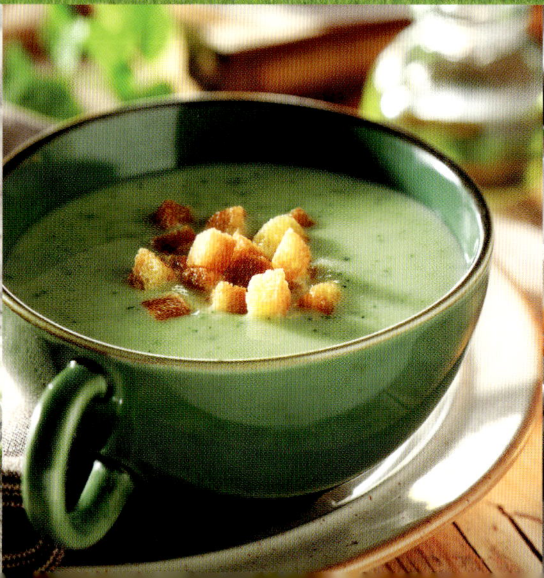
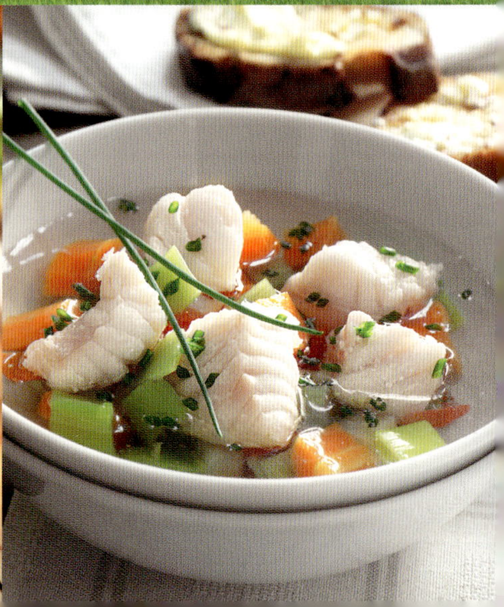

ZUPPE

Ein altes Steinhaus inmitten von Zypressen und weit und breit kein zweites, im Hintergrund eine Hügelkette – das ist das toskanische Landleben fern jeder Großstadthektik.

Hier, auf dem Land, gibt es kein Fast Food, hier wird mit Liebe gekocht. Suppen und Eintöpfe aus frischem Gemüse ergeben eine leckere Minestrone, wieder aufgekocht wird aus ihr eine Ribollita. Sonnenverwöhnte aromatische Tomaten sind die Grundlage der Tomatensuppe, die mit Brot oder etwas schärfer mit Chili zubereitet wird. Das „Gekochte Wasser" ist wesentlich gehaltvoller, denn es enthält Gemüse, Brot und Eier und je nach Region auch Fisch oder Fleisch. Auch Hülsenfrüchte wie Erbsen, Linsen, weiße Bohnen und Kichererbsen gehören zu den typischen toskanischen Suppeneinlagen, ebenso wie Getreide, etwa Dinkel. In Florenz schätzt man eine Suppe aus roten Zwiebeln.

MINESTRONE MIT NUDELN   MINESTRONE MIT REIS   MINESTRONE MIT KICHERERBSEN

MINESTRONE MIT FLEISCHBÄLLCHEN MINESTRONE MIT SPECKSTREIFEN MINESTRONE MIT ZANDERKLÖSSCHEN

GEMÜSESUPPE MINESTRONE

Das Gemüse putzen und waschen, Möhren, Kartoffeln und Zwiebeln schälen. Den Spinat in Streifen schneiden. Zucchini, Möhren und Kartoffeln in kleine Würfel schneiden. Den Lauch und Stangensellerie in Stücke schneiden. Die Zwiebel hacken. Die Tomaten kurz in kochendes Wasser geben, Stielansatz, Häute und Kerne entfernen und die Tomaten würfeln.

Das Gemüse mit etwa 2 Litern Wasser in einem Topf zum Kochen bringen und etwa 30 Minuten köcheln. Mit Salz und Pfeffer abschmecken und mit Olivenöl verfeinern. Mit gehacktem Selleriegrün garniert servieren.

* Die mit einem Sternchen versehenen Zutaten können ausgetauscht werden. Gewürze und Kräuter je nach Belieben.

Für 4 Portionen
200 g Spinat*
1 Zucchini*
50 g Erbsen*
2 Möhren*
3 Kartoffeln*
1 Lauchstange*
200 g Stangensellerie*
1 Zwiebel*
3 Tomaten
Salz
Pfeffer
Olivenöl

Zubereitungszeit: ca. 30 Minuten (plus Kochzeit)
Pro Portion ca. 69 kcal/289 kJ
5 g E · 1 g F · 10 g KH

TIPP:

Bei der Zusammenstellung der Zutaten können Sie fantasievoll sein. Nehmen Sie, was die Jahreszeit und die Region gerade bietet.

69

PILZSUPPE ZUPPA DI FUNGHI

Für 4 Portionen
1 Zwiebel
2 Knoblauchzehen
1 Bund Suppengemüse
je 125 g Steinpilze und Steinpilzchampignons
1 El Olivenöl
1 Bund Petersilie
250 ml Weißwein
500 ml Gemüsebrühe
Salz
Pfeffer

Zubereitungszeit: ca. 20 Minuten
(plus Schmor- und Garzeit)
Pro Portion ca. 152 kcal/639 kJ
5 g E · 5 g F · 10 g KH

Die Zwiebel und Knoblauchzehen schälen und hacken. Das Suppengemüse putzen, waschen, die Möhre schälen und das Gemüse würfeln. Die Pilze putzen, feucht abreiben und blättrig schneiden.

Das Olivenöl in einem Topf erhitzen. Zwiebel, Knoblauch und Gemüse darin unter Rühren 3–5 Minuten schmoren. Die Pilze bis auf einige Scheiben hinzufügen und mitschmoren. Die Petersilie waschen, trocken schütteln und fein hacken. Wein und Brühe in den Topf geben und die Suppe etwa 10 Minuten köcheln. Mit Salz und Pfeffer abschmecken. Die Suppe pürieren. Die gehackte Petersilie und die übrig behaltenen Pilzscheiben unterheben und sofort servieren. Dazu frisches Weißbrot reichen.

SUPPENGEMÜSE ist, wie der Name vermuten lässt, die Grundlage zur Herstellung einer Brühe, Suppe oder eines Eintopfes. Zu diesem Gemüsebund, das auch als Suppengrün bezeichnet wird, gehören geschmacksgebende Gemüsesorten wie Möhre, Lauch, Knollensellerie, Petersilienwurzel und Petersiliengrün. Das Gemüse wird entweder ausgekocht und entfernt oder mit den anderen Zutaten püriert.

ZWIEBELN gab es in der Toskana schon zur Zeit der Etrusker. Und bereits damals waren sie sowohl ein beliebtes Nahrungsmittel wie ein wertvolles Heilmittel. Denn obwohl die Zwiebel beim Schälen zu Tränen rührt, wirkt die in ihr enthaltene Schwefelverbindung Allizin neben den zahlreich vorhandenen Vitaminen und Mineralstoffen nicht nur kräftigend und stärkend, sondern auch gegen Rheuma, Husten, Asthma, Magen–Darmleiden und Herzerkrankungen.

Fagioli
Con l'occhio
€.2,10 al kg.
Orzo
€.2,30 al kg.
Zuppa
€.2,50 al kg.
Ceci giganti
€.2,00 al kg.
Fagioli
Great northern
€.2,20 al kg.
Lenticchie
pardina
€.2,00 al kg.
Fagioli
€.2,30 al kg.
Lenticchie
Decorticate
€.2,50 al kg.
Fagioli
Borlotti
Fave
intere
€.1,90 al kg.

KICHERERBSENSUPPE
ZUPPA DI CECI

Die Kichererbsen über Nacht in reichlich Wasser einweichen. Am nächsten Tag abgießen, gut waschen und in etwa 1,5 l Wasser etwa 2 Stunden weich garen. Die Kichererbsen mit Salz abschmecken und pürieren.

Die Knoblauchzehen schälen und fein hacken. Das Öl in einem Topf erhitzen und darin den Knoblauch mit dem Rosmarin 2 Minuten schmoren. Die Tomaten dazugeben und 5 Minuten köcheln. Mit Salz und Pfeffer abschmecken.

Die Nudeln in kochendem Salzwasser die Hälfte der angegebenen Kochzeit garen und abgießen.

Das Kichererbsenpüree und die abgetropften Nudeln zu den Tomaten geben und alles 2–3 Minuten köcheln. Die Suppe auf Teller verteilen, mit Olivenöl beträufeln und servieren.

Für 4 Portionen
200 g getrocknete Kichererbsen
Salz
2 Knoblauchzehen
Olivenöl
1 El frisch gehackten Rosmarin
250 g geschälte Tomaten aus der Dose
200 g schmale Bandnudeln
Pfeffer

Zubereitungszeit: ca. 20 Minuten
(plus Einweich-, Schmor- und Garzeit)
Pro Portion ca. 275 kcal/1155 kJ
12 g E · 7 g F · 40 g KH

TIPP:

Zuppa di Ceci ist eine wunderbare Verbindung von Suppe und Pasta. Würzen Sie die Suppe noch zusätzlich mit frischem Rosmarin.

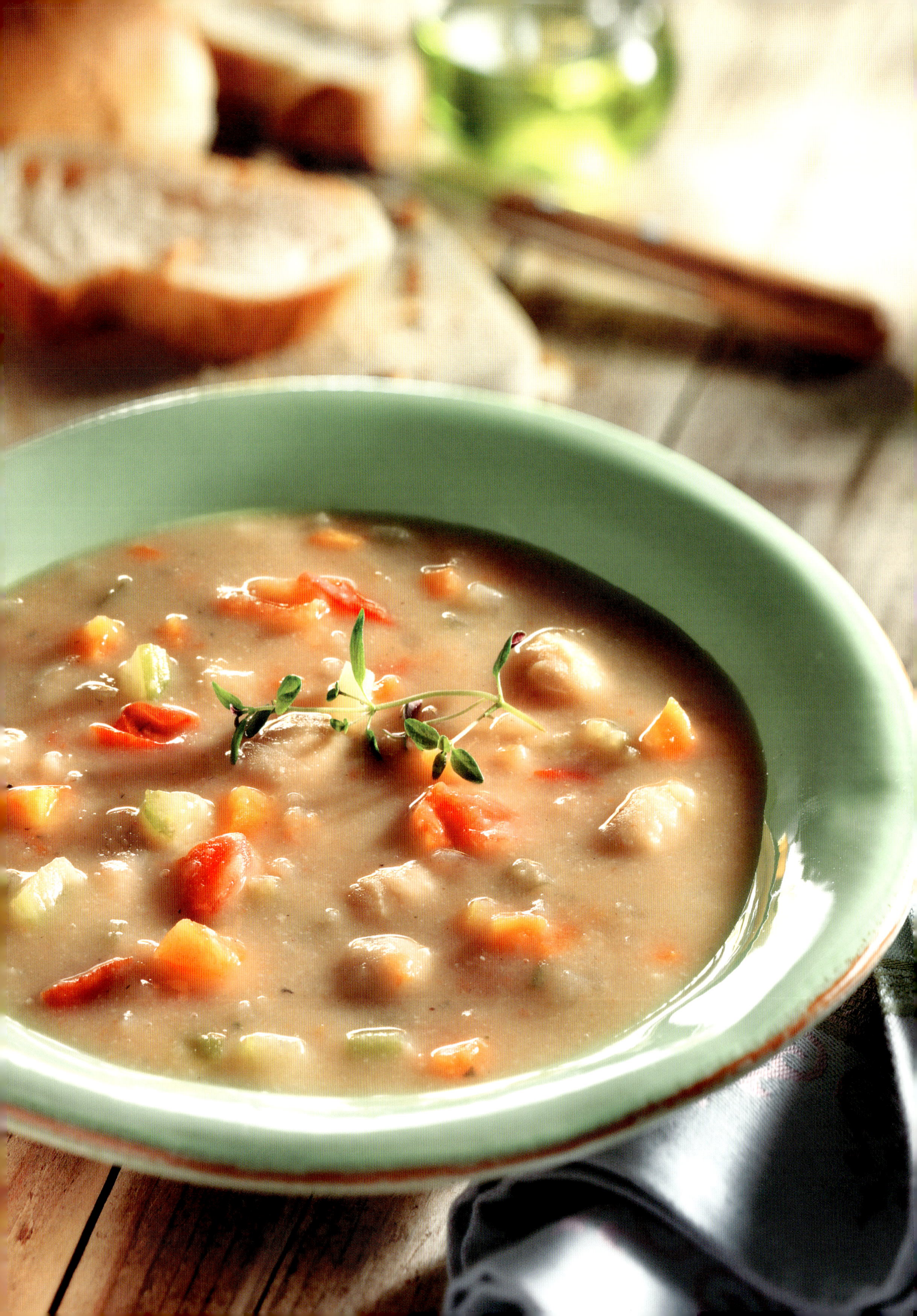

WEISSE BOHNEN-SUPPE MINESTRONE DI FAGIOLI

Die weißen Bohnen gründlich waschen und in reichlich Wasser über Nacht einweichen. Am nächsten Tag abgießen und in einem Topf mit Wasser bedeckt aufkochen und 20 Minuten köcheln. Das Wasser abgießen, die Bohnen mit frischem kaltem Wasser bedecken, das Lorbeerblatt zugeben und etwa 1 Stunde 30 Minuten weich garen.

Inzwischen Zwiebel und Knoblauch schälen und hacken. Die Möhre schälen und würfeln. Den Stangensellerie putzen, waschen und würfeln. Die Tomaten mit kochendem Wasser übergießen, häuten, den Stielansatz und die Kerne entfernen und die Tomaten würfeln.

Die Bohnen abgießen, das Lorbeerblatt entfernen und ein Viertel der Bohnen beiseite stellen. Restliche Bohnen pürieren.

50 ml Öl in einem Topf erhitzen und die Zwiebel darin glasig schmoren. Das restliche Gemüse ohne Tomaten und den Knoblauch zugeben und 5 Minuten schmoren. Tomaten und Thymian zugeben und weitere 8 Minuten köcheln. Die Brühe angießen, Bohnenpüree und ganze Bohnen hinzufügen und mit Salz und Pfeffer würzen. Aufkochen und 10 Minuten köcheln, dann mit dem restlichen Olivenöl beträufelt servieren.

Für 4 Portionen
250 g getrocknete weiße Bohnen
1 Lorbeerblatt
1 Zwiebel
2 Knoblauchzehen
1 Möhre
1 Stangensellerie
3 Tomaten
60 ml Olivenöl
1 Tl Thymianblättchen
600 ml Gemüsebrühe
Salz
Pfeffer

Zubereitungszeit: ca. 20 Minuten
(plus Einweich-, Schmor- und Kochzeit)
Pro Portion ca. 320 kcal/1344 kJ
15 g E · 19 g F · 22 g KH

TIPP:

Geben Sie zusätzlich noch klein geschnittene Salami oder Salsicce in die Suppe.

BELVEDER CON PITTI

FLORENTINER ZWIEBELSUPPE
CARABACCIA

Den Sellerie putzen und waschen, die Möhre schälen, beides fein würfeln. Die Zwiebeln schälen und in dünne Ringe schneiden.

Das Öl in einem großen Topf erhitzen und das Gemüse darin unter Rühren 2–3 Minuten schmoren. Die Zwiebeln hinzufügen und abgedeckt etwa 30 Minuten bei geringer Temperatur schmoren. Gelegentlich umrühren, damit die Zwiebeln nicht anbrennen.

Die Brühe angießen und mit Salz und Pfeffer würzen. Die Suppe bei geschlossenem Deckel weitere 30 Minuten köcheln. Die Brotscheiben mit Parmesan bestreuen und im Ofen etwa 6 Minuten unter dem Grill überbacken. Die Suppe in Tassen füllen und mit jeweils einer Brotscheibe servieren.

Für 4–6 Portionen

1 Stange Staudensellerie
1 Möhre
1 kg rote Zwiebeln
80 ml Olivenöl
1,5 l Hühnerbrühe
Salz
Pfeffer
4–6 Scheiben Weißbrot
frisch geriebener Parmesan

Zubereitungszeit: ca. 25 Minuten
(plus Schmor- und Kochzeit)
Pro Portion ca. 630 kcal/2646 kJ
28 g E · 39 g F · 29 g KH

TIPP:

Rote Zwiebeln sind noch gesünder als weiße. Dennoch schmeckt diese Suppe auch mit weißen Zwiebeln.

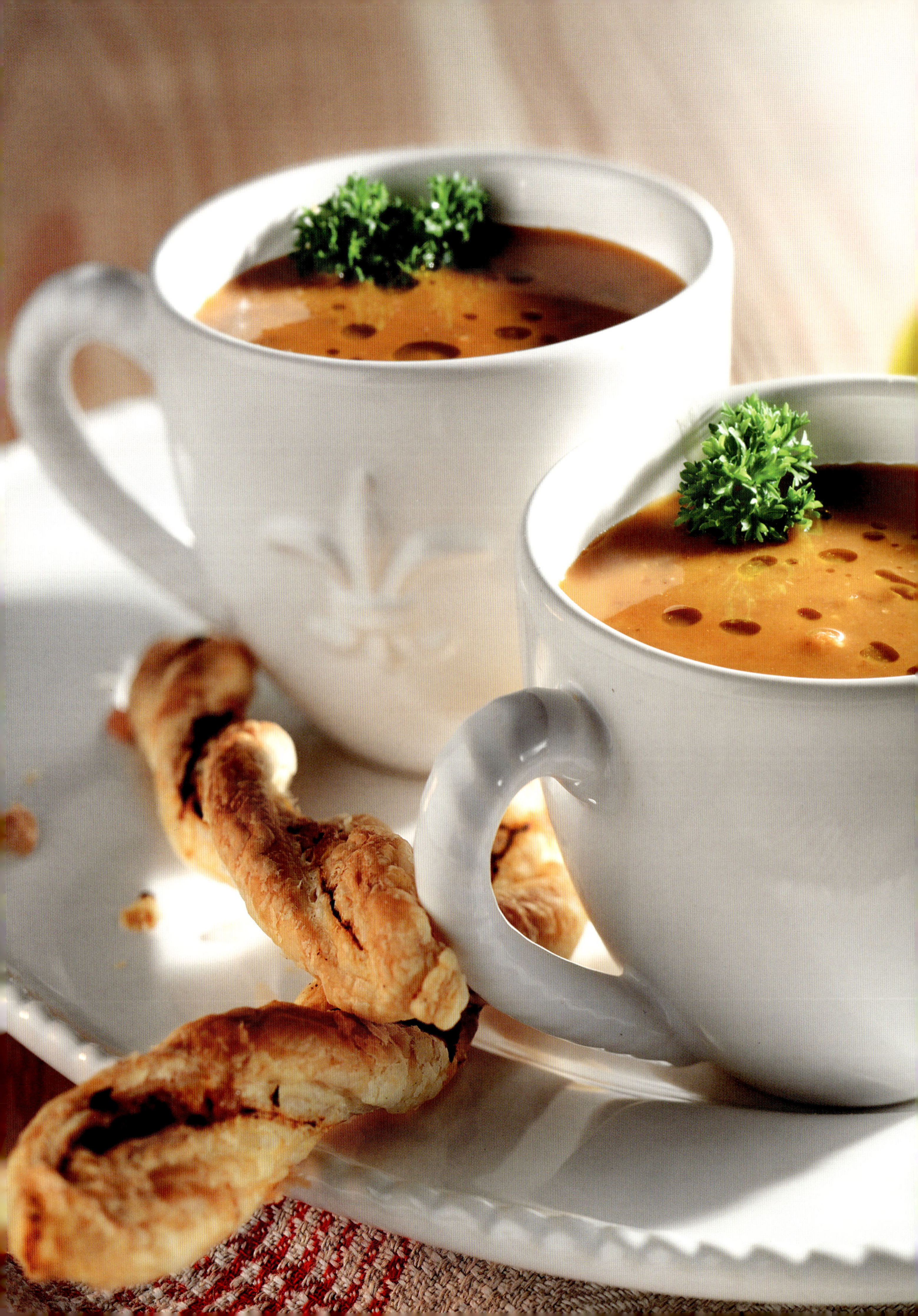

DINKELSUPPE ZUPPA DI FARRO

Die Dinkelkörner und die Bohnen über Nacht getrennt in reichlich Wasser einweichen. Am nächsten Tag abgießen. Die Bohnen in Salzwasser etwa 55–60 Minuten weich garen. Die Hälfte des Bohnenkochwassers anschließend abgießen, die Bohnen im verbliebenen Kochwasser pürieren.

Schalotten und Knoblauch schälen und fein hacken. Die Möhre schälen und würfeln. Die Selleriestange putzen, waschen und fein würfeln. Das Schmalz in einem Topf erhitzen und die Schalotten darin glasig schmoren. Knoblauch und restliches Gemüse zugeben und mitschmoren. Salbei und Tomatenmark einrühren. Mit Brühe bedecken und 30 Minuten köcheln. Gemüse pürieren. Das Gemüsepüree mit dem Bohnenpüree mischen und die eingeweichten Dinkelkörner hinzufügen. Die Suppe weitere 45 Minuten köcheln, bis der Dinkel weich ist. Die Suppe mit Salz und Pfeffer abschmecken und mit Olivenöl beträufelt servieren.

Für 4 Portionen
100 g Dinkelkörner
200 g Wachtelbohnen
Salz
2 Schalotten
2 Knoblauchzehen
1 Möhre
1 Selleriestange
1 El Butterschmalz
2 Salbeiblätter
2 El Tomatenmark
500 ml Gemüsebrühe
Pfeffer

Zubereitungszeit: ca. 25 Minuten
(plus Einweich-, Schmor- und Kochzeit)
Pro Portion ca. 169 kcal/711 kJ
6 g E · 6 g F · 23 g KH

TIPP:

Diese Suppe schmeckt auch köstlich, wenn Sie die Dinkelkörner durch gekochte Reiskörner oder kleine Nudeln ersetzen.

ZUCCHINISUPPE MIT GEBRATENEN HÄHNCHENSTREIFEN

ZUCCHINISUPPE MIT SALAMISTREIFEN

ZUCCHINISUPPE MIT GERÖSTETEN WEISSBROTWÜRFELN

ERBSENSUPPE MIT SALSICCIASCHEIBEN    LAUCHSUPPE MIT SALAMIWÜRFELN    GELBE PAPRIKASUPPE MIT RICOTTA-GRIESSKLÖSSCHEN

ZUCCHINISUPPE ZUPPA DI ZUCCHINI

Für 4 Portionen
500 g Zucchini*
2 Zwiebeln*
4 El Olivenöl
Salz
Pfeffer
750 ml Brühe
100 g Pancetta*

Zubereitungszeit: ca. 20 Minuten
(plus Schmor- und Kochzeit)
Pro Portion ca. 612 kcal/2572 kJ
35 g E · 42 g F · 24 g KH

Die Zucchini putzen, waschen und reiben. Die Zwiebeln schälen und fein hacken. 3 El Öl in einem Topf erhitzen und die Zwiebeln darin glasig schmoren. Die geriebenen Zucchini zugeben, sofort salzen und pfeffern und unter Rühren 10 Minuten schmoren. Die Brühe angießen und 5 Minuten köcheln. Die Suppe pürieren.

Den Pancetta in Streifen schneiden und in einer Pfanne im restlichen Öl knusprig braten. Die Zucchinisuppe mit Pancettastreifen garniert servieren.

* Die mit einem Sternchen versehenen Zutaten können ausgetauscht werden. Gewürze und Kräuter je nach Belieben.

TOMATEN-BROTSUPPE
PAPPA AL POMODORO

Für 4 Portionen
175 g altbackenes Weißbrot
1 Zwiebel
2 Knoblauchzehen
650 g Tomaten
60 ml Olivenöl
½ getrocknete rote Chilischote
3 El frisch gehacktes Basilikum
1 l Gemüsebrühe
Salz
Pfeffer
4 Tl Crème fraîche
4 Tl Pesto (FP)

Zubereitungszeit: ca. 40 Minuten
(plus Schmor- und Kochzeit)
Pro Portion ca. 412 kcal/1732 kJ
7 g E · 29 g F · 31 g KH

Das Brot in kleine Würfel schneiden. Die Zwiebel und Knoblauchzehen schälen und fein hacken. Die Tomaten mit kochendem Wasser überbrühen, von Häuten, Stielansätzen und Kernen befreien und würfeln.

30 ml Öl in einem Topf erhitzen. Die Chili hineinbröseln und unter Rühren 2 Minuten schmoren. Die Brotwürfel zugeben und goldbraun rösten. Mit einer Schaumkelle aus der Pfanne holen und auf Küchenpapier abtropfen lassen. 30 ml Öl in die Pfanne geben und die Zwiebeln und Knoblauchzehen darin 5 Minuten schmoren. Tomatenwürfel, abgetropfte Croûtons und Basilikum hinzufügen und salzen. Die Mischung etwa 15 Minuten unter Rühren köcheln. Die Brühe in einem Topf aufkochen und zur Tomaten-Brot-Mischung geben. Aufkochen und die Suppe 20 Minuten köcheln. Anschließend pürieren und die Suppe mit Salz und Pfeffer abschmecken. 10 Minuten ruhen lassen. Pro Tasse mit jeweils mit einem Teelöffel Crème fraîche und Pesto dekorieren und servieren.

In getrockneter Form sind **CHILISCHOTEN** viel länger haltbar als frische. Darüber hinaus sind sie auch wesentlich schärfer als die frischen, weil in den getrockneten Schoten sämtliche Nähr- und Inhaltsstoffe hochkonzentriert sind. Daher sollten sie sparsam dosiert werden. Als Würzzutat geben getrocknete Chilischoten Suppen, Pastagerichten, Gemüse, Fleisch, Fisch und Geflügel einen pikanten Touch. Wer sie dennoch etwas „entschärfen" will, entfernt die Kerne aus den Schoten.

PESTO ist eigentlich keine toskanische Erfindung, sondern stammt aus der Gegend um Genua, weshalb man es als *pesto alla genovese* bezeichnet. Dennoch verwendet man es auch in der Toskana zu Pasta, auf Brot und wie hier zur Tomatensuppe. Frisch zubereitet werden dafür reichlich Basilikumblätter, Pinienkerne, Knoblauch, Gewürze, geriebener Parmesan oder Pecorino und Olivenöl miteinander gemischt und püriert oder zerstoßen (ital. *pesto*).

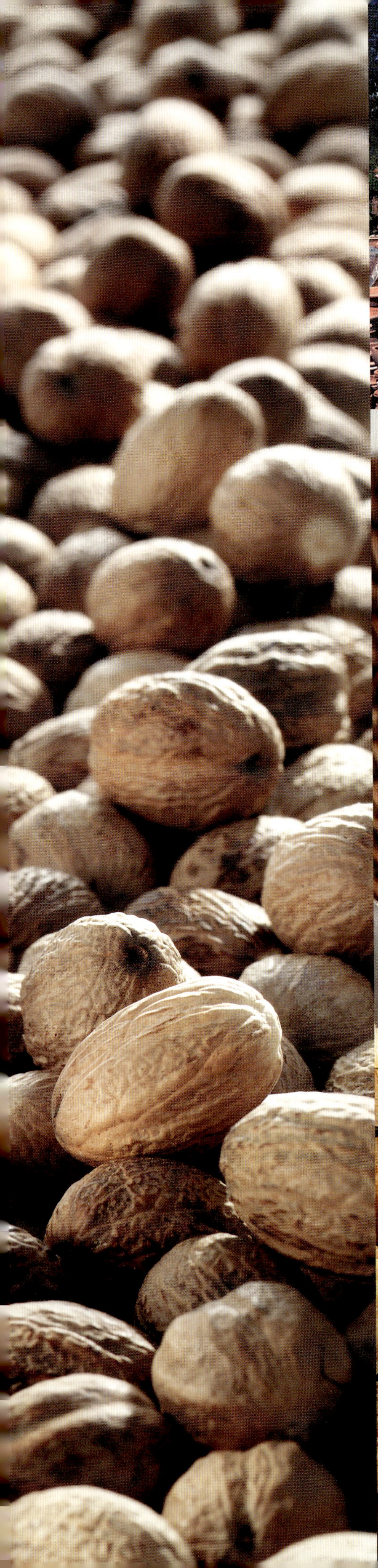
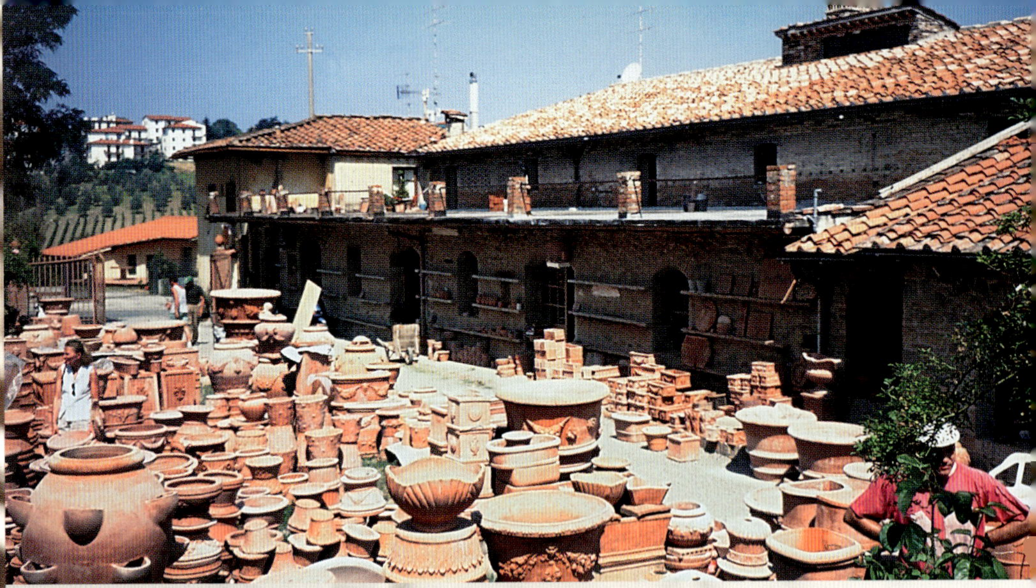
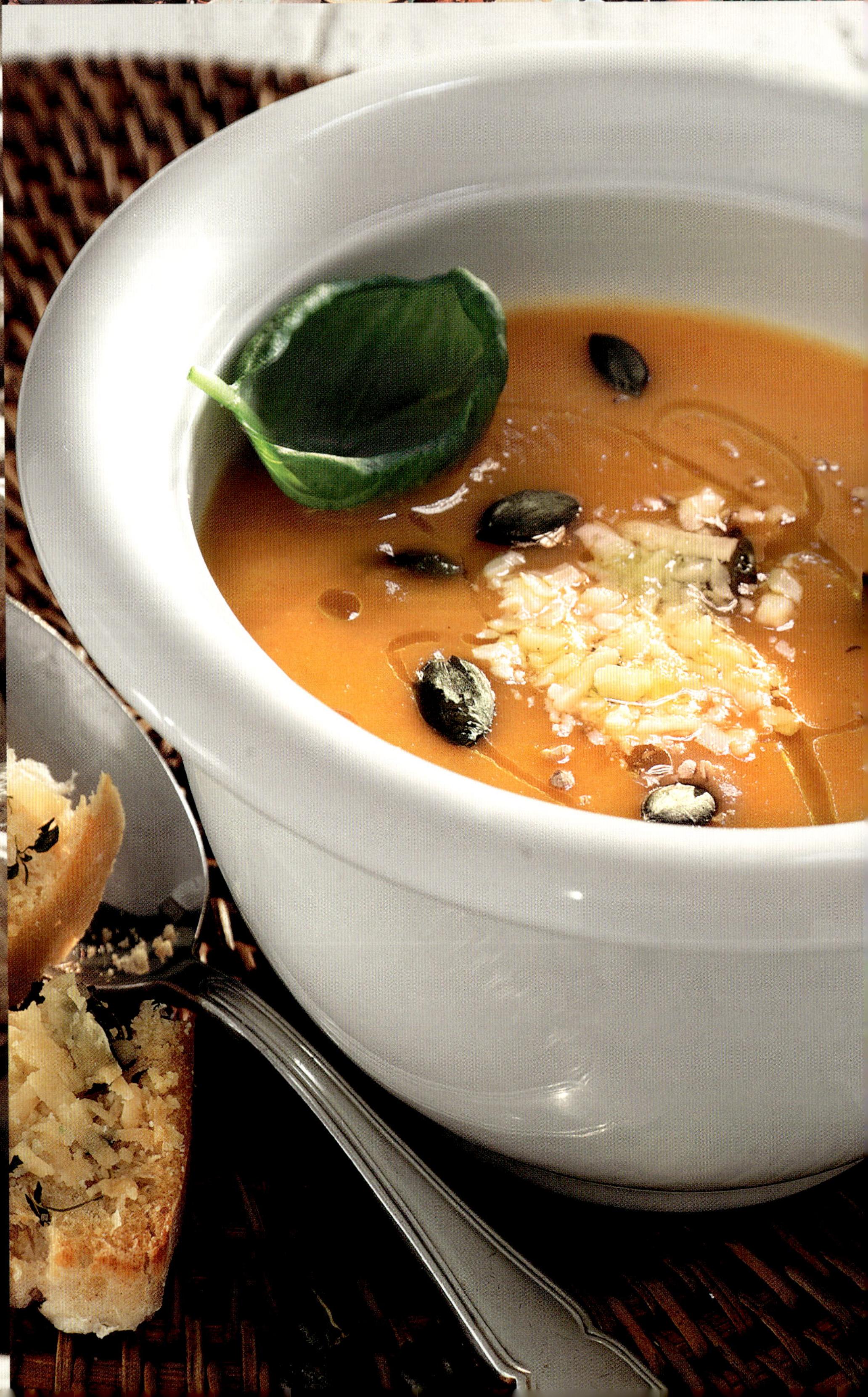

KÜRBISSUPPE PAPPA DI ZUCCA

Die Zwiebel und Knoblauchzehe schälen und hacken. Die Möhre schälen, den Stangensellerie putzen, waschen, beides in Scheiben schneiden. Die Tomaten häuten, von den Stielansätzen befreien, entkernen und würfeln. Den Kürbis schälen (Hokkaido braucht nicht geschält zu werden, nur gut waschen), die Kerne entfernen. Die Kartoffeln schälen, Kürbis und Kartoffeln würfeln.

Das Öl in einem Topf erhitzen und Zwiebel sowie Knoblauch darin anbraten. Möhre und Sellerie zugeben und mitschmoren. Die Tomaten, Kürbis- und Kartoffelwürfel zugeben und die Brühe angießen. Mit Salz, Pfeffer würzen und etwa 20 Minuten köcheln. Die Suppe pürieren und mit Muskat und Chili abschmecken. Mit geriebenem Pecorino bestreut und mit Olivenöl beträufelt servieren.

Für 4 Portionen
1 Zwiebel
1 Knoblauchzehe
1 Möhre
1 Stangensellerie
2 Tomaten
400 g Kürbis (Muskat oder Hokkaido)
150 g Kartoffeln
2 El Olivenöl
750 ml Hühnerbrühe
Salz
Pfeffer
geriebene Muskatnuss
1 Prise Chilipulver
frisch geriebener Pecorino
1–2 El Olivenöl zum Beträufeln

Zubereitungszeit: ca. 30 Minuten
(plus Schmor- und Kochzeit)
Pro Portion ca. 238 kcal/989 kJ
13 g E · 14 g F · 14 g KH

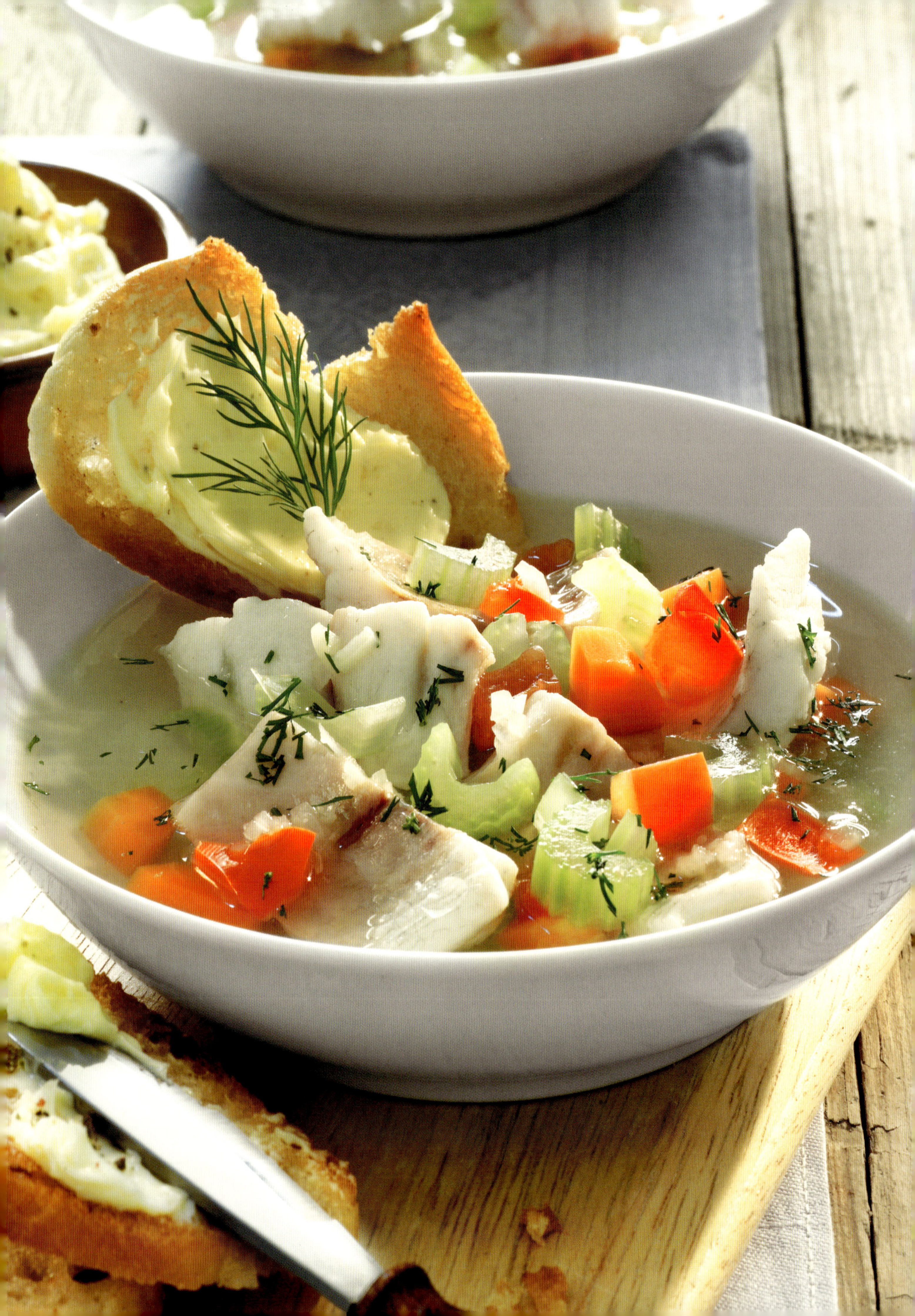

FISCHSUPPE ZUPPA DI PESCE

Die Fischfilets aus den Fischen lösen, waschen, trocken tupfen und in Stücke schneiden. In Folie verpacken und kalt stellen. Das Suppengemüse und den Stangensellerie putzen, waschen, die Möhre schälen, das Gemüse würfeln. Zwiebeln und 2 Knoblauchzehen schälen und hacken. Die Petersilie waschen, trocken schütteln und hacken. Die Tomaten waschen, von den Stielansätzen befreien und würfeln. Die Hälfte des Gemüses beiseite legen.

Das restliche Gemüse, Zwiebeln, Knoblauch und Petersilie in einen Topf geben und etwa 1 l Wasser sowie den Wein hinzufügen. Die Mischung etwa 40 Minuten köcheln. Dann Fischköpfe und -gräten (ohne Haut) zugeben und den Fond 30 Minuten ziehen lassen. Den Fond durch ein mit einem Tuch ausgelegtes Sieb gießen. Die Fischstücke aus der Folie nehmen, salzen, pfeffern, mit Zitronensaft beträufeln und im heißen Fischsud gar ziehen lassen.

Das beiseite gelegte Gemüse in kochendem Wasser blanchieren. Die restlichen Knoblauchzehen schälen, sehr fein hacken und mit der weichen Butter verrühren. Die Weißbrotscheiben halbieren. Die Hälfte der Knoblauchbutter erhitzen und die Brotscheiben darin rösten. Mit der restlichen Butter bestreichen.

Die Fischsuppe mit Salz und Pfeffer abschmecken, auf Teller verteilen. Das blanchierte Gemüse einrühren und die gerösteten Brotscheiben darauf legen. Sofort servieren.

Für 4 Portionen
1 kg küchenfertige Fische mit Kopf und Gräten, z. B. Dorade, Merlan, St. Pierre
1 Bund Suppengrün
1 Selleriestange
3 Schalotten
7 Knoblauchzehen
1 Bund Petersilie
3 Tomaten
200 ml Weißwein
Salz
Pfeffer
Zitronensaft
5 El Butter
2 Weißbrotscheiben

Zubereitungszeit: ca. 40 Minuten (plus Kochzeit)
Pro Portion ca. 610 kcal/2562 kJ
51 g E · 33 g F · 19 g KH

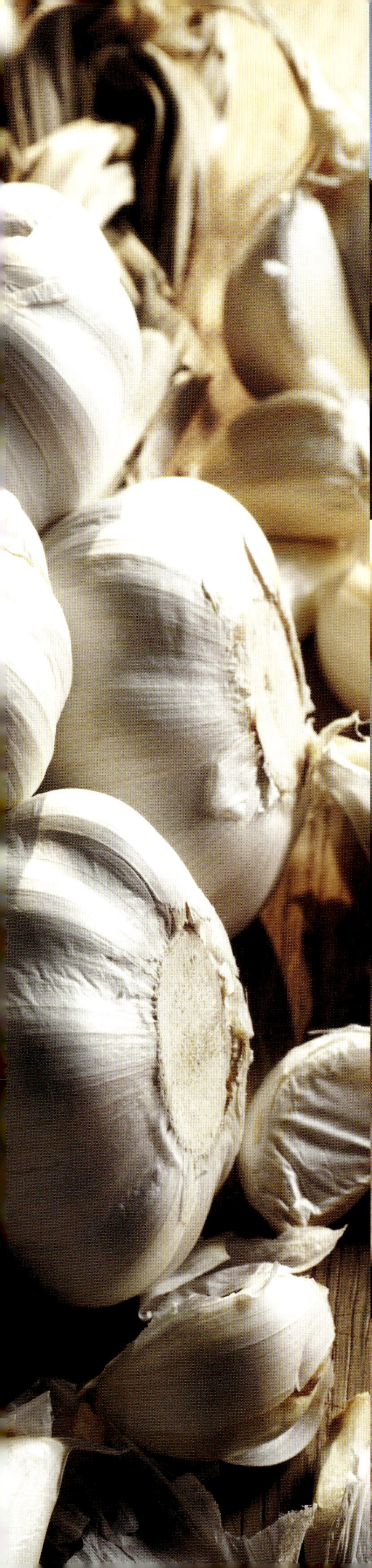

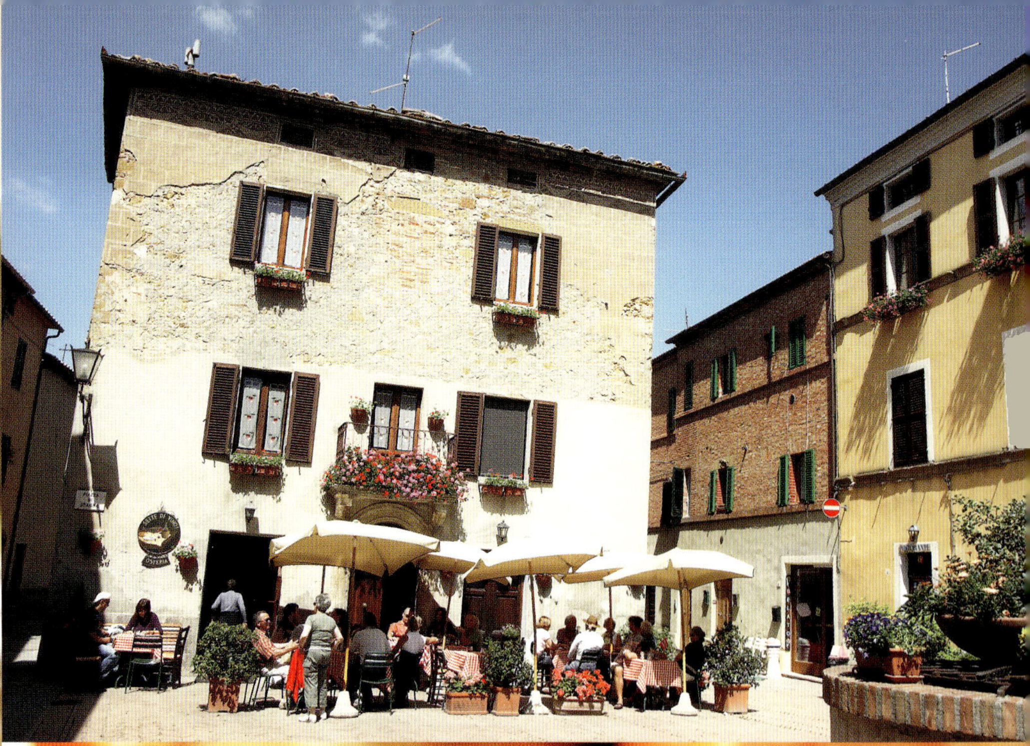

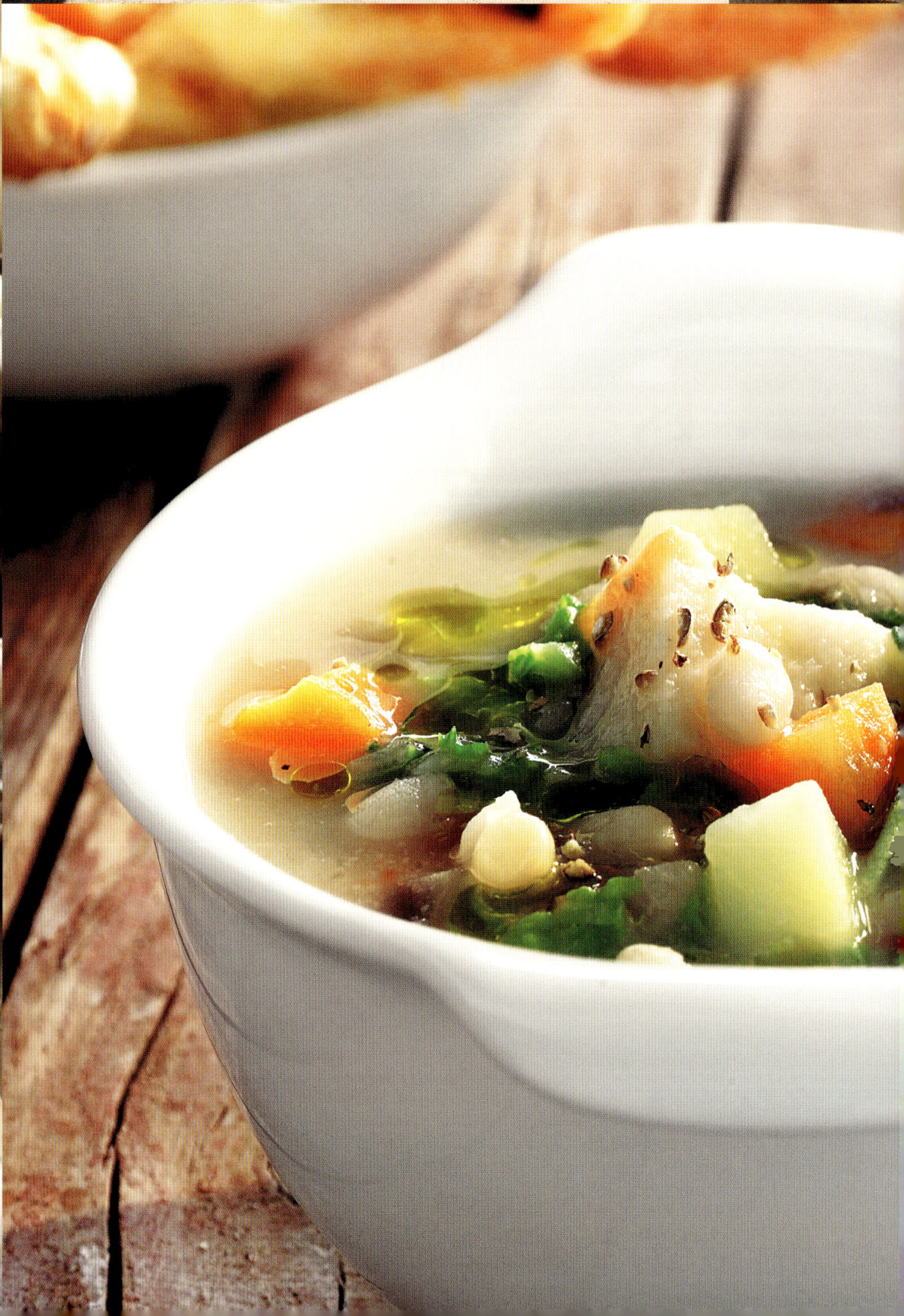

AUFGEKOCHTE GEMÜSESUPPE RIBOLLITA

Die Bohnen über Nacht in reichlich Wasser einweichen. Am nächsten Tag das Wasser abgießen, Knoblauch schälen und hacken. Bohnen, Rosmarin und Knoblauch in einem Topf mit etwa 3 l Wasser geben, aufkochen und etwa 1 Stunde 30 Minuten garen. Anschließend Rosmarin entfernen, ein Drittel der Bohnen aus dem Topf nehmen.

Die Zwiebeln und Möhren schälen, den Sellerie putzen und waschen, alles würfeln. Vom Kohl den dicken Strunk entfernen. Die Blätter in Streifen schneiden. Kartoffen schälen und würfeln. Die Tomaten häuten, von den Stielansätzen befreien und würfeln.

Das Öl in einem Topf erhitzen. Die Zwiebeln, Möhren und Sellerie darin anschmoren. Die Chilischote dazubröseln. Kohlstreifen hinzufügen und alles 5 Minuten schmoren. Kartoffeln, Tomaten und Gewürze zugeben und etwa 300 ml Bohnenkochflüssigkeit angießen. Alles etwa 20 Minuten köcheln.

Die Bohnen im Topf pürieren. Das Brot entrinden und mit den ganzen Bohnen zum Bohnenpüree geben. Das Gemüse ebenfalls zugeben. Nach Bedarf noch etwas Wasser angießen, die Suppe soll dickflüssig sein. Suppe mit Salz und Pfeffer abschmecken und abkühlen lassen.

Für 4 Portionen

300 g getrocknete weiße Bohnen
2 Knoblauchzehen
1 Zweig Rosmarin
2 rote Zwiebeln
2 Möhren
1 Stangensellerie
400 g Schwarzkohl oder Wirsing
2 Kartoffeln
2 Tomaten
3 El Olivenöl
1 getrocknete Chilischote
Salz
Pfeffer
1 Tl Fenchelsamen
1 Tl gemahlener Kümmel
1 Prise Cayennepfeffer
4 dicke Scheiben altbackenes Landbrot
Olivenöl zum Beträufeln

Zubereitungszeit: ca. 30 Minuten
(plus Einweich-, Schmor- und Kochzeit
und Zeit zum Abkühlen)
Pro Portion ca. 372 kcal/1564 kJ
21 g E · 12 g F · 44 g KH

TIPP

Zum Servieren die Suppe aufwärmen und mit Olivenöl beträufeln.

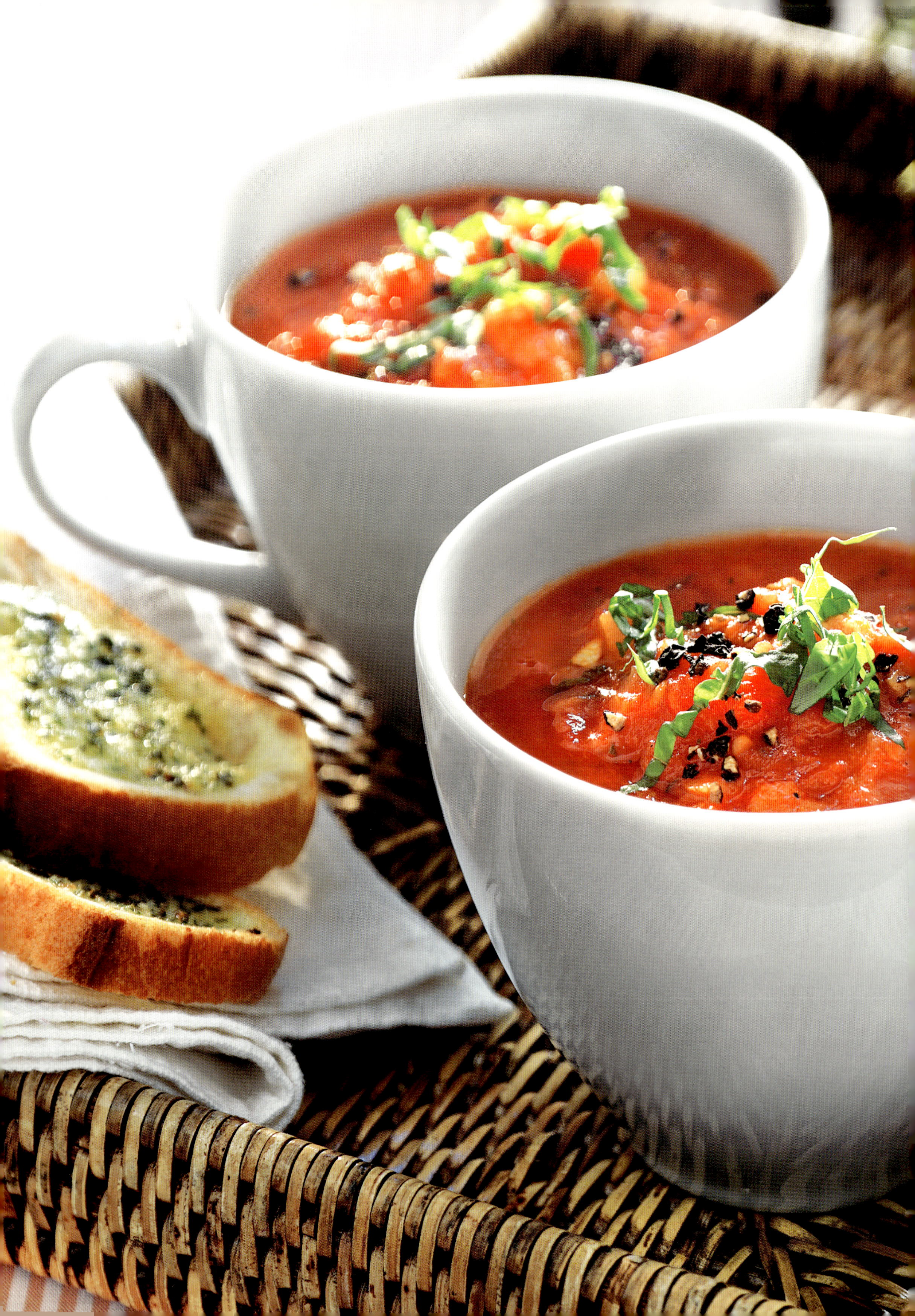

TOSKANISCHE TOMATEN-SUPPE PAPPA AL POMODORO

Die Tomaten mit kochendem Wasser übergießen. Die Häute und Stielansätze entfernen, vierteln, entkernen und das Fruchtfleisch würfeln. Zwiebeln und Knoblauchzehen schälen und fein hacken. Das Olivenöl in einem großen Topf erhitzen und die Zwiebeln darin glasig schmoren, Knoblauch zugeben und mitschmoren. Die Tomatenwürfel in den Topf geben und die ganze Chilischote dazugeben. Die Mischung 15 Minuten köcheln, dann die Chilischote wieder entfernen. Das Basilikum waschen, trocken schütteln und fein hacken. Zu den Tomaten geben, mit Salz und Pfeffer würzen und die Brühe angießen. Die Suppe aufkochen. Das Brot in dünne Scheiben schneiden, in die kochende Suppe geben und 15 Minuten köcheln. Die Suppe umrühren, anschließend auf der ausgeschalteten Herdplatte abgedeckt 1 Stunde ruhen lassen. Vor dem Servieren die Suppe erwärmen und mit frischem Basilikum bestreuen und Olivenöl beträufeln.

Für 4 Portionen
400 g Tomaten
2 Zwiebeln
2 Knoblauchzehen
4 El Olivenöl
1 getrocknete rote Chilischote
½ Bund Basilikum
750 ml Gemüsebrühe
Salz
Pfeffer
250 g toskanisches Weißbrot vom Vortag
2 El frisch gehacktes Basilikum
Olivenöl zum Beträufeln

Zubereitungszeit: ca. 30 Minuten
(plus Schmor- und Kochzeit und Zeit zum Ruhen)
Pro Portion ca. 332 kcal/1396 kJ
8 g E · 16 g F · 38 g KH

ACQUA COTTA MIT
RINDFLEISCHSTÜCKEN

ACQUA COTTA MIT
FISCH

ACQUA COTTA MIT
NUDELN

ACQUA COTTA MIT
KREBSFLEISCH

ACQUA COTTA MIT
CHAMPIGNONS

ACQUA COTTA MIT
KÄSE ÜBERBACKEN

GEKOCHTES WASSER ACQUA COTTA

Für 4 Portionen
1 Zwiebel
3 Selleriestangen mit Grün
5 Tomaten
je ½ Bund Basilikum und Petersilie*
3 El Olivenöl
1 ½ l Gemüsebrühe*
Salz
Pfeffer
4 Scheiben altbackenes Brot
4 Eier

Zubereitungszeit: ca. 15 Minuten
plus Schmor- und Kochzeit)
Pro Portion ca. 372 kcal/1564 kJ
15 g E · 23 g F · 26 g KH

Die Zwiebel schälen und hacken. Den Sellerie putzen, waschen, würfeln, das Grün hacken. Die Tomaten häuten, Stielansätze entfernen, Fruchtfleisch entkernen und würfeln. Die Kräuter waschen, trocken schütteln und hacken.

Das Öl in einem Topf erhitzen und die Zwiebel darin glasig schmoren. Den Sellerie mit Grün zugeben und mitschmoren. Tomatenwürfel und Kräuter in den Topf geben und die Brühe angießen. Mit Salz und Pfeffer würzen. Die Suppe etwa 15 Minuten köcheln.

* Die mit einem Sternchen versehenen Zutaten können ausgetauscht werden. Gewürze und Kräuter je nach Belieben.

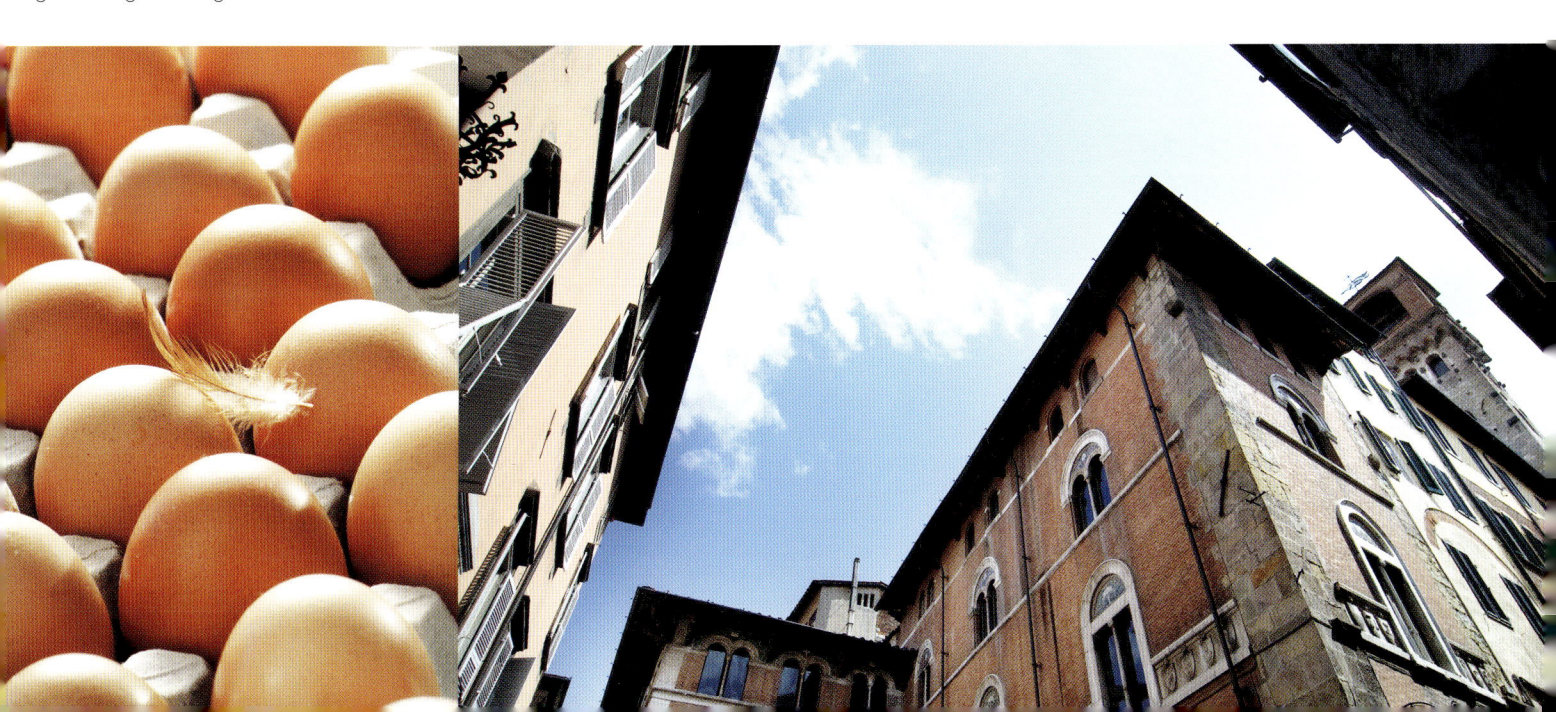

Das Brot rösten, abkühlen lassen, dann in Stücke brechen. Brot auf 4 Suppenteller verteilen. Die Eier einzeln in die heiße Suppe geben, sodass sie nicht zerfließen. In der Suppe 2 Minuten ziehen lassen. Dann mit einer Gabel verrühren. Die Suppe in die Teller geben und servieren.

PRIMI PIATTI

Die Menschen der Toskana gelten in Italien als die größten Individualisten und Lebenskünstler. Bewegt man sich auf ihren Marktplätzen und in den Altstadtgässchen, versteht man, warum.

Auf dem Marktplatz in Lucca, der Piazza dell'anfiteatro kann man umgeben von pittoresken Häusern, die auf den Resten eines römischen Amphitheaters erbaut wurden, in der typisch italienischen Bar einen Espresso trinken und anschließend durch die Stadt schlendern, vorbei an Renaissancegebäuden und der Büste Puccinis.

Am Abend genießt man in einer gemütlichen Trattoria ein Menü, in dem die Aromen der Gegend auf wunderbare Weise eingefangen sind. Dazu trinkt man einen Wein aus der Gegend, einen Chianti, Montepulciano oder Brunello und genießt den Sonnenuntergang.

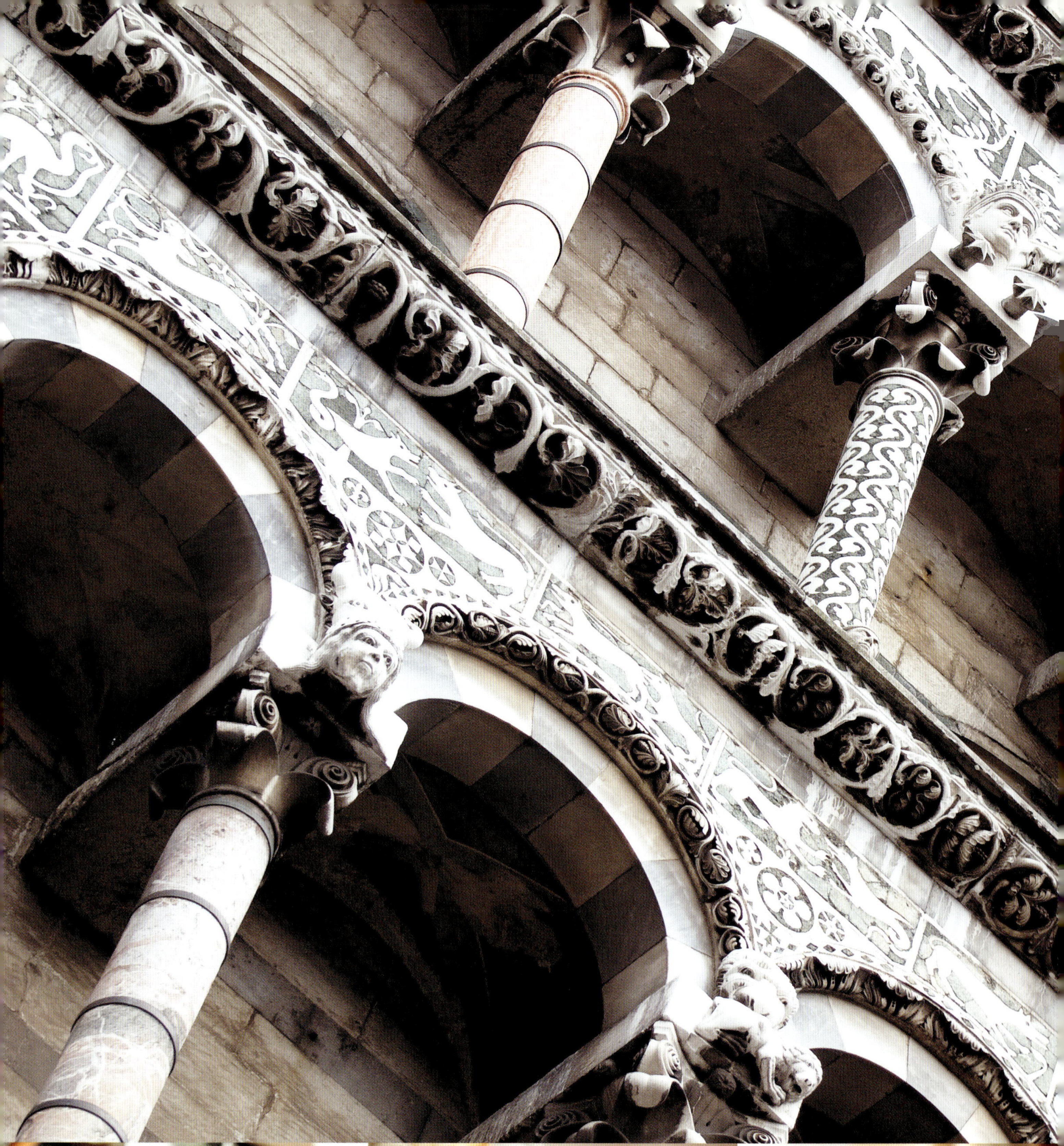
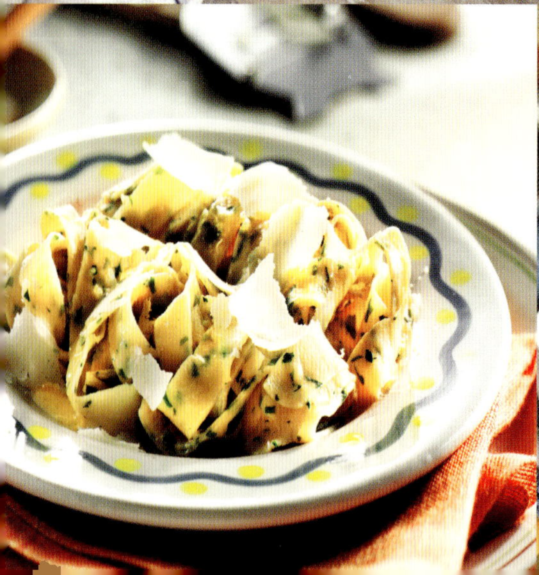
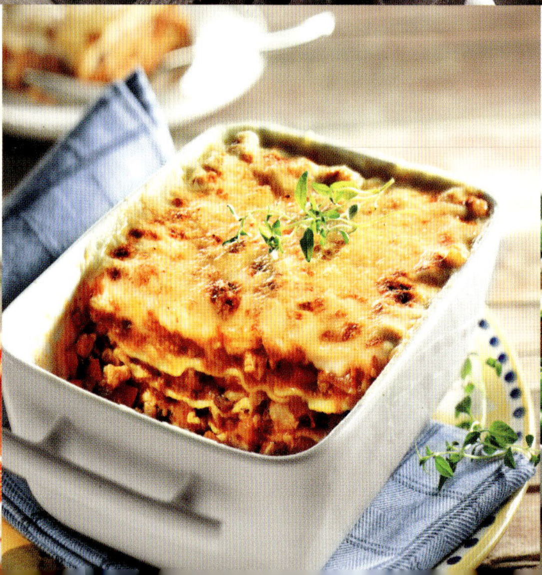
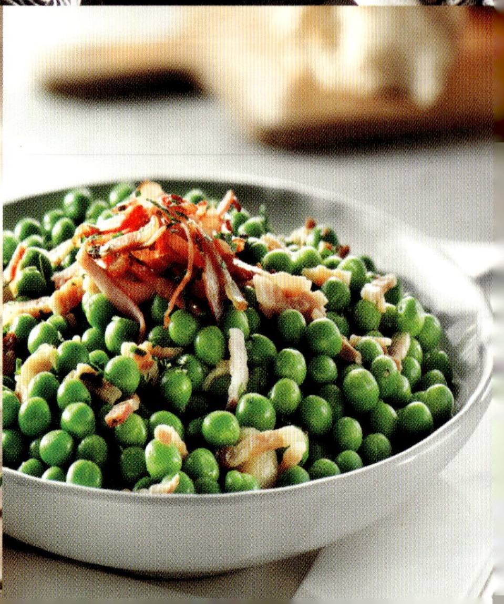

PRIMI PIATTI

Was das Essen angeht, kann man den Toskanern nichts vormachen. Ihre Küche gilt als die abwechslungsreichste des Landes, das wissen sie, und darauf sind sie stolz.

Beim Zwischengang stehen Gemüse, Hülsenfrüchte, Risotto, Pasta oder Polenta zur Auswahl, je nach Region, ja sogar je nach Dorf, werden sie anders zubereitet und natürlich nur mit einheimischen und saisonalen Produkten. Die Menschen sind es von alters her gewöhnt, aus wenig viel zu machen und einfache Speisen mit wenigen Zutaten zu Köstlichkeiten werden zu lassen. Aufläufe mit Auberginen, frittiertes Gemüse, Kastaniennudeln mit heimischen Pilzen, Gnocchi mit Käsesauce, all dies sind keine aufwändigen Rezepte, doch jeder Toskanakenner weiß, welches Geschmackserlebnis sie sein können.

RISOTTO MIT HÜHNCHEN   RISOTTO MIT MUSCHELN   RISOTTO MIT ARTISCHOCKENHERZE

RISOTTO MIT RADICCHIO RISOTTO MIT BRAUNEN CHAMPIGNONS RISOTTO MIT LEBER

RISOTTO MIT TINTENFISCH RISOTTO DI TOTANI

Die Zwiebel und Knoblauchzehen schälen und fein hacken. Den Sellerie putzen und waschen, die Möhre schälen. Beides in kleine Würfel schneiden. Die Tintenfische putzen, waschen und in Stücke schneiden. Das Öl in einer Pfanne erhitzen und die Zwiebel darin glasig schmoren. Den Knoblauch, Sellerie und die Möhre zugeben und 2 Minuten mitschmoren. Die Tintenfischstücke zugeben und 15 Minuten schmoren.

Den Reis waschen, abtropfen lassen und zu den Tintenfischen geben. Gut unterrühren, bis alle Reiskörner mit Öl überzogen sind. Den Wein angießen und die Tomaten zugeben. Den Risottoreis bei geringer Temperatur köcheln, bis die Flüssigkeit vom Reis aufgenommen ist. Dann die heiße Brühe nach und nach unterrühren. Wenn der Reis sämig und cremig ist, mit Salz und Pfeffer würzen. Zum Schluss die Butter und den Parmesan unter den Risotto rühren. Vor dem Servieren noch 5 Minuten ruhen lassen. Mit Petersilie bestreut servieren.

Für 4 Portionen
1 Zwiebel
2 Knoblauchzehen
2 Selleriestangen*
1 Möhre*
300 g kleine küchenfertige Tintenfische*
4 El Olivenöl
250 g Risottoreis
200 ml Weißwein
200 g Tomatenstücke aus der Dose*
750 ml Gemüsebrühe*
Salz, Pfeffer
50 g Butter
50 g frisch geriebener Parmesan
½ Bund frisch gehackte Petersilie*

Zubereitungszeit: ca. 20 Minuten
(plus Koch- und Ruhezeit)
Pro Portion ca. 610 kcal/2562 kJ
23 g E · 31 g F · 57 g KH

* Die mit einem Sternchen versehenen Zutaten können ausgetauscht werden. Gewürze und Kräuter je nach Belieben.

CHARDONNAY „CARDELLINO", CASTEL RINGBERG, ELENA WALCH SÜDTIROL

Leuchtend hellgelb mit intensiven Fruchtnoten, einem geprägten, breiten Duftspektrum und einem frischen, sanftwürzigen Bukett – dieser Wein mit angenehm eingebundener Säure und gut strukturiertem Körper bleibt elegant und langanhaltend im Abgang.

AUBERGINENAUFLAUF
PARMIGIANA DI MELANZANE

Für 4 Portionen
3 Auberginen
Olivenöl
½ Tl frische Oreganoblättchen
1 Bund Basilikum
300 g reife Tomaten
2 Knoblauchzehen
Salz
Pfeffer
300 g Büffelmozzarella
100 ml Hühnerbrühe
50 g frisch geriebener Parmesan

Zubereitungszeit: ca. 30 Minuten
(plus Bratzeit und Zeit zum Durchziehen)
Pro Portion ca. 355 kcal/1491 kJ
24 g E · 24 g F · 10 g KH

Die Auberginen putzen, waschen, trocken tupfen und längs in dünne Scheiben schneiden. Reichlich Olivenöl in einer Pfanne erhitzen und die Auberginenscheiben darin von beiden Seiten goldbraun braten. Aus der Pfanne nehmen und auf Küchenpapier abtropfen lassen. Den Oregano und das Basilikum hacken. Die Tomaten mit kochendem Wasser überbrühen, von Häuten, Stielansätzen und Kernen befreien und das Fruchtfleisch würfeln. Den Knoblauch schälen und fein hacken. Tomatenwürfel und Knoblauch mischen und mit Salz und Pfeffer würzen. Mit einer Gabel etwas zerdrücken.

Eine feuerfeste Form einölen und mit Auberginenscheiben auslegen und würzen. Die Hälfte der Tomaten darauflegen und die Hälfte des Oregano und Basilikums darüberstreuen. Den Mozzarella in Scheiben schneiden und die Hälfte darauflegen. Die restlichen Auberginenscheiben, dann den übrigen Mozzarella und die Tomaten zum Schluss einschichten. Die Brühe darübergießen und den Auflauf 2 Stunden ruhen lassen.

Den Backofen auf 170 °C (Umluft 150 °C) vorheizen. Den Auflauf mit Parmesan bestreuen und etwa 20 Minuten backen. Vor dem Servieren etwas abkühlen lassen. Dazu frisches Brot reichen.

OREGANO ist auch als Dost oder wilder Majoran bekannt. Dank seines ausgeprägten Aromas und seiner großen Würzkraft braucht Oregano keine anderen Kräuter neben sich. Dennoch wird er in Italien gerne zusammen mit Basilikum verwendet, besonders in Gerichten mit Tomaten. Der in Süditalien angebaute Oregano ist nicht nur würzig, sondern kann auch mitgekocht werden. Die Inhaltsstoffe des Krautes wirken antibakteriell und desinfizierend.

AUBERGINEN (*melanzane*) gehören wie Kartoffeln und Tomaten zu den Nachtschattengewächsen, sie sind roh giftig. Es käme wohl auch niemand auf die Idee, sie roh zu essen. Besser schmecken sie auf jeden Fall gebraten, gegrillt und in Zitronensaft, Essig und Olivenöl mariniert. In Italien werden sie als Antipasti und wie hier als Auflauf geschätzt. Es gibt die tiefvioletten länglichen und die etwas helleren, runden Auberginen.

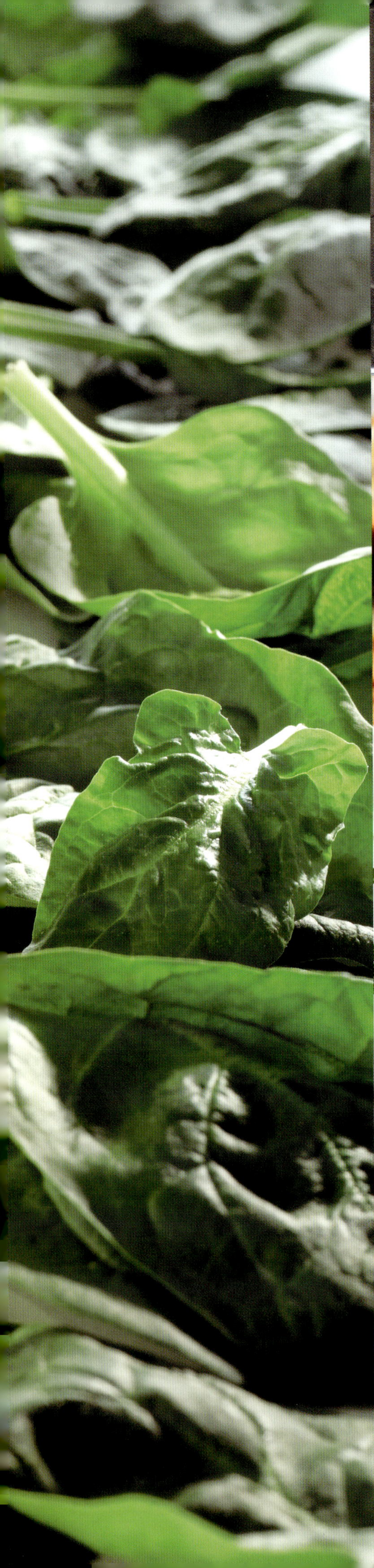
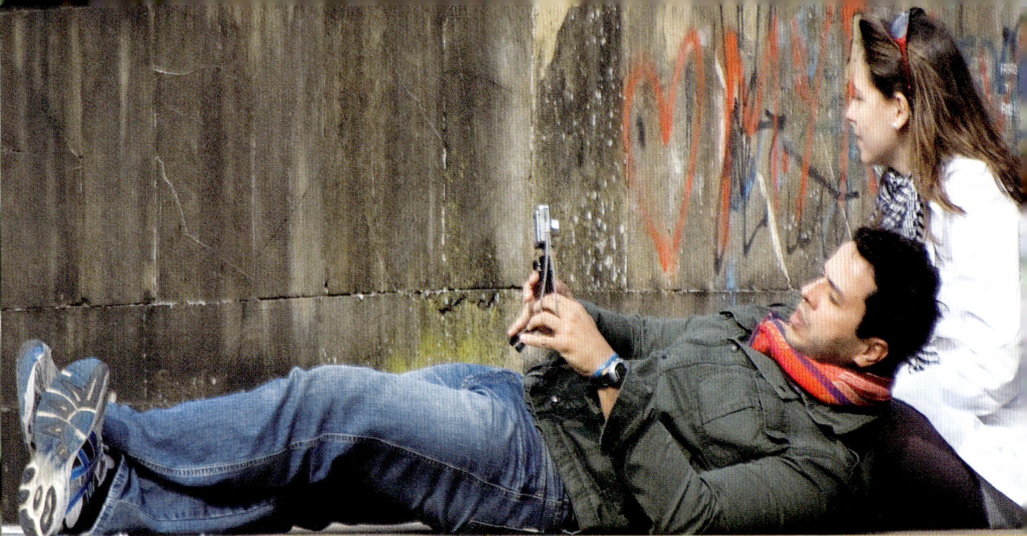
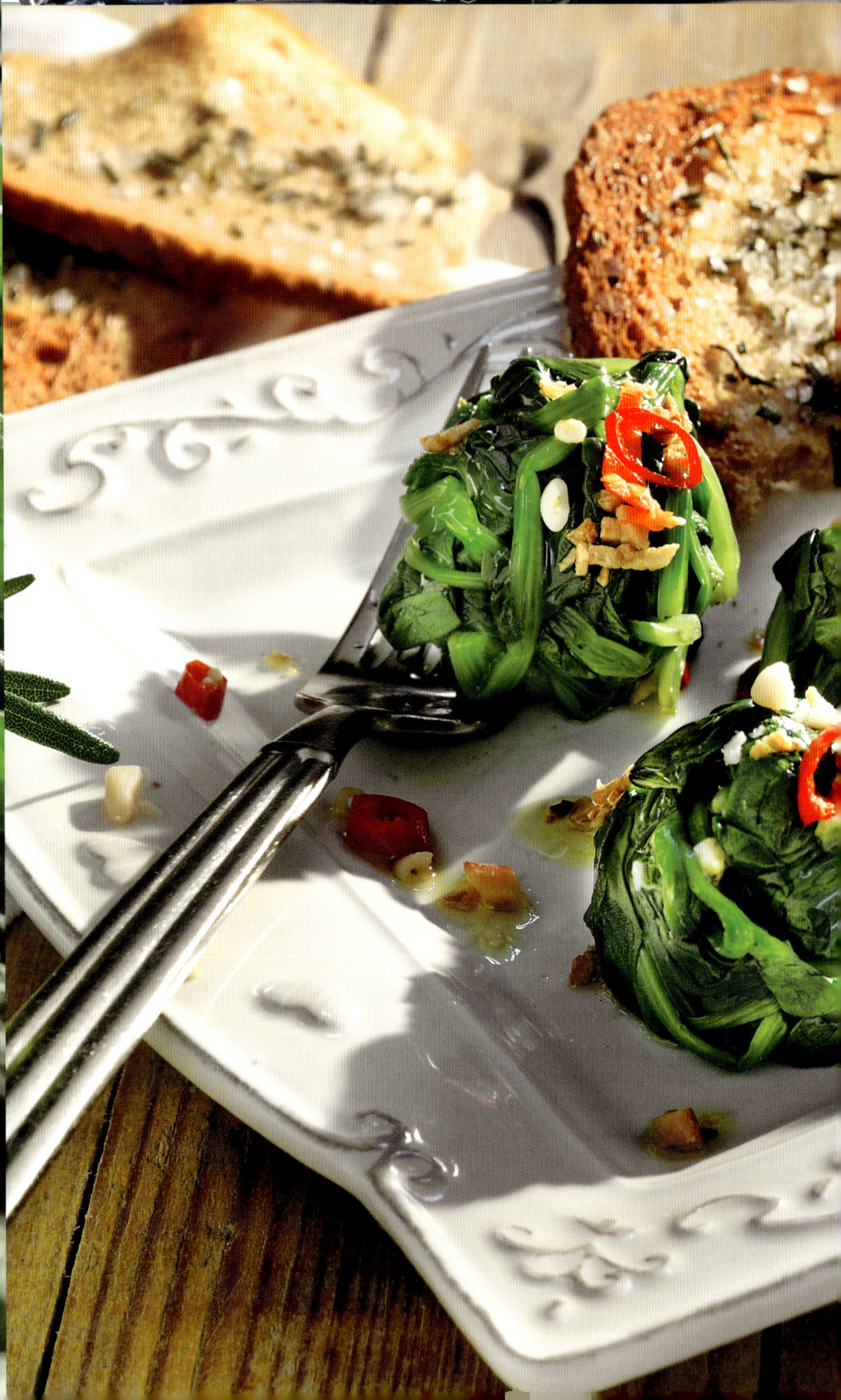

SPINAT MIT KNOBLAUCH
SPINACI ALL' AGLIO

Den Spinat verlesen, die Stiele abschneiden, die Spinatblätter gründlich waschen. In einem großen Topf reichlich Salzwasser zum Kochen bringen. Den Spinat hineingeben und zusammenfallen lassen, dann abgießen und in Eiswasser abschrecken. Den Spinat abtropfen und etwas abkühlen lassen.

Die Knoblauchzehen schälen und fein hacken. Die Chilischote putzen, entkernen, waschen und in dünne Ringe schneiden. Das Öl in einer Pfanne erhitzen und den Knoblauch darin anschmoren. Den Spinat kurz mitschmoren und mit Öl überziehen lassen. Mit zwei Löffeln zu Bällchen formen und auf Tellern anrichten. Die Chiliringe darübergeben. Mit gehackten Pinienkernen bestreut servieren.

Für 4 Portionen
1 kg frischer Blattspinat
Salz
3 Knoblauchzehen
1 rote Chilischote
5 El Olivenöl
2 El geröstete und gehackte Pinienkerne

Zubereitungszeit: ca. 20 Minuten
(plus Zeit zum Blanchieren und Schmoren)
Pro Portion ca. 236 kcal/989 kJ
9 g E · 21 g F · 3 g KH

TIPP:
Probieren Sie dieses Rezept auch mit Mangold. Schneiden Sie dafür die harten weißen Mittelteile der Blätter heraus und hacken sie sehr fein.

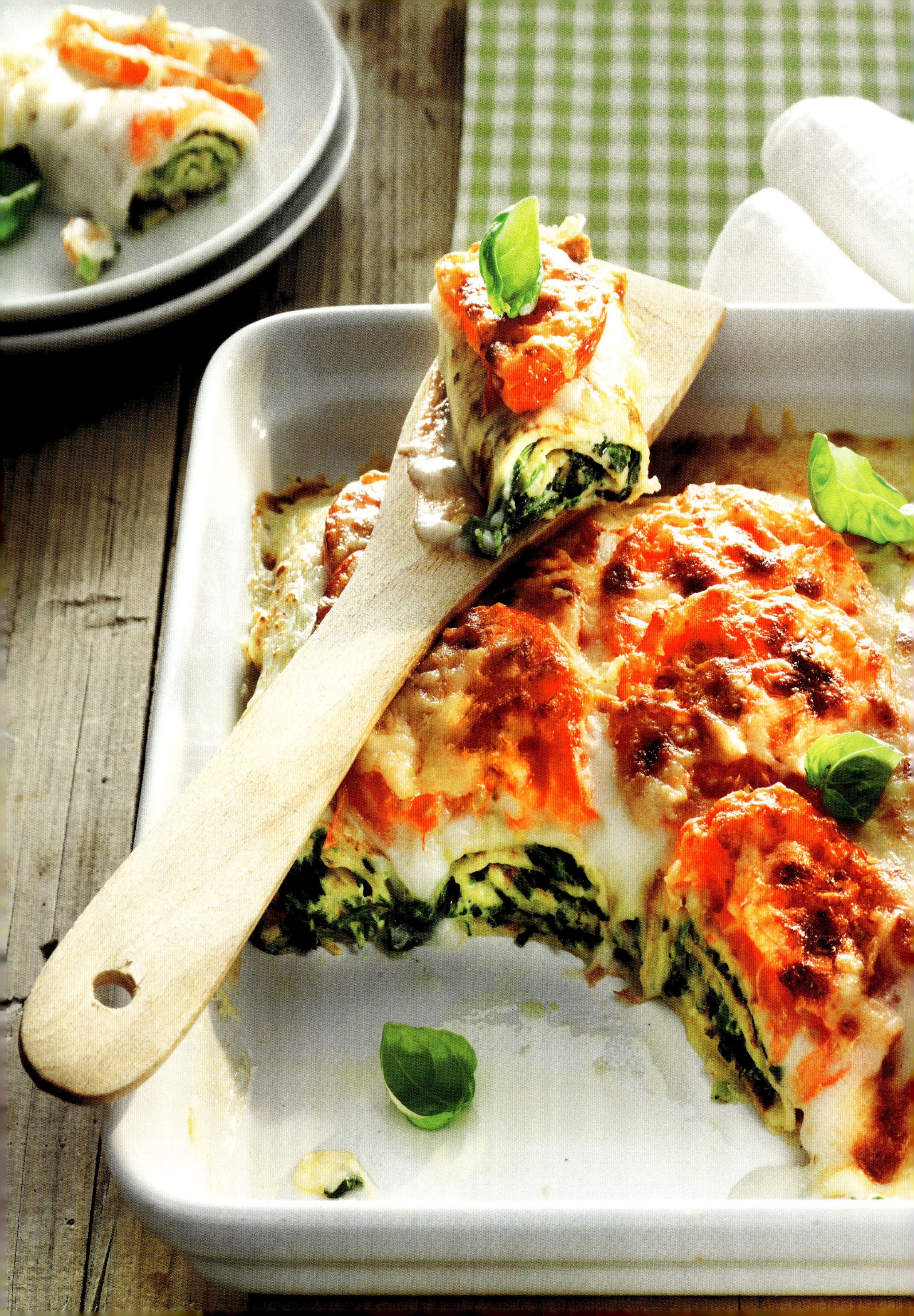

CRÊPES MIT SPINAT-RICOTTA-FÜLLUNG
CRESPELLE ALLA RICOTTA

4 Eier verquirlen und mit 100 g Mehl mischen, 250 ml Milch unterrühren und 30 g flüssige Butter hinzufügen. Mit Salz würzen und alles zu einem glatten Teig verarbeiten. Den Teig 30 Minuten abgedeckt ziehen lassen.

Den Spinat verlesen, waschen und in kochendem Wasser zusammenfallen lassen. Abgießen, gut ausdrücken, etwas abkühlen lassen und hacken. Den Spinat mit 2 Eiern, Ricotta und 3 El geriebenem Parmesan mischen und mit Salz, Pfeffer und Muskat würzen.

Aus der restlichen Butter und dem Mehl eine Mehlschwitze herstellen und mit der restlichen erwärmten Milch ablöschen. Die Sauce glatt rühren und mit Salz, Pfeffer und Muskat würzen und sämig einkochen.

Den Backofen auf 180 °C (Umluft 160 °C) vorheizen. Aus dem Teig nach und nach im heißen Öl 4–6 dünne Pfannkuchen backen und abkühlen lassen. Die Crespelle mit der Spinat-Ricotta-Füllung belegen und zusammenrollen. In eine gefettete Auflaufform legen und mit der Béchamelsauce begießen. Die Tomaten waschen, von den Stielansätzen befreien und in Scheiben schneiden. Die Crespelle mit Tomatenscheiben belegen, mit Parmesan bestreuen und im Backofen 20 Minuten überbacken. Mit Basilikumblättchen belegt servieren.

Für 4 Portionen
6 Eier
135 g Mehl
500 ml Milch
65 g Butter
Salz
300 g Spinat
200 g Ricotta
Salz
Pfeffer
geriebene Muskatnuss
5 El Sonnenblumenöl
Fett für die Form
2–3 Tomaten
geriebener Parmesan
einige Basilikumblätter zum Garnieren

Zubereitungszeit: ca. 30 Minuten
(plus Back- und Kochzeit)
Pro Portion ca. 690 kcal/2898 kJ
27 g E · 50 g F · 33 g KH

TIPP

Eine weitere Spezialität sind Crespelle mit einer Füllung aus frischen Steinpilzen und jungen grünen Bohnen. Mit Pecorino bestreuen und im Ofen überbacken.

SONNENBLUMENÖL ist relativ geschmacksneutral und daher vor allem zum Bereiten von Mayonnaisen gut geeignet. Wie alle hochwertigen Öle ist es lichtempfindlich. Zum Braten ist es nur für bestimmte Lebensmittel ausreichend, da es nicht sehr heiß wird.

**ROSSO DI MONTALCINO
CORTE PAVONE, TOSKANA**

Köstlich zu Pasta mit kräftigen Saucen: Dieser Rosso di Montalcino ist saftigrubinrot mit violetten Reflexen, frisch und fruchtig mit Noten von Kirsche, Amarena und würzigen Komponenten. Dazu trägt er Noten von Kakao, Kaffee und Röstaromen und ist zudem finessenreich am Gaumen.

PENNE MIT RINDFLEISCH-SAUCE
PENNE RIGATE

Für 4 Portionen
400 g Penne
2 Schalotten
2 Knoblauchzehen
75 g Pancetta
1 Selleriestange
300 g Tomaten
2 El Olivenöl
je ½ Tl gehackten Thymian und Rosmarin
250 g Rinderhack
100 ml Rotwein
Salz, Pfeffer
2 El frisch geriebener Parmesan

Zubereitungszeit: ca. 25 Minuten
(plus Schmor- und Kochzeit)
Pro Portion ca. 538 kcal/2260 kJ
21 g E · 34 g F · 33 g KH

Die Penne in kochendem Salzwasser bis kurz vor al dente garen und abgießen. Schalotten und Knoblauchzehe schälen und hacken. Den Pancetta würfeln. Die Selleriestange putzen, waschen und würfeln. Die Tomaten mit kochendem Wasser übergießen, von Häuten, Stielansätzen und Kernen befreien und das Fruchtfleisch würfeln.

Das Öl in einer Pfanne erhitzen, den Speck anbraten und die Zwiebeln und Knoblauchzehen mit den Kräutern darin andünsten. Sellerie anschmoren, dann das Hackfleisch zugeben und krümelig braten. Mit dem Rotwein ablöschen und die Flüssigkeit einkochen. Die Tomaten zugeben und die Mischung mit Salz und Pfeffer würzen. Alles etwa 20 Minuten köcheln.

Die Penne unter die Fleischsauce heben und alles weitere 2–3 Minuten köcheln. Mit Parmesan bestreut servieren.

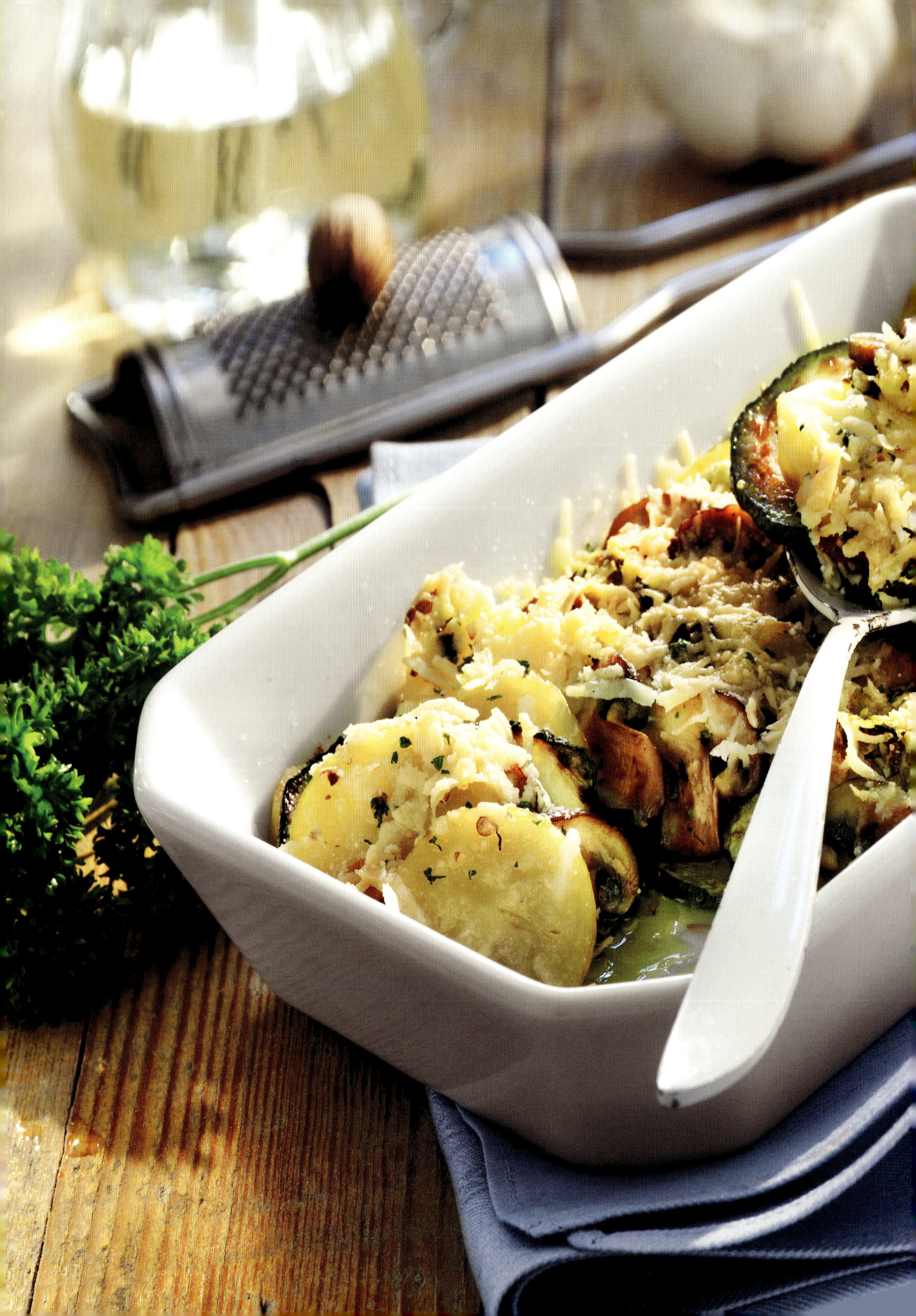

KARTOFFELN AUS DEM OFEN MIT ZUCCHINI UND PILZEN
PATATE AL FORNO CON ZUCCHINI E FUNGHI

Die Kartoffeln gründlich waschen, in der Schale in wenig gesalzenem Wasser etwa 25 Minuten garen, abgießen und etwas abkühlen lassen. Die Zucchini putzen, waschen und in dünne Scheiben schneiden. Die Pilze putzen, mit feuchtem Tuch abreiben und in Scheiben schneiden. Schalotten und Knoblauch schälen und in dünne Scheiben schneiden. Petersilie waschen, trocken schütteln und hacken.

2 El Öl in einer Pfanne erhitzen, Zwiebel- und Knoblauchscheiben darin andünsten. Zucchini- und Pilzscheiben hinzufügen und 2 Minuten mitschmoren. Mit Salz, Pfeffer und Muskat würzen, mit Zitronensaft beträufeln und die Petersilie (bis auf 2 El) untermischen.

Den Backofen auf 180 °C (Umluft 160 °C) vorheizen. Eine feuerfeste Form mit etwas Öl einfetten. Die Kartoffeln pellen und in Scheiben schneiden. Kartoffel-, Zucchini- und Pilzscheiben dachziegelförmig in die Form schichten. Die Brühe angießen und mit Parmesan bestreuen. Das restliche Öl darüberträufeln und den Auflauf im Ofen etwa 20 Minuten überbacken. Mit restlicher Petersilie bestreut servieren.

Für 4 Portionen
700 g festkochende Kartoffeln
250 g Zucchini
250 g frische Steinpilze
2 Schalotten
2 Knoblauchzehen
½ Bund Petersilie
4 El Olivenöl
Salz, Pfeffer
frisch geriebene Muskatnuss
1 El Zitronensaft
100 ml Gemüsebrühe
4 El frisch geriebener Parmesan
Fett für die Form

Zubereitungszeit: ca. 30 Minuten
(plus Koch-, Schmor- und Backzeit)
Pro Portion ca. 320 kcal/1344 kJ
10 g E · 17 g F · 31 g KH

TIPP:
Dieses Gericht kann auch als Beilage zu einem Rinder-, Lamm- oder Rehfilet serviert werden.

RAVIOLI MIT
SPINAT-RICOTTA-FÜLLUNG

RAVIOLI MIT
KÜRBISFÜLLUNG

RAVIOLI MIT
FLEISCHFÜLLUNG

RAVIOLI MIT
PILZFÜLLUNG

RAVIOLI MIT
BRENNNESSELFÜLLUNG

RAVIOLI MIT
ZUCCHINI-WALNUSS-FÜLLUNG

TEIGTASCHEN MIT SALBEI UND BUTTER
RAVIOLI BURRO E SALVIA

Für 4–6 Portionen
- 1 Portion Pastateig (siehe Seite 14)
- 250 g Ricotta*
- 1 Eigelb*
- 1/2 getrocknete rote Chilischote*
- 1–2 El Zitronensaft*
- 1 El geriebenes Brötchen vom Vortag*
- Salz
- Pfeffer
- eine Handvoll Salbeiblätter*
- 100 g Butter*
- Mehl für die Arbeitsfläche

Zubereitungszeit: ca. 35 Minuten
(plus Zeit zum Ruhen und Kochen)
Pro Portion ca. 658 kcal/2762 kJ
20 g E · 42 g F · 50 g KH

Den Nudelteig zu einer Kugel formen und 30 Minuten ruhen lassen. Inzwischen für die Füllung den Ricotta mit dem Eigelb, der zerbröselten Chilischote und dem Zitronensaft verrühren. Ist die Masse zu flüssig, geriebenes Brötchen untermengen und mit Salz und Pfeffer würzen.

Den Teig teilen, auf einer bemehlten Arbeitsfläche ausrollen und in Streifen von 4 cm Breite schneiden. Im Abstand von etwa 4–5 cm auf den Teigstreifen kleine Häufchen der Ricottafüllung setzen. Jeweils einen Teigstreifen darüberlegen und zwischen den Füllungen ausschneiden. Die Ränder andrücken, Ravioli einige Minuten ruhen lassen.

Die Butter in einem Topf erhitzen. Die Salbeiblätter darin knusprig braten.

In einem Topf Salzwasser zum Kochen bringen und die Ravioli darin so lange garen, bis sie an die Oberfläche kommen (ca. 3–4 Minuten). Mit einer Schaumkelle herausnehmen und abtropfen lassen. In vorgewärmte Teller geben und mit der Salbeibutter übergießen.

* Die mit einem Sternchen versehenen Zutaten können ausgetauscht werden. Gewürze und Kräuter je nach Belieben.

GESCHMORTE WEISSE BOHNEN FAGIOLI ALL' UCCELLETTO

Für 4 Portionen
400 g getrocknete weiße Cannellinibohnen
4 Knoblauchzehen
1 Rosmarinzweig
1 Lorbeerblatt
Salz
200 g Tomate
100 g Lardo (Speck)
4 El Olivenöl
Pfeffer

Zubereitungszeit: ca. 25 Minuten
(plus Einweich-, Koch- und Schmorzeit)
Pro Portion ca. 537 kcal/2257 kJ
22 g E · 36 g F · 30 g KH

Die Bohnen waschen und in reichlich Wasser über Nacht einweichen. Am nächsten Tag das Einweichwasser abgießen und die Bohnen in einen Topf mit frischem Wasser geben. 2 Knoblauchzehen (ungeschält), Rosmarin und Lorbeerblatt hinzufügen und die Bohnen bei geschlossenem Deckel aufkochen. Entstehenden Schaum abschöpfen. Die Bohnen bei mittlerer Temperatur etwa 55 Minuten köcheln. Anschließend salzen, Rosmarin, Lorbeer und Knoblauch entfernen.

Die Tomaten häuten, entkernen und würfeln. Den restlichen Knoblauch schälen und hacken. Den Speck würfeln und in einer Pfanne in 2 El Öl knusprig braten. Den Knoblauch zugeben und kurz mitschmoren. Die Bohnen und Tomatenwürfel in die Pfanne geben und etwa 20 Minuten schmoren. Mit Salz und Pfeffer abschmecken. Mit dem restlichen Öl beträufelt servieren.

ARDO, Schweinespeck samt Schwarte, reift in einem Behälter aus kühlem Carramarmor. Die fetten Stücke vom Schweinerücken werden eingesalzen. Mit einer speziellen Gewürzmischung, die nur der „Speckmeister" kennt, wird der Marmorbehälter eingerieben und ausgestreut. Lagenweise wird der Speck hineingelegt, jede Lage wird gewürzt, bis der Behälter voll ist.
Die Reifezeit beträgt 6 Monate bis 1 Jahr. Dabei sollte der Behälter in einem kühlen, feuchten Raum stehen.

CANNELLINIBOHNEN sind die besonders kleine Ausführung der getrockneten weißen Bohnen (*fagioli bianchi*). Italiener lieben diese Hülsenfrüchte. Vor allem als Suppe, im Salat oder wie hier mit Tomaten geschmort findet man die Bohnen auf der Speisekarte. In der Toskana werden sie als Beilage zu Fleisch, Wild oder Fisch serviert. Fein schmecken die kleinen Weißen auch püriert als Creme auf Crostini.

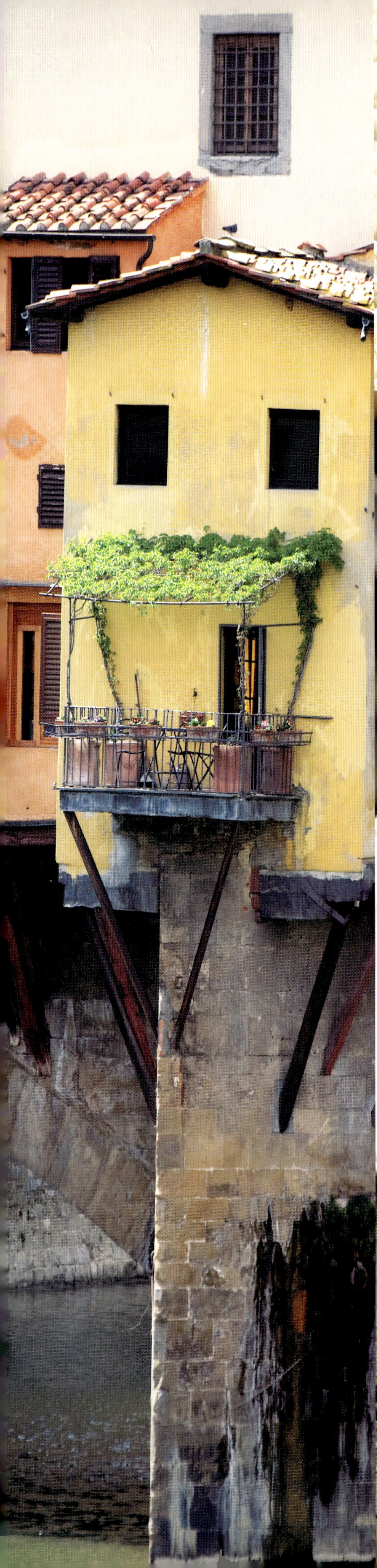
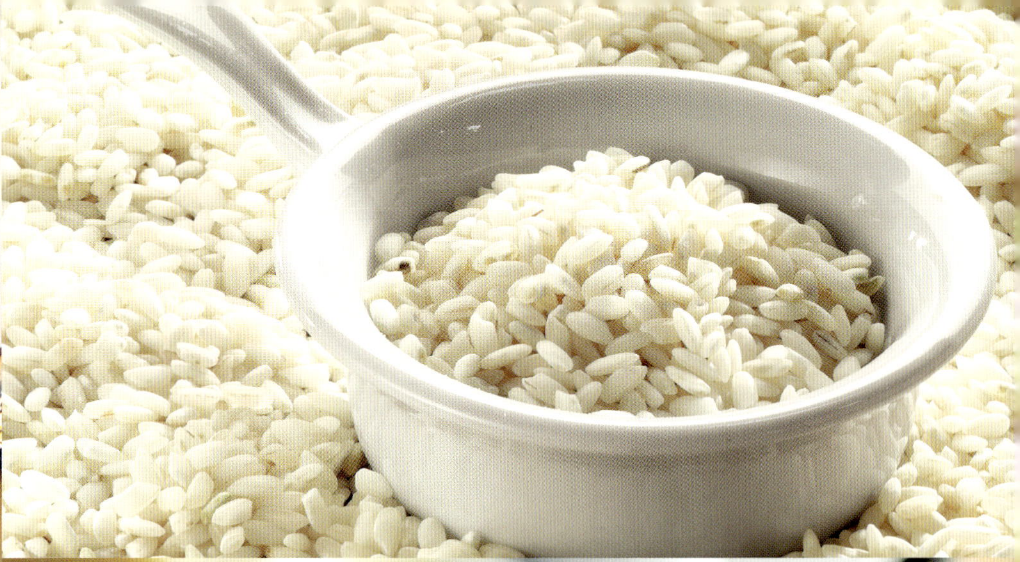
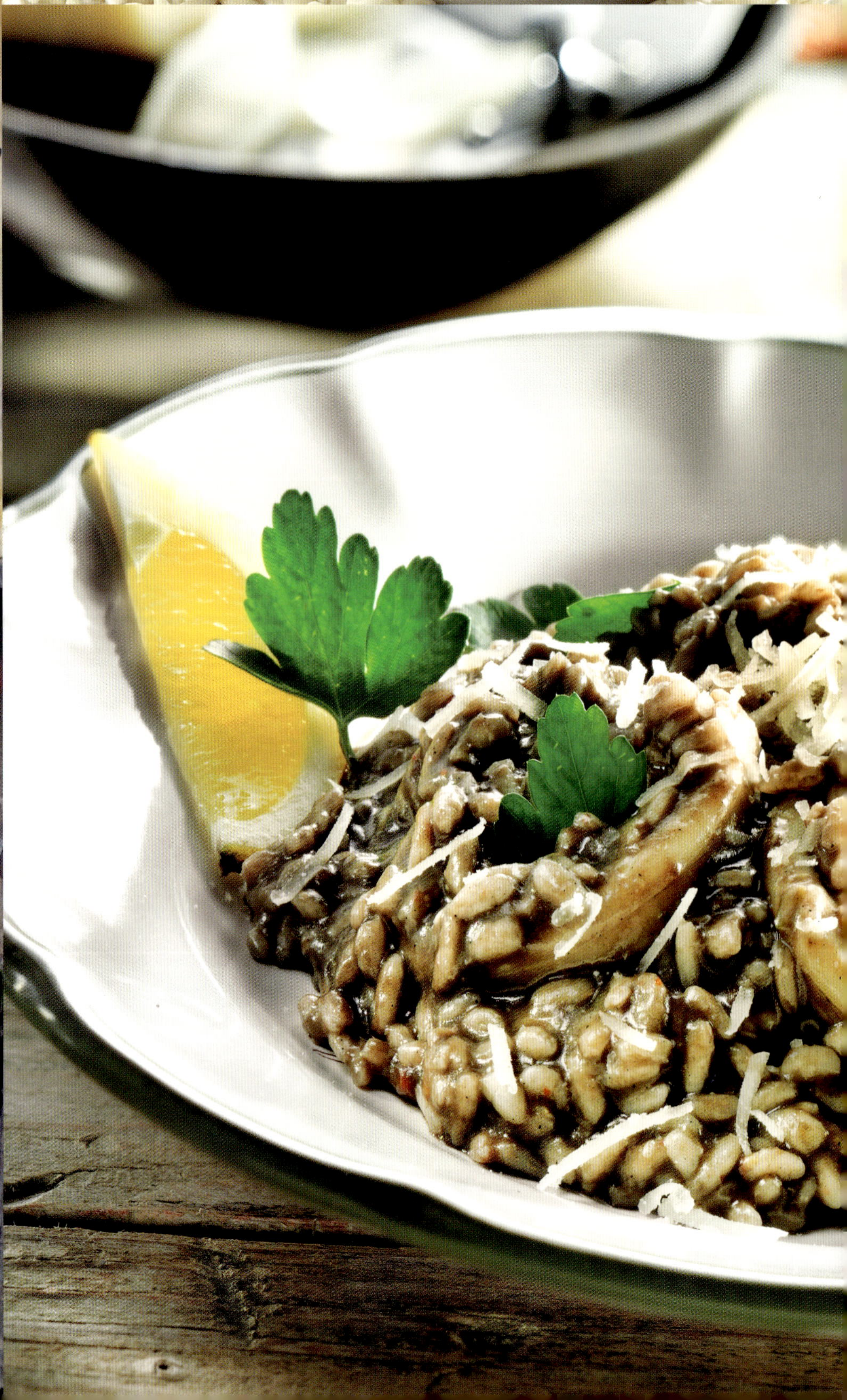

SCHWARZER RISOTTO
RISOTTO NERO

Die Sepia waschen, in Stücke schneiden und trocken tupfen. Die Knoblauchzehen und Schalotten schälen und hacken. Das Öl in einem großen Topf erhitzen, Knoblauch und Schalotten darin andünsten, die Chilischote dazubröseln und kurz mitschmoren. Dann die Sepiastücke hinzufügen, kurz durchschmoren, mit etwas Wein ablöschen und etwa 30 Minuten köcheln. Restlichen Wein nach und nach zufügen. Die Tomaten ohne Flüssigkeit zu den Sepia geben. Die Sepiatinte in 100 ml heißem Wasser auflösen und einrühren. 10 Minuten köcheln, dann den gewaschenen und abgetropften Reis zu der Mischung geben. Gut unterrühren. Brühe erhitzen und nach und nach zum Risotto geben, bis der Reis weich und cremig ist. Zum Schluss Butter und Parmesan unterrühren und mit Petersilie garniert servieren.

Für 4 Portionen
2 frische Sepia mit Tinte
3 Knoblauchzehen
2 Schalotten
4 El Olivenöl
1 getrocknete rote Chilischote
250 ml trockener Weißwein
Salz
200 g geschälte Tomaten aus der Dose
300 g Risottoreis
750 ml Hühnerbrühe
50 g Butter
50 g frisch geriebener Parmesan
glatte Petersilie zum Garnieren

Zubereitungszeit: ca. 20 Minuten
(plus Schmor- und Kochzeit)
Pro Portion ca. 800 kcal/3360 kJ
34 g E · 40 g F · 67 g KH

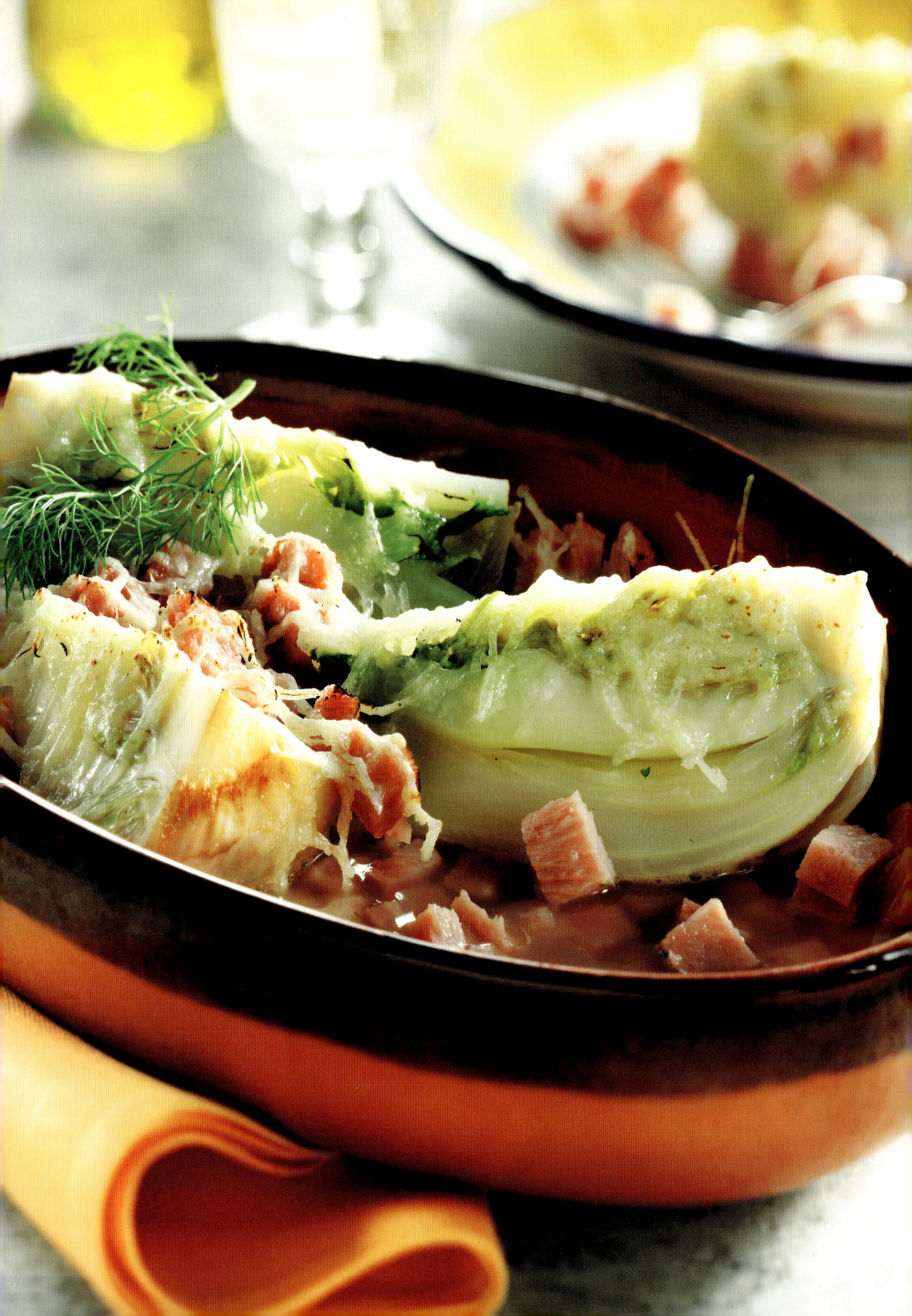

ÜBERBACKENER FENCHEL FINOCCHI GRATINATI

Für 4 Portionen
800 g Fenchelknollen
Salz
Öl für die Form
100 ml Gemüsebrühe
75 g gekochter Schinken
30 g Butter
30 g frisch geriebener Pecorino

(Zubereitungszeit: ca. 15 Minuten
plus Koch- und Backzeit)
Pro Portion ca. 165 kcal/691 kJ
1 g E · 11 g F · 6 g KH

Die Fenchelknollen putzen, waschen und trocken tupfen. Halbieren und in kochendem Salzwasser etwa 10 Minuten garen. Fenchel abgießen und abtropfen lassen.

Den Backofen auf 200 °C (Umluft 180 °C) vorheizen. Die Fenchelhälften erneut halbieren und in eine gefettete Auflaufform legen. Die Brühe angießen. Den Schinken würfeln und darüber streuen. Mit Butterflöckchen belegen und mit Pecorino bestreuen.

Fenchel im Ofen etwa 20 Minuten überbacken. Sofort servieren.

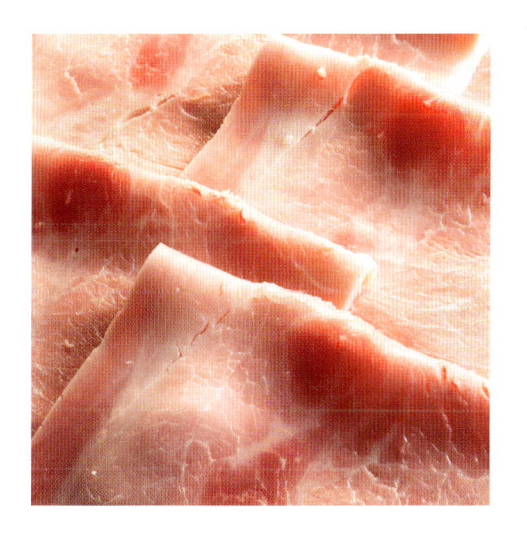

Echter toskanischer GEKOCHTER SCHINKEN (*prosciuto cotto*) stammt von der nur noch in der Toskana lebenden Schweinerasse Cinta senese. Das Fleisch für den Schinken stammt aus dem hinteren Schenkelmuskel des Tieres. Vor dem Kochen wird das Fleisch mit einer Pökellösung behandelt.

FENCHEL hat viele Namen. Man kennt ihn als Römischen, Bologneser, Italienischer oder Gemüsefenchel (*finocchio*). Sein Geschmack ist nicht jedermanns Sache. Doch wer ihn schätzt, mag ihn am liebsten sanft gegart und nur in Butter geschmort. Hier wird er mit Schinken und Käse überbacken und bietet sowohl eine leichte Mahlzeit wie eine Beilage zu Fleisch, Fisch und Geflügel. Er harmoniert besonders mit Dill.

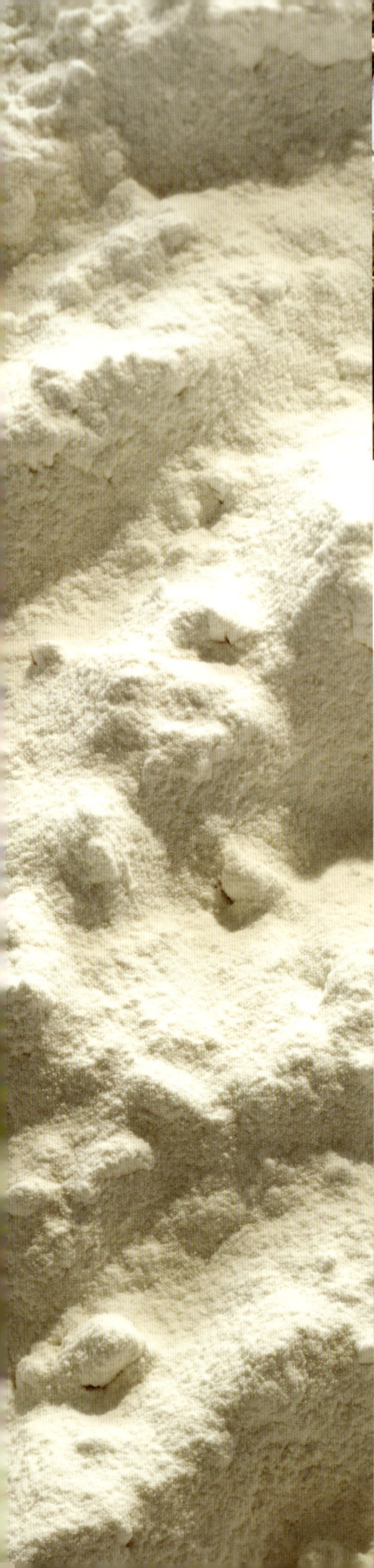

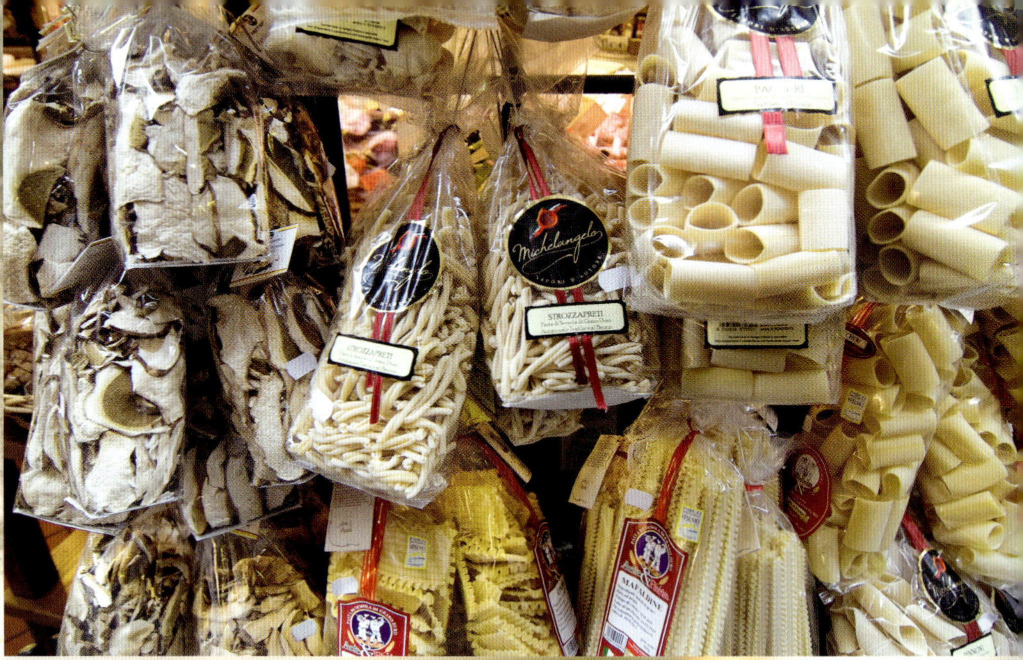
Michelangelo
STROZZAPRETI

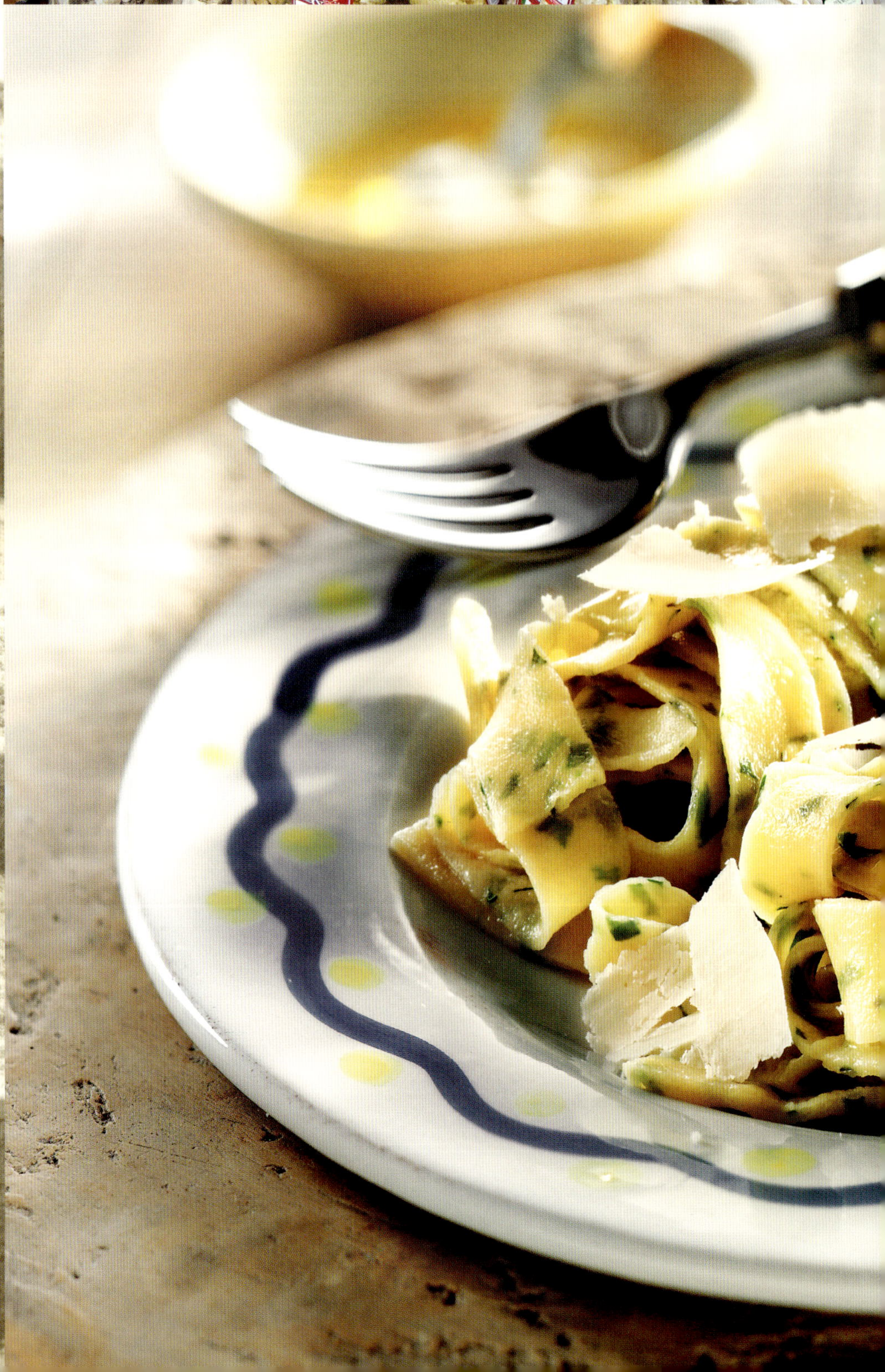

GRÜNE NUDELN
PASTA VERDE

Für 4 Portionen
250 g Brennnesselblätter
Salz
275 g Weizenmehl oder Hartweizengrieß
2 Eier
30 g Butter
30 g frisch geriebener Parmesan

Zubereitungszeit: ca. 20 Minuten
(plus Ruhe- und Kochzeit)
Pro Portion ca. 398 kcal/1670 kJ
17 g E · 13 g F · 52 g KH

Die Brennnesselblätter verlesen, waschen und in kochendem Salzwasser etwa 3 Minuten blanchieren, bis sie zusammenfallen. Brennnesseln abgießen, abtropfen lassen, gut ausdrücken und fein hacken. Mit Mehl bzw. Hartweizengrieß und Eiern vermischen und zu einem glatten Teig verarbeiten. Den Teig 30 Minuten ruhen lassen.

Den Teig anschließend ausrollen und mit der Nudelmaschine in die gewünschte Form bringen. In kochendem Salzwasser garen, bis die Nudeln an die Oberfläche kommen. Abgießen und auf vorgewärmte Teller verteilen. Mit flüssiger Butter beträufeln und mit Parmesan bestreut servieren.

TIPP:

Zum Verlesen und Waschen der Brennnesseln sollten Sie Handschuhe tragen, denn die brennenden Nesseln werden erst beim Kochen neutralisiert.

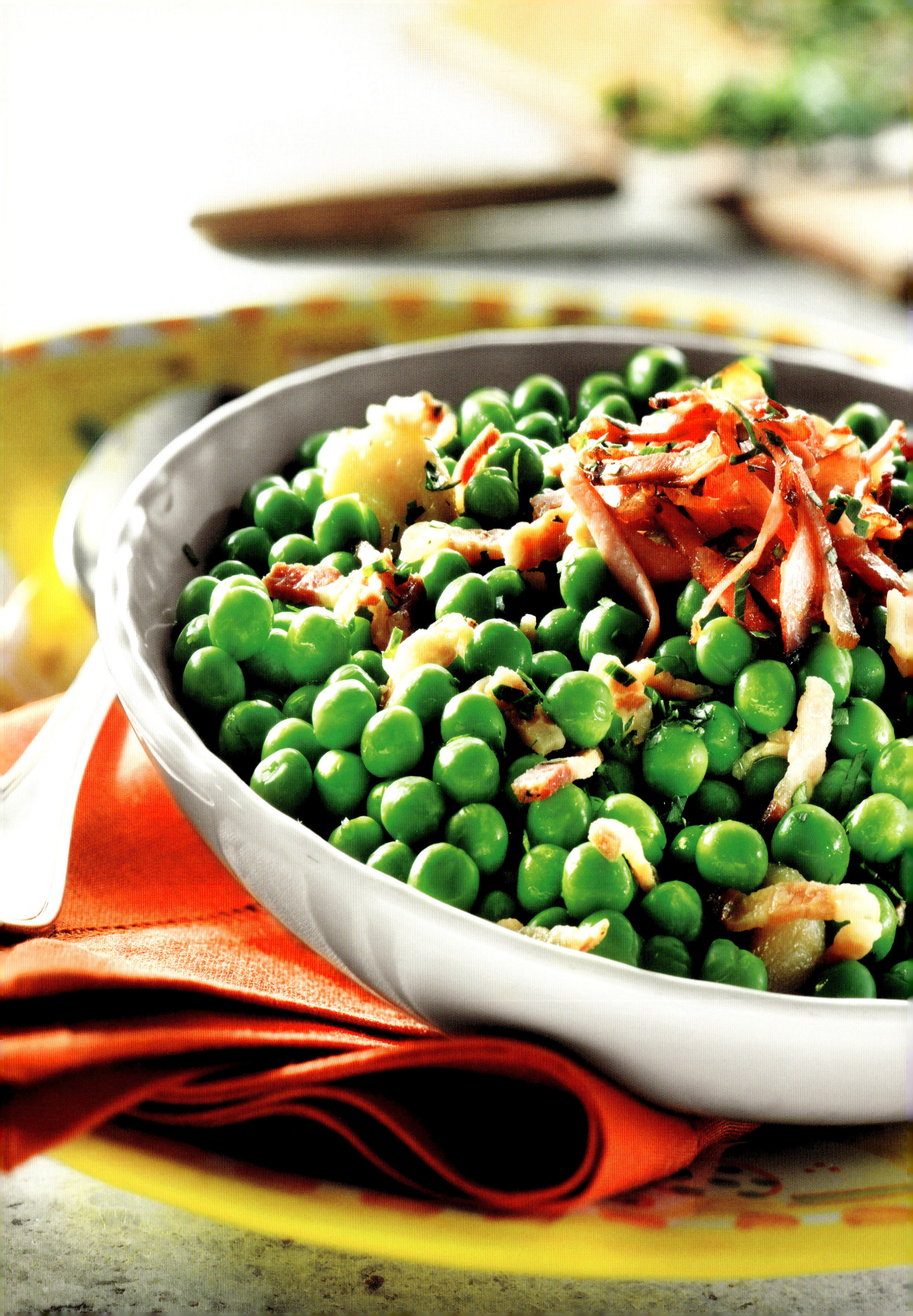

ERBSEN FLORENTINER ART
PISELLI ALLA FIORENTINA

Die Knoblauchzehen schälen. Die Speckscheiben in dünne Streifen schneiden. Die Erbsen mit den ganzen Knoblauchzehen, Salz und Olivenöl in einen Topf geben und so viel Brühe angießen, dass die Erbsen knapp bedeckt sind. Aufkochen und etwa 10 Minuten köcheln. Die Petersilie waschen, trocken schütteln und hacken. Anschließend den Topf vom Herd nehmen und die Speckstreifen und Petersilie unter die Erbsen mischen. Kurz erwärmen und servieren.

Für 4 Portionen
2 Knoblauchzehen
75 g luftgetrockneter Schinkenspeck in Scheiben
600 g frische, gepalte Erbsen
Salz
5 El Olivenöl
Gemüsebrühe
½ Bund Petersilie

Zubereitungszeit: ca. 20 Minuten (plus Kochzeit)
Pro Portion ca. 273 kcal/1145 kJ
12 g E · 18 g F · 15 g KH

TIPP:

Die Florentiner Erbsen schmecken mit Weißbrot, aber auch als Beilage zu einem Schweinebraten oder gebackenem Fisch.

PASTA MIT ENTENSAUCE   PASTA MIT FRÜHLINGSGEMÜSE   PASTA MIT PILZ-SAHNE-SAUCE

PASTA MIT NUSS-KÄSE-SAUCE

PASTA MIT FORELLENSAUCE

PASTA MIT SALSICCIA, SCHINKEN UND LEBER

NUDELN MIT WILDSCHWEIN
PASTA CON CINGHIALE

Sellerie putzen und waschen, Möhren, Zwiebeln und Knoblauch schälen, das Gemüse sehr fein würfeln. Mit der gewaschenen Petersilie, dem Lorbeerblatt und dem Rotwein zu einer Marinade verrühren. Das Wildschweinfleisch waschen, trocken tupfen und 24 Stunden in der Marinade einlegen. Anschließend herausnehmen, abtropfen lassen. Die Marinade abgießen, das Gemüse abtropfen lassen. Das Wildschweinfleisch in kleine Würfel schneiden.

Das Olivenöl in einer Pfanne erhitzen und das Gemüse darin unter Rühren anschmoren. Die Fleischwürfel zugeben und mitschmoren. Chianti und Speisestärke einrühren und alles 30 Minuten schmoren. Passierte Tomaten, Tomatenmark und Brühe hinzufügen und weitere 30 Minuten köcheln. Dann mit Salz und Pfeffer abschmecken.

Inzwischen die Tagliatelle in kochendem Salzwasser bissfest garen. Die Nudeln mit der Wildschweinsauce servieren.

* Die mit einem Sternchen versehenen Zutaten können ausgetauscht werden. Gewürze und Kräuter je nach Belieben.

Für 4 Portionen
2 Stangensellerie*
2 Möhren*
2 Zwiebeln*
2 Knoblauchzehen*
1 Bund Petersilie*
1 Lorbeerblatt*
500 ml Rotwein*
250 g Wildschweinfleisch ohne Knochen*
100 ml Olivenöl
200 ml Chianti*
1 El Speisestärke*
100 g passierte Tomaten*
2 El Tomatenmark*
500 ml Fleischbrühe*
400 g Tagliatelle*
Salz
Pfeffer

Zubereitungszeit: ca. 30 Minuten
(plus Marinier-, Schmor- und Garzeit)
Pro Portion ca. 285 kcal/2877 kJ
28 g E · 32 g F · 44 g KH

FRITTIERTES GEMÜSE
FRITTO ALLA FIORENTINO

Für 4 Portionen
200 g Weizenmehl
1 Ei
Salz
800 g Gemüse nach Wahl, z. B. Blumenkohlröschen, Zwiebelringe, Paprikastreifen, Zucchini- und Auberginenscheiben, Zucchiniblüten, Artischocken, Fenchel, Pilze usw.
1 l Frittieröl

Zubereitungszeit: ca. 20 Minuten
(plus Zeit zum Ruhen und Frittieren)
Pro Portion ca. 124 kcal/522 kJ
4 g E · 10 g F · 5 g KH

Aus Mehl, Ei, 500 ml Wasser und etwas Salz einen dünnflüssigen Teig herstellen. 30 Minuten ruhen lassen. Inzwischen das Gemüse entsprechend vorbereiten, putzen, waschen, trocken tupfen und in mundgerechte Stücke schneiden.

Das Frittieröl in einem großen hohen Topf erhitzen (180 °C). Das Gemüse einzeln in den Teig tauchen, abtropfen lassen und im heißen Öl knusprig goldgelb ausbacken. Auf Küchenpapier abtropfen lassen.

TIPP:

Servieren Sie zu dem frittierten Gemüse z. B. einen Tomaten-Zwiebel-Dip.

Außer dem Gemüse können auch kleine Fleischstückchen wie Rind, Schwein, Hühnchen, Fisch oder auch Garnelen frittiert werden.

ARTISCHOCKEN (*carciofi*) werden im Chiantigebiet in den Monaten April und Mai geerntet, wo die Pflanzen oft direkt neben den Weinbergen wachsen. Es sind relativ kleine Früchte, die dafür aber umso aromatischer schmecken. Italiener essen sie manchmal sogar roh. Je frischer eine Artischocke ist, desto weniger muss sie gekocht werden. Zum Frittieren werden die rohen Früchte einfach nur geviertelt.

PAPRIKA (*peperone*) sind als Schoten bekannt, botanisch gehören sie jedoch zu den Beerenfrüchten. Je nach Größe sind die Schoten, die es in Gelb, Grün, Orange, Rot, Violett und seit einiger Zeit auch in Schwarz gibt, eher scharf (kleine Schoten, auch Peperoni) oder mild bis süßlich (große Schoten). Die Schärfe sitzt wie bei den Chili auch in den Kernen. Sie schmecken mariniert, frittiert, geschmort und gegrillt.

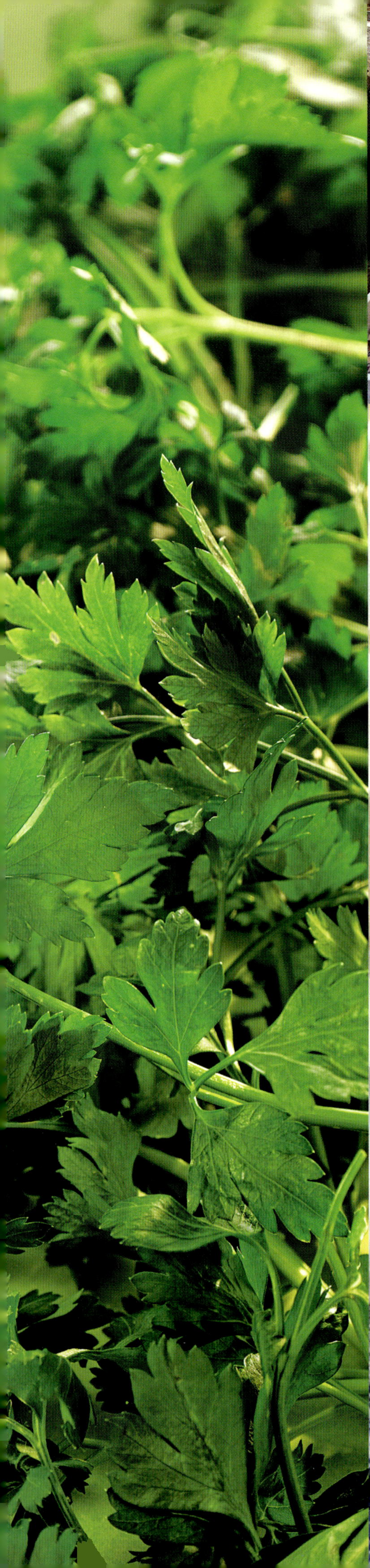
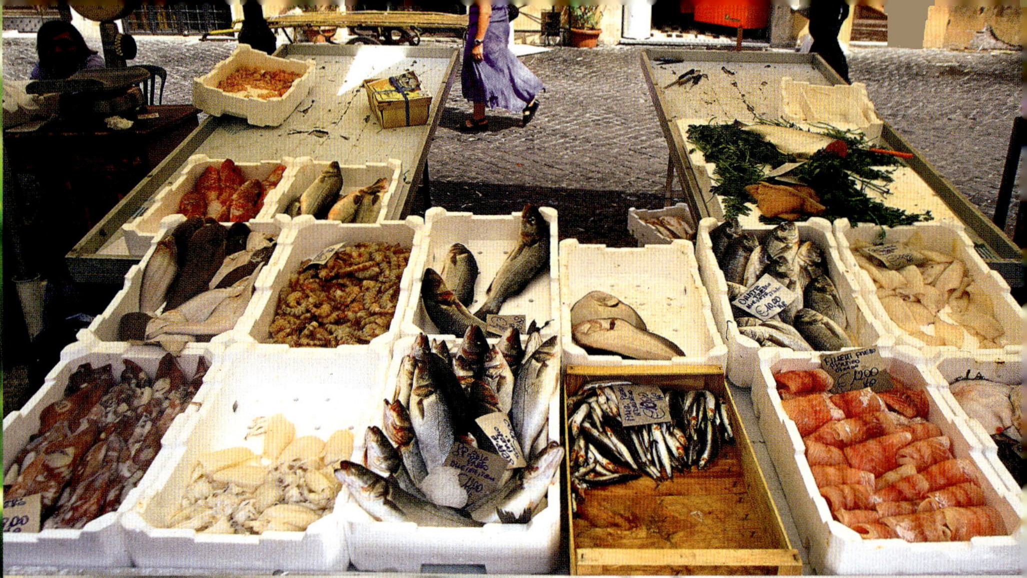
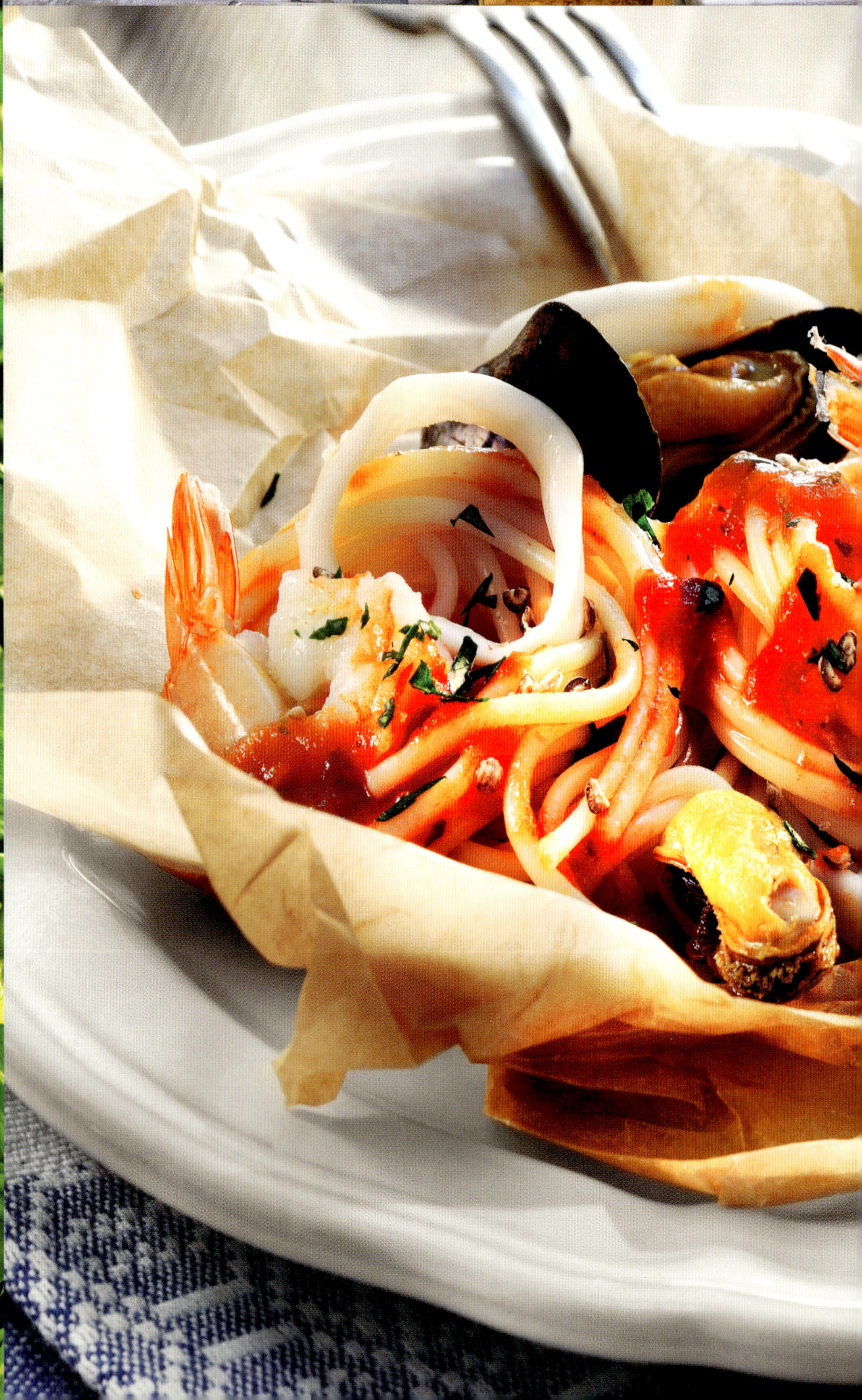

SPAGHETTI MIT MEERES-FRÜCHTEN
SPAGHETTI FRUTTI DI MARE

Die Zwiebel und Knoblauchzehen schälen und hacken. Das Öl in einer Pfanne erhitzen und die Zwiebel mit dem Knoblauch darin andünsten. Die Petersilie und die passierten Tomaten hinzufügen, mit Salz und Pfeffer würzen und 20 Minuten köcheln.

Inzwischen die Meeresfrüchte vorbereiten. Muscheln gründlich bürsten und waschen, Garnelen schälen und entdarmen, Tintenfische säubern. Die Meeresfrüchte in die Tomatensauce geben und unter Rühren 10 Minuten köcheln lassen.

Den Backofen auf 200 °C vorheizen. Die Spaghetti in kochendem Salzwasser nur halb al dente garen. Abgießen und unter die Tomatensauce mischen. Bei Bedarf mit etwas Kochwasser verdünnen. Die Mischung auf Backpapier oder auf Alufolie geben und darin fest einwickeln. Im Backofen 10 Minuten backen. Nach dem Garen noch verschlossene Muschelschalen entfernen.

Für 4 Portionen
1 Zwiebel
2 Knoblauchzehen
4 El Olivenöl
2 El frisch gehackte Petersilie
400 g passierte Tomaten
Salz
Pfeffer
400 g Meeresfrüchte wie Miesmuscheln, Garnelen, Tintenfische, Venus- oder Herzmuscheln
400 g Spaghetti

Zubereitungszeit: ca. 30 Minuten
(plus Koch-, Schmor- und Backzeit)
Pro Portion ca. 408 kcal/1712 kJ
23 g E · 15 g F · 45 g KH

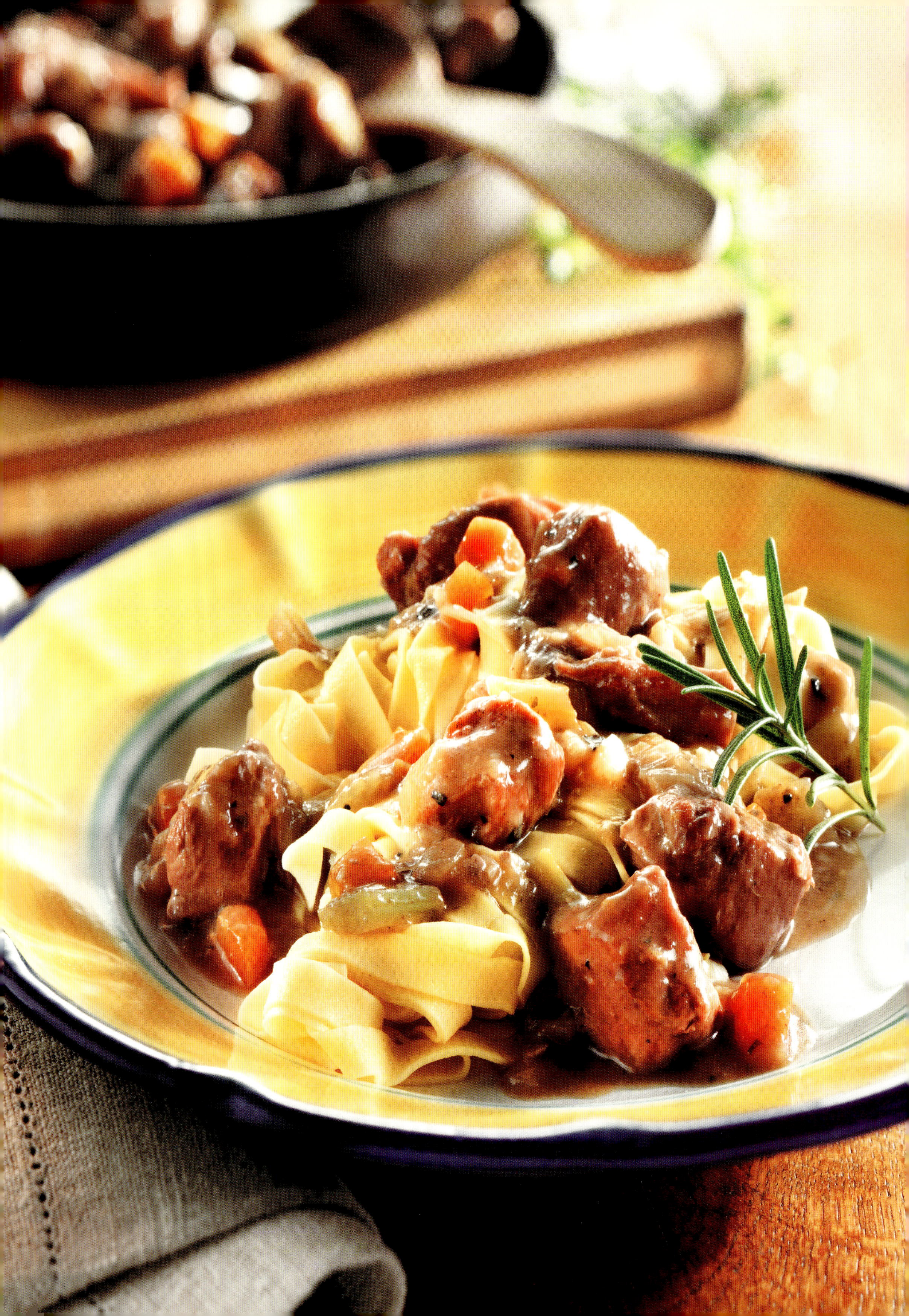

BANDNUDELN MIT KANINCHEN
PAPARDELLE CON IL CONIGLIO

Für 4 Portionen
700 g Kaninchenfleisch mit Knochen
Salz
1 Möhre
2 Stangensellerie
2 Zwiebeln
3 Knoblauchzehen
1 Rosmarinzweig
2 Thymianzweige
3 Wacholderbeeren
3 Lorbeerblätter
2 El Fenchelsamen
250 g Tomaten
1 Bund Petersilie
500 ml Rotwein
125 ml Olivenöl
1 El Tomatenmark
400 g Bandnudeln

Zubereitungszeit: ca. 40 Minuten
(plus Marinier-, Brat- und Schmorzeit)
Pro Portion ca. 793 kcal/3329 kJ
48 g E · 45 g F · 40 g KH

Das Kaninchenfleisch waschen, trocken tupfen und salzen. Die Möhre schälen, den Sellerie putzen, waschen, beides würfeln. Zwiebeln und Knoblauchzehen schälen und in Scheiben schneiden. Kaninchenfleisch, Möhren, Sellerie, Zwiebeln, Knoblauch, Kräuter und Gewürze in eine passende Schüssel geben und mit dem Rotwein übergießen, sodass alles gerade bedeckt ist. 2 Tage an einem kühlen Ort marinieren.

Anschließend Gemüse und Kaninchenfleisch aus der Marinade nehmen, abtropfen lassen und trocken tupfen. Die Marinade durch ein Sieb gießen, die Gewürze in ein Mulltuch binden. Das Gemüse im Mixer fein hacken. Das Kaninchenfleisch in Stücke schneiden. Die Tomaten von Häuten, Stielansätzen und Kernen befreien und würfeln. Die Petersilie waschen, trocken schütteln und hacken.

Das Öl in einer Pfanne erhitzen und die Fleischstücke und Knochen darin von allen Seiten anbraten. Gemüse zugeben und mitschmoren. Mit so viel Marinade aufgießen, dass das Fleisch zur Hälfte bedeckt ist. 10 Minuten köcheln, dann Tomatenmark und Tomaten zugeben und die eingebundenen Gewürze in die Pfanne legen. Das Fleisch etwa 1 Stunde 30 Minuten bei geschlossenem Deckel schmoren, bis die Sauce sämig ist. Die Knochen und den Gewürzbeutel entfernen, die Petersilie unterheben und die Sauce erhitzen.

Die Bandnudeln in kochendem Salzwasser al dente garen. Mit der Kaninchensauce mischen und servieren.

BARBERA D'ASTI „VESPA"
CASCINA CASTLET, PIEMONT

Die intensive, rubinrot leuchtende Farbe bezeugt die Frische dieses Barberas. Sein intensiv anhaltender Duft ist angenehm fruchtig und erinnert an Blumen und frische Früchte. Er ist trocken, harmonisch, würzig und ausgeglichen im Geschmack.

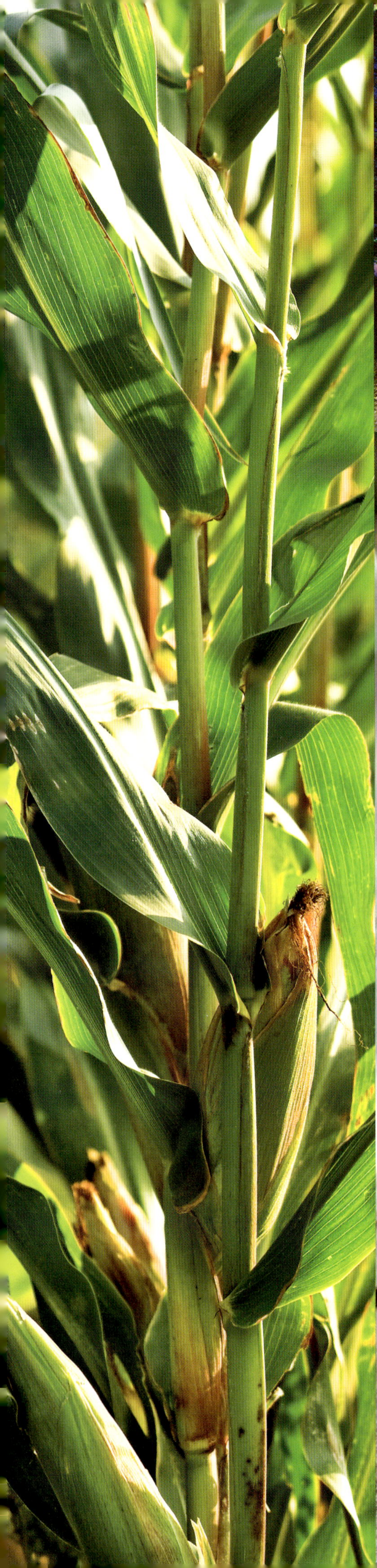

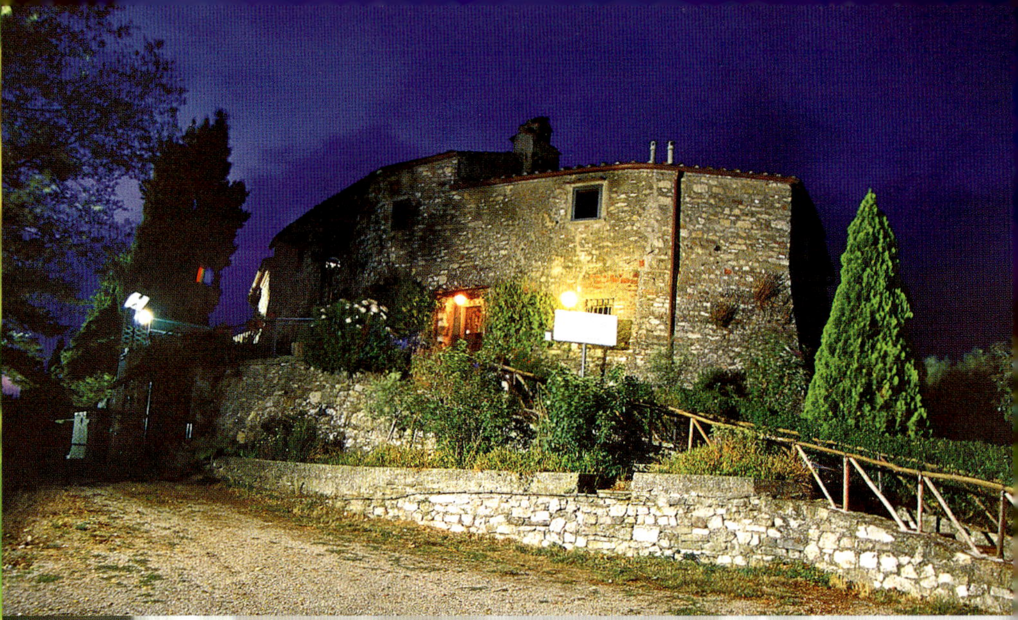

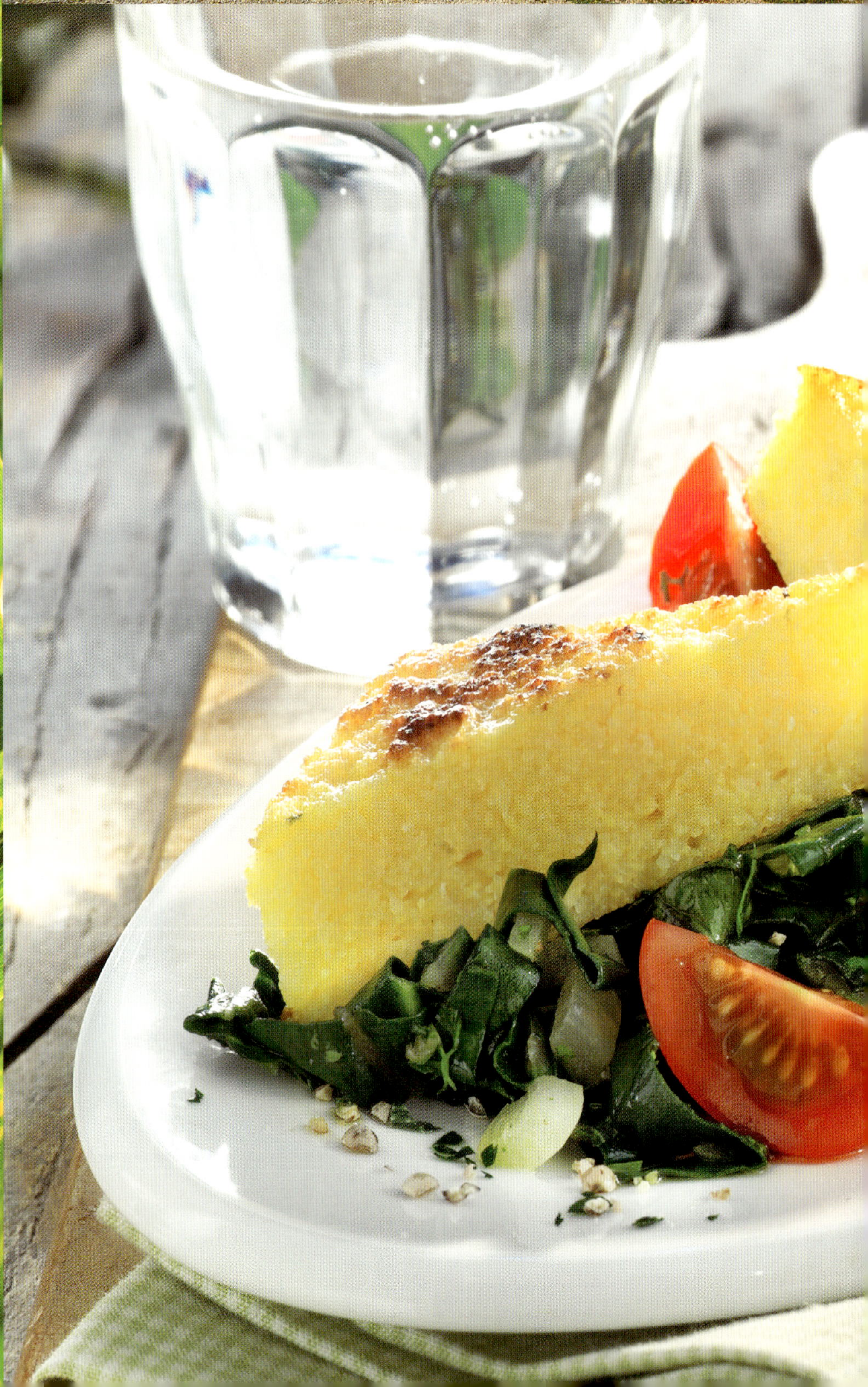

MAISSCHNITTEN MIT MANGOLD
POLENTA CON LA BIETOLA

Aus Maisgrieß, Brühe und Salz eine Polenta herstellen, wie auf Seite 14 beschrieben. Die Zwiebel schälen und fein hacken. Den Mangold putzen, die dicken Blattrippen herausschneiden. Mangold und Petersilie waschen und abtropfen lassen. Den Mangold in Streifen, seine Blattrippen und Stiele in dünne Scheiben schneiden, die Petersilie hacken.

Das Öl in einem Topf erhitzen und die Zwiebel darin glasig schmoren. Mangold zugeben und unter Rühren 5–7 Minuten schmoren. Den Wein angießen und weitere 3 Minuten köcheln. Mit Salz, Pfeffer und Muskat abschmecken. Den Mangold mit Polenta servieren.

Für 4 Portionen

275 g Maisgrieß
625 ml Gemüsebrühe
Salz
1 Zwiebel
500 g Mangold
½ Bund Petersilie
2 El Olivenöl
50 ml Weißwein
Pfeffer
geriebene Muskatnuss

Zubereitungszeit: ca. 20 Minuten
(plus Schmor- und Kochzeit)
Pro Portion ca. 375 kcal/1575 kJ
10 g E · 10 g F · 58 g KH

TIPP:

Aufgewärmt schmeckt die Polenta am besten. In heißer Butter goldbraun braten.

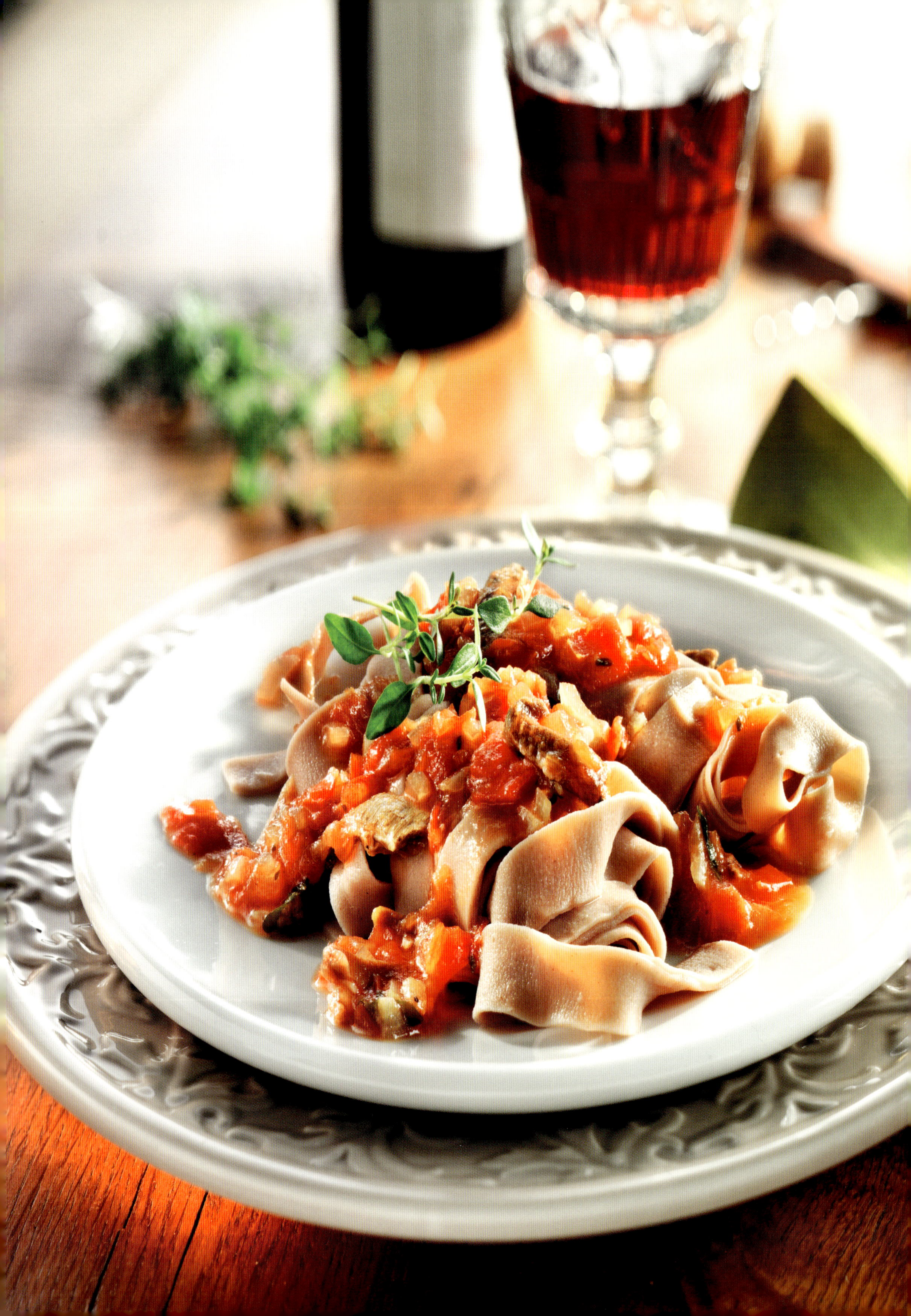

KASTANIENNUDELN MIT PILZSAUCE
TAGLIATELLE DI CASTAGNE CON SUGO DI PORCINI

Aus den beiden Mehlsorten, Salz, Eiern und etwas Wasser einen Pastateig bereiten, wie auf Seite 14 beschrieben. Den Teig 30 Minuten ruhen lassen. Anschließend zu Nudelplatten ausrollen und dünne Bandnudeln schneiden.

Inzwischen die Pilze putzen, die Hüte feucht abreiben. Pilze in Scheiben schneiden. Die Schalotten und Knoblauchzehen schälen und fein hacken. Die Thymianblättchen von den Stängeln zupfen und hacken. Die Tomate mit kochendem Wasser übergießen, von Häuten, Stielansätzen und Kernen befreien und das Fruchtfleisch würfeln.

Das Öl in einem Topf erhitzen und die Schalotten darin glasig schmoren. Knoblauch und Pilze zugeben und etwa 5 Minuten braten. Mit Weißwein und Brühe ablöschen. Thymian und Tomaten hinzufügen und 25 Minuten köcheln. Mit Salz und Pfeffer abschmecken.

Die Nudeln in kochendem Salzwasser al dente garen, abgießen und abtropfen lassen. Auf vorgewärmte Teller verteilen und mit der Sauce bedecken.

Für 4 Portionen
200 g Weizenmehl
150 g Kastanienmehl
Salz
3 Eier
300 g frische Steinpilze
2 Schalotten
2 Knoblauchzehen
½ Bund Thymian
300 g Tomaten
4 El Olivenöl
50 ml Weißwein
150 ml Hühnerbrühe
Pfeffer
Mehl für die Arbeitsfläche

Zubereitungszeit: ca. 45 Minuten (plus Zeit zum Ruhen, Schmor- und Kochzeit)
Pro Portion ca. 540 kcal/2268 kJ
20 g E · 20 g F · 68 g KH

RICOTTA-KARTOFFEL-GNOCCHI
MIT TOMATENSAUCE

SPINATGNOCCHI MIT RICOTTASAUCE

GNOCCHI MIT PILZ-HACKFLEISCHSAU

ÜBERBACKENE KÜRBISGNOCCHI MIT SAHNESAUCE

GNOCCHI MIT WILDSCHWEINSAUCE

GNOCCHI MIT GEMÜSE-ENTENFLEISCH-SAUCE

GNOCCHI MIT KÄSESAUCE
GNOCCHI CON LA FONDUTA

Die Kartoffeln waschen, in der Schale garen, abgießen, abtropfen und abkühlen lassen. Anschließend pellen und durch die Presse drücken. In einer Schüssel mit Ei, Eigelb und Grieß mischen und mit Salz und Muskatnuss abschmecken. Den Teig 30 Minuten ruhen lassen.

Inzwischen die Zwiebel schälen und sehr fein hacken. Den Gorgonzola würfeln. Das Öl in einem Topf erhitzen und die Zwiebel darin glasig schmoren. Den Gorgonzola zugeben und schmelzen lassen. Wein angießen und den Parmesan einrühren. Cremig rühren, dann die Sahne einrühren und die Sauce mit Salz, Pfeffer und Muskat abschmecken. Die Sauce sämig kochen.

Den Gnocchiteig durchkneten und zu langen Rollen formen (1,5 cm Durchmesser). Die Rollen in Stücke von 2 cm Länge schneiden und in kochendem Salzwasser garen. Abgießen und abtropfen lassen. Auf vorgewärmte Teller geben und mit der Käsesauce überziehen.

* Die mit einem Sternchen versehenen Zutaten können ausgetauscht werden. Gewürze und Kräuter je nach Belieben.

Für 4 Portionen
1 kg Kartoffeln
1 Ei
1 Eigelb
150 g fein gemahlener Hartweizengrieß
Salz
geriebene Muskatnuss
1 Zwiebel*
125 g Gorgonzola*
2 El Olivenöl
100 ml Weißwein*
75 g frisch geriebener Parmesan*
200 ml Sahne*

Zubereitungszeit: ca. 30 Minuten
(plus Zeit zum Ruhen, Schmor- und Kochzeit)
Pro Portion ca. 738 kcal/3098 kJ
25 g E · 40 g F · 64 g KH

TIPP:

Für die typische geriffelte Form der Gnocchi jedes Teigstück mit der Gabel eindrücken.

RISOTTO MIT FRÜHLINGS-GEMÜSE RISOTTO PRIMAVERA

Für 4 Portionen
1 Zwiebel
1 Knoblauchzehe
2 El Olivenöl
300 g Risottoreis
150 ml Weißwein
1 l Gemüsebrühe
200 g weißer Spargel
½ Bund junge Möhren
100 g frische Erbsen, gepalt
100 g frische dicke Bohnen, ausgelöst
1 Bund Petersilie
Salz
Pfeffer
50 g Butter
50 g frisch geriebener Parmesan

Aus Zwiebel, Knoblauch, Öl, Reis, Wein und Brühe ein Risotto bereiten, wie auf Seite 14 beschrieben.

Den Spargel schälen und die holzigen Enden abschneiden. Die Möhren waschen und putzen. Spargel und Möhren in Stücke schneiden.

Spargel, Möhren, Erbsen und Bohnen in kochendem Wasser separat blanchieren, sodass sie noch Biss haben. Abgießen und in Eiswasser abschrecken. Petersilie waschen, trocken tupfen und hacken. Das abgetropfte Gemüse mit der Petersilie unter den Reis heben und erhitzen. Mit Salz und Pfeffer abschmecken.

Zuletzt die Butter und den Parmesan unter das Risotto rühren, 5 Minuten ziehen lassen, dann servieren.

Zubereitungszeit: ca. 30 Minuten
(plus Schmor- und Kochzeit)
Pro Portion ca. 613 kcal/2573 kJ
16 g E · 26 g F · 71 g KH

SPARGEL (*asparagi*), früher auch als Kaisergemüse bezeichnet, ist ein Sprossengemüse. Die Hauptanbaugebiete in Italien liegen in der Emilia Romagna, in Apulien und auf Sardinien. Sowohl der grüne Spargel, der bereits Licht und Luft abbekommen hat, wie die ausschließlich unterirdisch gedeihenden weißen Stangen werden als Gemüsebeilage und im Risotto zubereitet, außerdem wie bei uns mit Prosciuto gereicht.

Am besten schmecken ERBSEN (*piselli*), wenn sie frisch aus den Schoten gelöst wurden. Sie benötigen keine lange Kochzeit, damit sie noch knackig und bissfest sind. Auch tiefgekühlte Ware kann geschmacklich mithalten. Italiener lieben die feinen süßen Kügelchen im Risotto oder als Beilage mit Schinken in etwas Butter geschmort. Erbsen sind die eiweißreichsten aller Hülsenfrüchte, sollten jedoch roh nur in Maßen genossen werden.

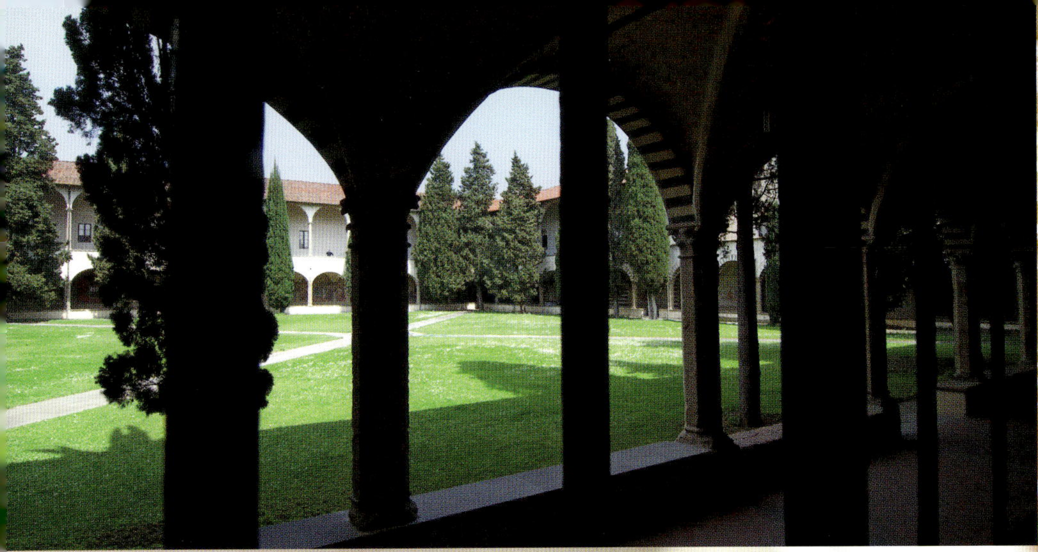
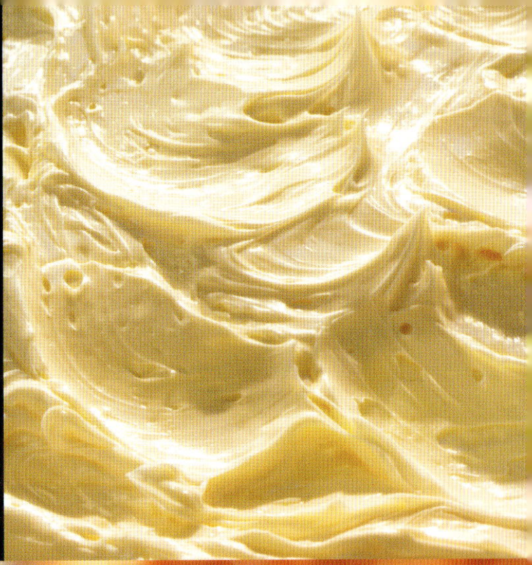
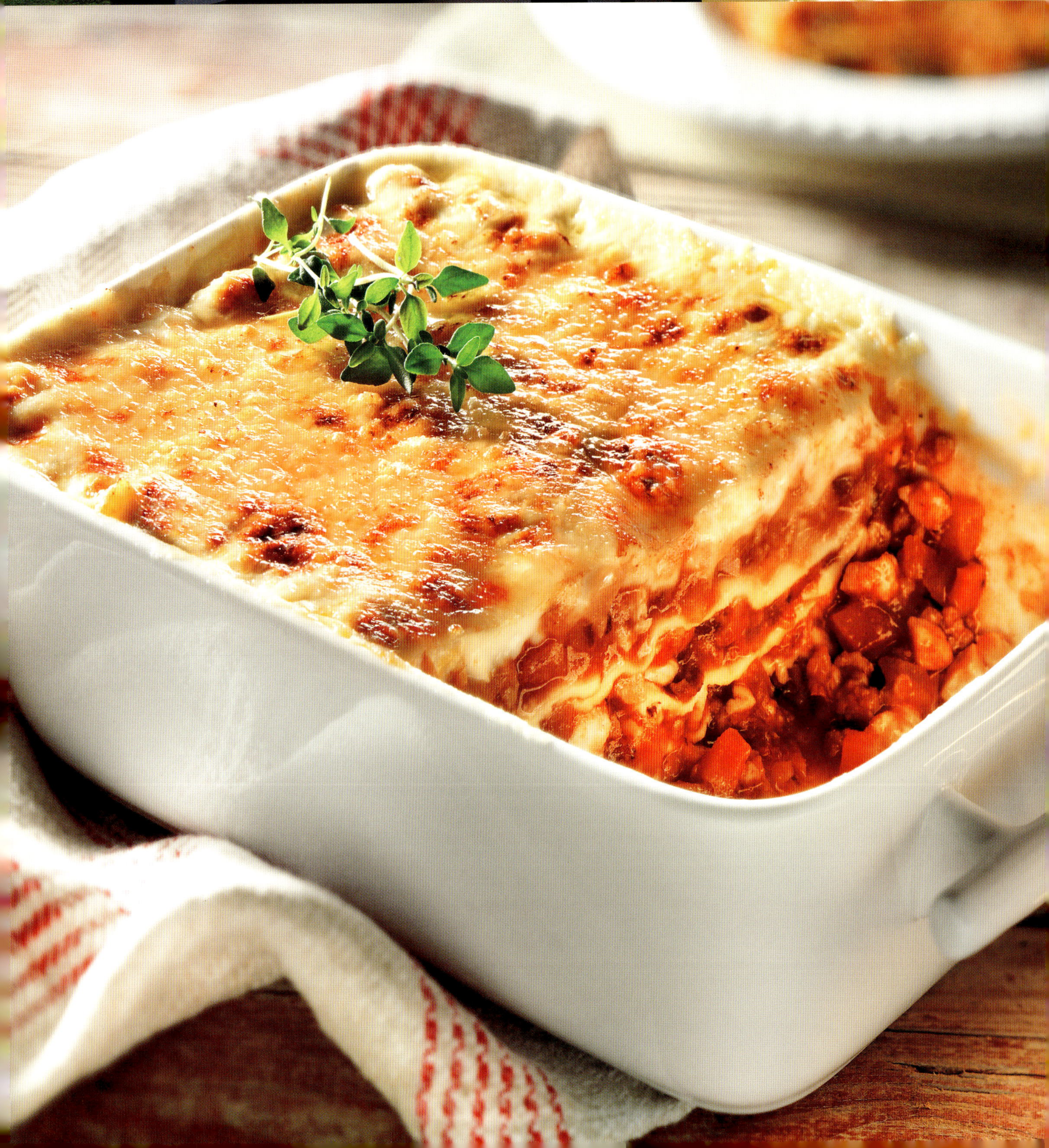

NUDELAUFLAUF LASAGNE

Für 4–6 Portionen
200 g Hartweizenmehl
Salz
2 Eier
20 g getrocknete Steinpilze
100 g Salsiccia
1 Zwiebel
2 Knoblauchzehen
1 Möhre
2 Tomaten
1 El Öl
4 El Butter
200 g Rinderhackfleisch
125 ml Weißwein
125 ml Hühnerbrühe
1 El Tomatenmark
Pfeffer
1 Tl frisch gehackter Thymian
3 El Mehl
500 ml Milch
geriebene Muskatnuss
100 g frisch geriebener Parmesan
Mehl für die Arbeitsfläche
Fett für die Form

Zubereitungszeit: ca. 45 Minuten
(plus Zeit zum Ruhen, Schmoren, Köcheln und Backen)
Pro Portion ca. 827 kcal/3473 kJ
35 g E · 52 g F · 50 g KH

Das Hartweizenmehl mit dem Salz mischen, die Eier unterrühren, einen glatten Teig herstellen und zu einer Kugel formen. 30 Minuten im Kühlschrank ruhen lassen.

Inzwischen die Pilze in 125 ml heißem Wasser einweichen. Die Würste in kleine Würfel schneiden. Zwiebel, Knoblauch und Möhre schälen und hacken. Die Tomaten von Haut und Stielansatz befreien und würfeln. Hühnerfleisch und -leber ebenfalls fein würfeln.

Das Öl mit 1 El Butter in einer Pfanne erhitzen. Zwiebel, Knoblauch und Möhre darin anschmoren, Würstchen und Hackfleisch zugeben und unter Rühren braten, bis das Hackfleisch gar ist. Wein und Brühe angießen, Tomatenwürfel und Tomatenmark einrühren und alles mit Salz, Pfeffer und Thymian abschmecken. Bei geringer Temperatur 30 Minuten köcheln.

Die eingeweichten Pilze abgießen, ausdrücken und fein hacken. Mit dem Einweichwasser in die Sauce geben, diese weitere 20 Minuten köcheln.

Den Nudelteig gut durchkneten und dünn ausrollen. Passend für eine Auflaufform Nudelblätter zuschneiden. In kochendem Salzwasser garen, kalt abschrecken und abtropfen lassen.

Den Backofen auf 200 °C (Umluft 180 °C) vorheizen. Die Form einfetten.

Restliche Butter erhitzen, mit dem Mehl zu einer Mehlschwitze rühren, mit Milch ablöschen und mit Salz, Pfeffer und Muskat abschmecken. 10 Minuten sämig einkochen.

Abwechselnd Nudelblätter, Fleischsauce, Béchamelsauce und geriebenen Käse in die Form schichten. Restliche Béchamelsauce auf der Oberfläche verteilen und mit Käse bestreuen. Mit Butterflöckchen bestreuen und im Ofen etwa 35 Minuten goldbraun überbacken.

SECONDI PIATTI

Weinreben und Olivenbäume bilden eine harmonische Nachbarschaft. Daher wird auf vielen Weingütern neben Wein auch Olivenöl produziert, wenn auch nicht in großen Mengen.

Die Toskana – kaum eine Landschaft bietet so viele beeindruckende, geschichtsträchtige kleine Städte und hübsche, in ebliche Weinhänge gebettete Dörfer mgeben von manchmal nahezu unberührt wirkender Natur. Hier wächst vieles naturbelassen und artgerecht, hier eben die Menschen entspannt und genießen bewusst die Produkte aus der Umgebung.

An den Berghängen und auf den Hügeln wachsen die uralten Olivenbäume. Ihre Früchte liefern das begehrte flüssige Gold, das in keiner Küche fehlt. Wer die Möglichkeit hat, sollte unbedingt ein Weingut und/oder eine Ölmühle besuchen. Dort kann man erleben, wie Wein und Öl hergestellt werden und gleichzeitig eine Kostprobe nehmen.

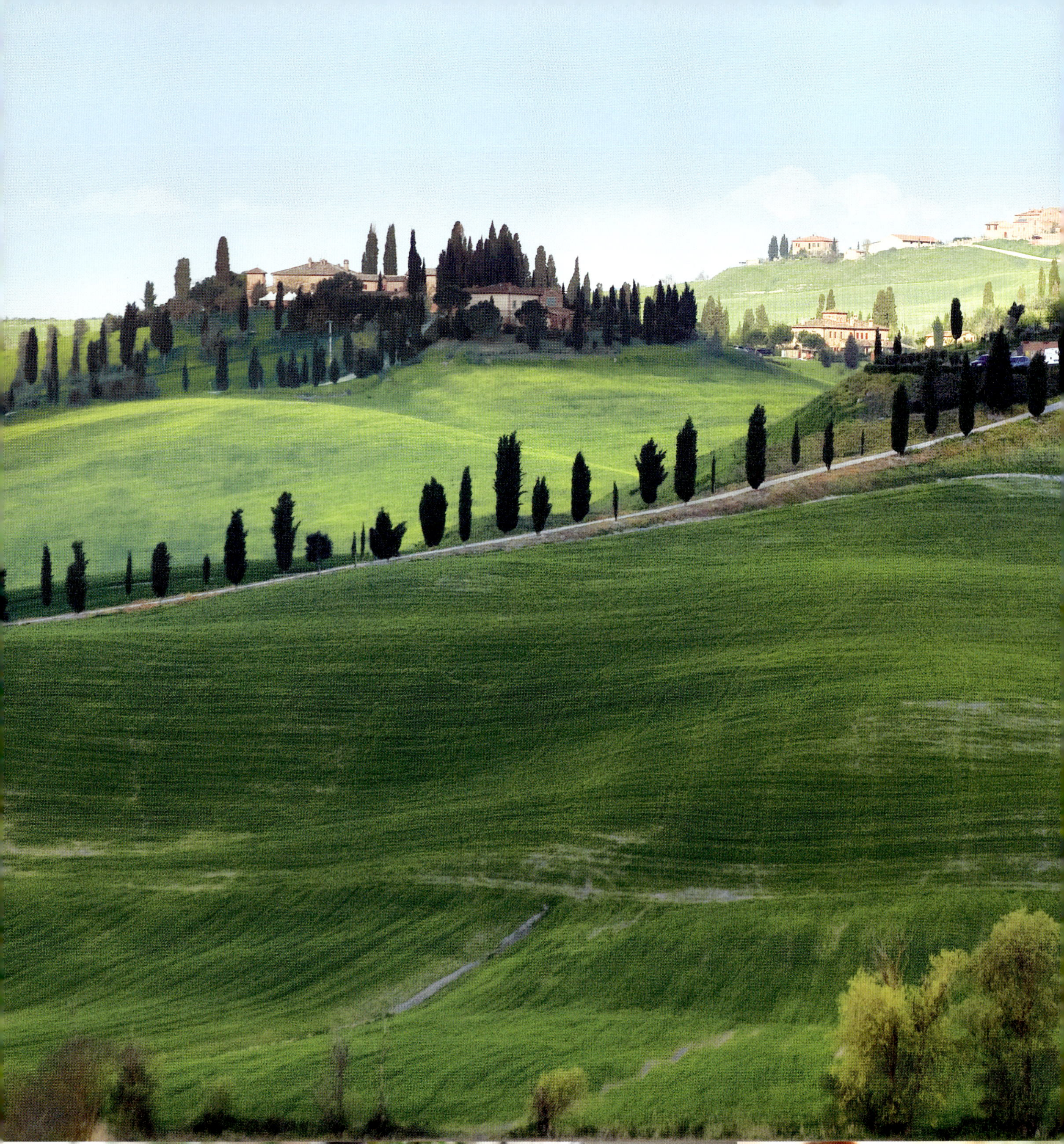
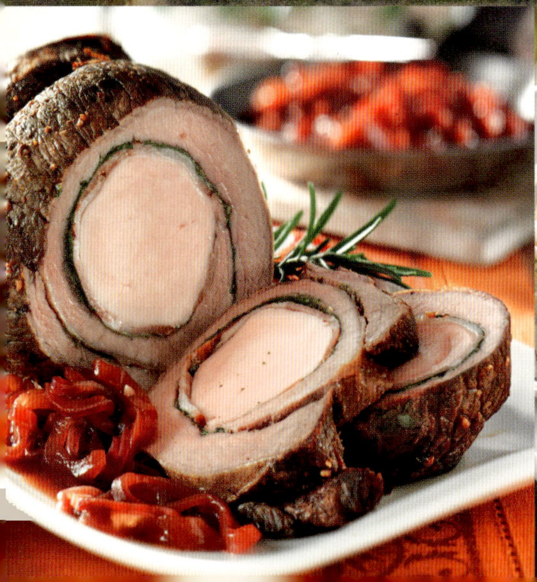
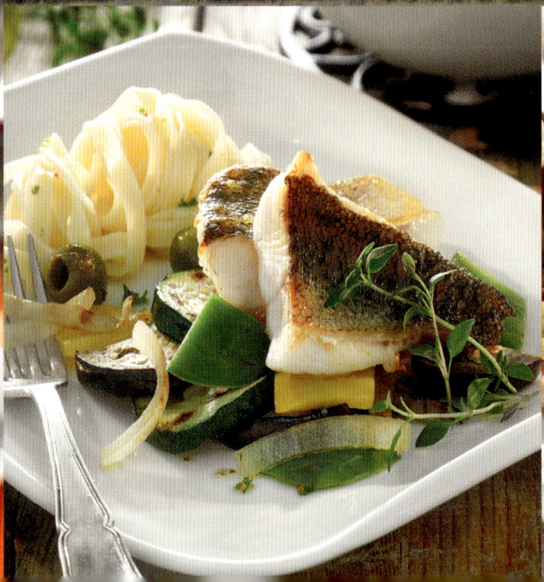
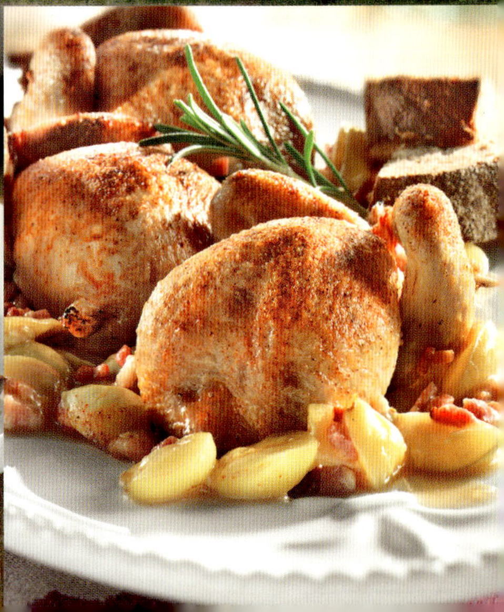

SECONDI PIATTI

Die Nutztiere in der Toskana werden zu großen Teilen artgerecht gehalten, es gibt genügend Wiesen und Weiden, auf denen sie Futter finden. Die natürliche Ernährung macht ihr Fleisch besonders aromatisch, und erfahrene toskanische Köchinnen und Köche wissen dies zu schätzen.

In der Toskana gibt es vor allem zwei Rinderrassen, die bedeutend sind. Die weißen, halbwilden Rinder aus dem Chianatal bei Arezzo sind die größten Rinder der Welt. Früher als Arbeitstiere verwendet, wurden sie in Zeiten der Industrialisierung als Fleischlieferanten gezüchtet. Nur noch in Alberese, in der Maremma, findet man die grauen Maremma-Rinder, die vorwiegend im Freien leben und sich vor allem von Salicornia, dem Kraut der Salzwiesen, ernähren. Ihr Fleisch ist fettarm, dunkelrot und sehr aromatisch.

Das einheimische Schweinefleisch liefern die Cinta-senese-Schweine, die in der Umgebung von Siena im Freien leben. Über ihren ansonsten dunkelbraunen Körper verläuft auf dem Rücken ein rosafarbener Streifen, die cinta. Das Fleisch dieser Tiere ist dunkel und ebenfalls äußerst aromatisch.

Eine besondere Schafrasse lebt in der Provinz Massa-Carrara, sie ist so robust, dass sie das ganze Jahr über im Freien ist. Sie liefert Milch für Schafskäse und Fleisch für köstliche Gerichte.

Die einheimischen Wälder liefern reichlich Wild, wie Reh und Wildschwein. Auf den Feldern gibt es Wildgeflügel. Viele Bauern halten Hühner, Kaninchen und Hasen.

Fisch und Meeresfrüchte findet man nur in den Küstenstädten, dort jedoch immer frisch.

HÄHNCHEN MIT GEMÜSE UND ARTISCHOCKEN

HÄHNCHEN MIT GETROCKNETEN TOMATEN

HÄHNCHEN MIT CHAMPIGNONS

FLORENTINISCHES RINDERSTEAK BISTECCA ALLA FIORENTINA

Das Fleisch etwa 2 Stunden vor dem Zubereiten aus dem Kühlschrank nehmen. Waschen und trocken tupfen. Den Backofengrill vorheizen. Das Fleisch unter den Grill legen und 5 Minuten grillen. Anschließend salzen und wenden. Dabei eine Fleischzange verwenden, nicht einstechen. Von der anderen Seite ebenfalls 5 Minuten grillen. Dann auch diese Seite salzen.

Die gegrillten Steaks auf ein Holzbrett legen, mit frisch gemahlenem Pfeffer bestreuen und den Knochen herauslösen. Das Fleisch quer in 4 cm breite Streifen schneiden und servieren. Dazu Brot und frischen Salat reichen.

Für 4 Portionen
2 T-Bone Steaks à etwa 800 g
Salz
Pfeffer

Zubereitungszeit: ca. 10 Minuten
(plus Grillzeit)
Pro Portion ca. 260 kcal/1092 kJ
45 g E · 9 g F · 0 g KH

TIPP:
Noch besser schmeckt das Fleisch, wenn die Steaks über Holzkohle gegrillt werden.

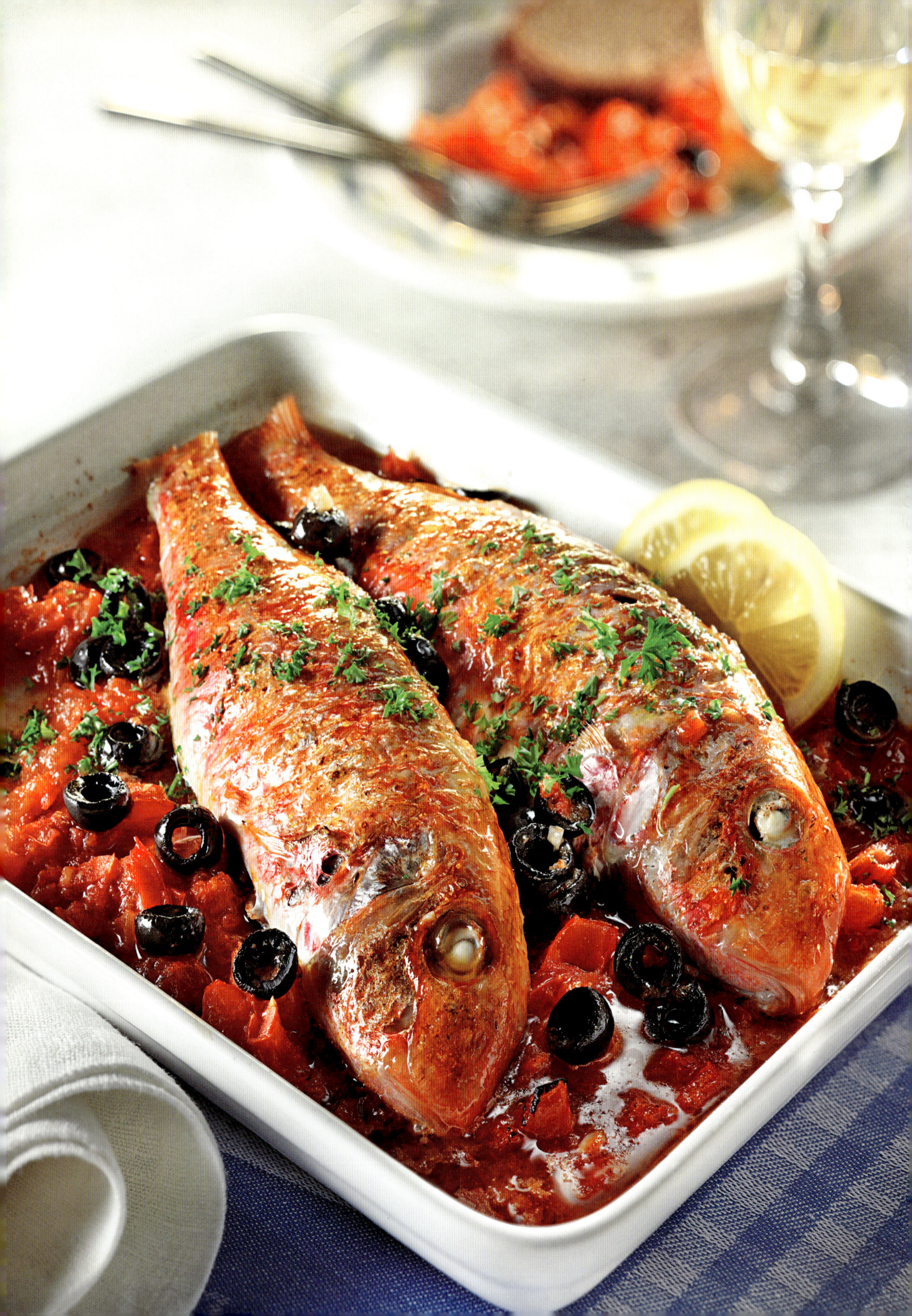

ROTBARBEN LIVORNESER ART
TRIGLIE ALLA LIVORNESE

Die Fische waschen und trocken tupfen. Die Tomaten mit kochendem Wasser übergießen, von Haut, Stielansatz befreien und das Fruchtfleisch würfeln. Die Knoblauchzehen schälen und hacken. 2 El Olivenöl in einer Pfanne erhitzen und den Knoblauch darin anschmoren. Nach 3 Minuten die Tomatenwürfel hinzufügen und mit Salz und Pfeffer würzen. 15 Minuten schmoren. Die Tomatenmischung in einen Bräter geben und die Fische darauflegen. Die Oliven halbieren und auf die Fische legen. Mit dem restlichen Olivenöl beträufeln und auf geringer Temperatur etwa 15–20 Minuten abgedeckt köcheln, ohne die Fische zu wenden. Mit Petersilie bestreut servieren.

Für 4 Portionen
4 küchenfertige Rotbarben
500 g Tomaten
2 Knoblauchzehen
4 El Olivenöl
Salz
Pfeffer
50 g schwarze Oliven ohne Stein
2 El frisch gehackte Petersilie

Zubereitungszeit: ca. 15 Minuten
(plus Schmorzeit)
Pro Portion ca. 485 kcal/2037 kJ
75 g E · 18 g F · 5 g KH

SCHWARZE OLIVEN sind die reifen Geschwister der grünen Oliven. Sie werden von Dezember bis Januar geerntet. Speiseoliven, die besonders fleischig sind, werden oft noch von Hand gepflückt. Bevor man sie genießen kann, müssen sie allerdings in Natronlauge eingelegt werden, um das ungenießbare bittere Glycosid zu neutralisieren. Zur Weiterverarbeitung werden die Oliven dann milchsauer vergoren und eingelegt.

Es gibt in ganz Italien wohl keinen Laden, keinen Marktstand, auf dem es keine **TOMATEN** zu kaufen gibt. Und dann findet man nicht nur eine Sorte, sondern zahlreiche. Angefangen von den kleinen runden, eierförmigen über die Strauchtomaten bis zu den großen Salattomaten, die noch ein bisschen grün sein müssen. Tomaten, die für die Sauce verwendet werden, müssen rot und reif sein, so schmecken sie am besten.

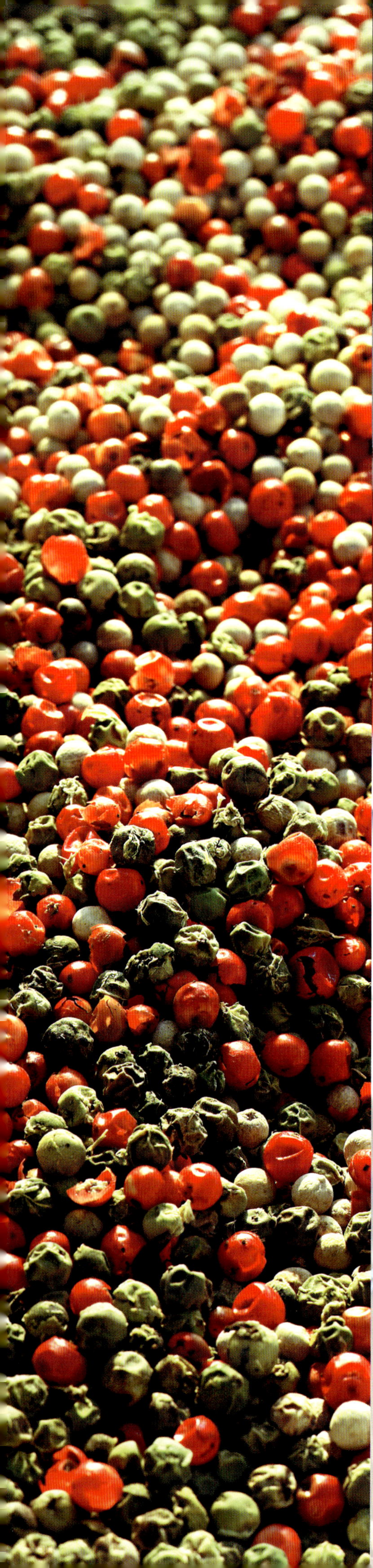

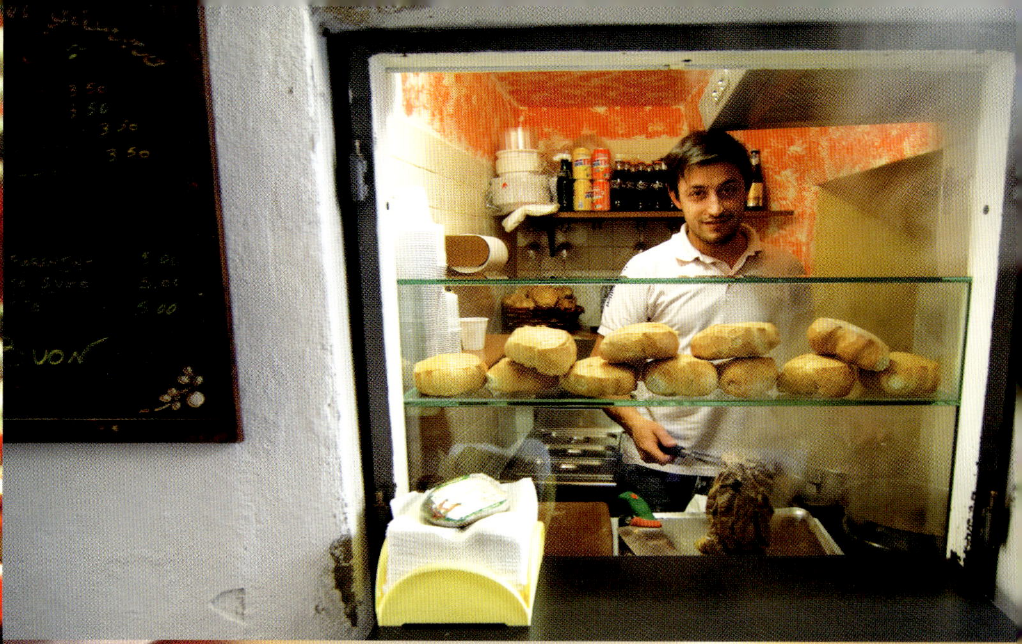

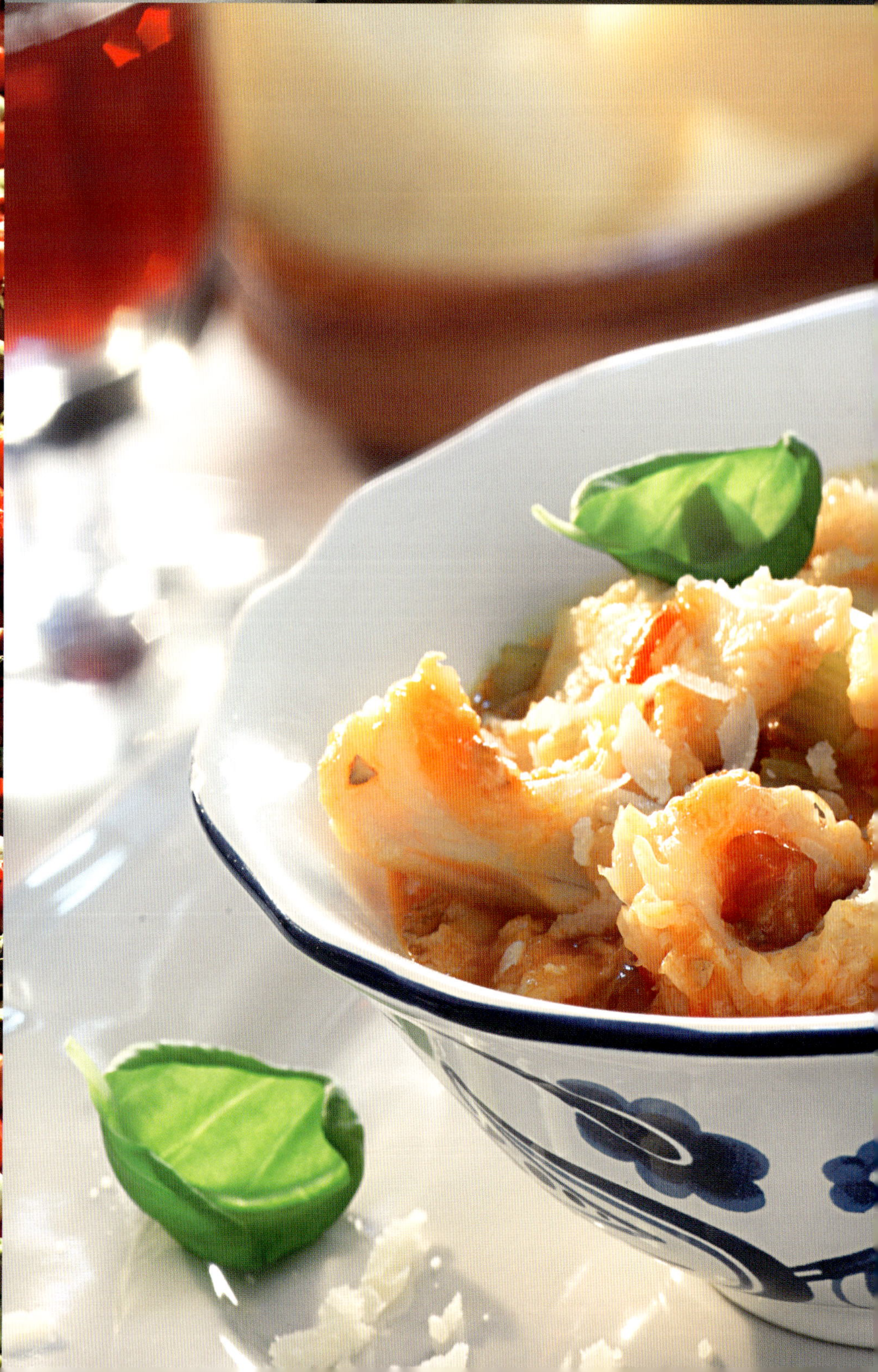

KUTTELN NACH FLORENTINER ART
TRIPPA ALLA FIORENTINA

Die Schalotten und die Möhre schälen, den Sellerie putzen und waschen. Schalotten, Möhre und Sellerie würfeln. Die Tomaten schälen, vom Stielansatz befreien und würfeln. Das Öl in einem Bräter erhitzen und das Gemüse bis auf die Tomaten darin 2–3 Minuten andünsten. Die Tomaten zugeben, mit einer Gabel zerdrücken und mit Salz und Pfeffer würzen. 5 Minuten köcheln.

Inzwischen die Kutteln waschen, trocken tupfen und in Streifen schneiden. Zu den Tomaten geben. Gut untermischen, Wein und Brühe angießen und alles bei geringer Temperatur etwa 40 Minuten köcheln, bis die Kutteln weich sind.

Mit flüssiger Butter beträufeln und mit Parmesan bestreut servieren.

Für 4 Portionen
2 Schalotten
1 Möhre
1 kleine Stange Staudensellerie
2 Tomaten
6 El Olivenöl
Salz
Pfeffer
500 g frische Kutteln
100 ml Weißwein
400 ml Fleischbrühe
50 g Butter
60 g frisch geriebener Parmesan

Zubereitungszeit: ca. 20 Minuten
(plus Schmor- und Garzeit)
Pro Portion ca. 513 kcal/2153 kJ
30 g E · 41 g F · 3 g KH

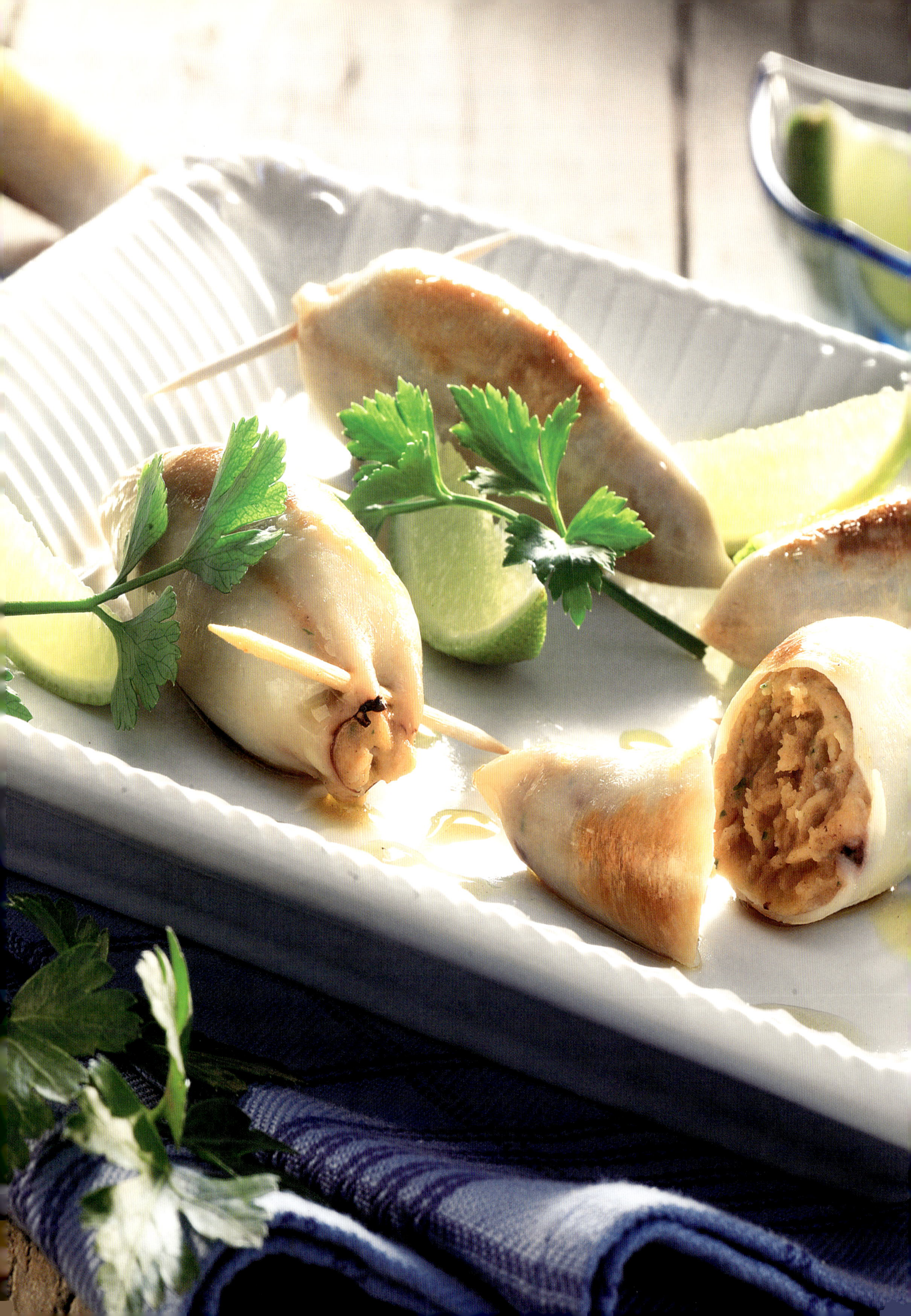

GEFÜLLTE TINTENFISCHE
SEPPIE RIPIENE

Die Tintenfische putzen, Kopf und Tentakel entfernen, Innereien herauslösen. Die Tintenfischtuben gründlich waschen und trocken tupfen. Die Tentakel putzen und 10 Minuten in Zitronenwasser legen. Anschließend herausnehmen, abtropfen lassen und in Stücke schneiden. Anchovis abtropfen lassen. Knoblauch schälen. Die Tomaten häuten und die Stielansätze herausschneiden. Diese Zutaten mit Paniermehl und Petersilie in einen Mixer geben und pürieren. Die Masse mit Ei mischen und mit Salz und Pfeffer abschmecken.

Den Backofen auf 180 °C (Umluft 160 °C) vorheizen. Die Füllung in die Tintenfischtuben geben und mit Zahnstochern verschließen. Eine feuerfeste Form mit 1 El Olivenöl einfetten. Die gefüllten Tintenfische hineinlegen und den Wein sowie das restliche Öl hinzufügen.

Die Tintenfische etwa 40–45 Minuten im Ofen backen.

Für 4 Portionen
16 mittelgroße küchenfertige Tintenfische
Saft von 1 Zitrone
2 Anchovisfilets
2 Knoblauchzehen
3 Tomaten
50 g Paniermehl
2 El frisch gehackte Petersilie
1 Ei
Salz
Pfeffer
30 ml Olivenöl
120 ml trockener Weißwein

Zubereitungszeit: ca. 20 Minuten
(plus Einweich- und Backzeit)
Pro Portion ca. 670 kcal/2814 kJ
100 g E · 16 g F · 25 g KH

TIPP:
Die Füllung für die Tintenfische kann variiert werden, indem die Anchovisfilets durch Krabbenfleisch oder Reis ersetzt werden.

| SEEZUNGENFILETS MIT WEISSWEIN-KRÄUTERSAUCE | SEEZUNGENFILETS MIT ROTWEINSAUCE | SEEZUNGENFILETS MIT OLIVENSAUCE |

ANDERFILETS MIT TOMATENSAUCE   ZANDERFILETS MIT ORANGENSAUCE   ZANDERFILETS MIT STEINPILZSAUCE

SEEZUNGENFILETS MIT ORANGENSAUCE
SOGLIOLA ALL' ARANCIA

Den Backofen auf 180 °C (Umluft 160 °C) vorheizen. Die Fischfilets waschen, trocken tupfen und mit Salz und Pfeffer würzen. Gründlich in Mehl wenden, restliches Mehl abschütteln. Eine feuerfeste Form mit 1 El Öl einpinseln und die Filets hineinlegen. Restliches Öl und Grappa darüberträufeln. Fischfond und Orangensaft zugeben. Die Fischfilets etwa 10 Minuten im Backofen garen.

* Die mit einem Sternchen versehenen Zutaten können ausgetauscht werden. Gewürze und Kräuter je nach Belieben.

Für 4 Portionen
8 Seezungenfilets*
Salz
Pfeffer
50 g Mehl
2 El Olivenöl
2 El Grappa*
100 ml Fischfond*
100 ml Orangensaft*

Zubereitungszeit: ca. 15 Minuten
(plus Backzeit)
Pro Portion ca. 370 kcal/1554 kJ
54 g E · 11 g F · 12 g KH

157

SCHWEINEBRATEN NACH ART DER MAREMMA

ARISTA ALLA MAREMMANA

Für 6 Portionen
3 Knoblauchzehen
5 Schalotten
2 El Rosmarinnadeln
Salz
Pfeffer
½ Tl Fenchelsamen
5 El Olivenöl
1 Schweinekeule ohne Knochen (ca. 1,5 kg)
750 g Kartoffeln
500 ml Rotwein
Zutaten

Zubereitungszeit: ca. 25 Minuten
(plus Brat- und Garzeit)
Pro Portion ca. 595 kcal/2499 kJ
57 g E · 24 g F · 23 g KH

Knoblauch und Schalotten schälen und hacken. Die Rosmarinnadeln ebenfalls fein hacken. Salz, Pfeffer, 1 El Rosmarin, Fenchel und 1 El Olivenöl verrühren. Das Fleisch waschen, trocken tupfen und mit der Würzmischung einreiben und mit Küchengarn zusammenbinden.

Das restliche Olivenöl in einem Bräter erhitzen und das Fleisch darin von allen Seiten gut anbraten. Im Ofen etwa 2 Stunden weiterschmoren. Währenddessen das Fleisch öfter mit Bratensaft und Wein begießen. Die Kartoffeln schälen, achteln und mit restlichem Rosmarin bestreuen. Nach der Hälfte der Zeit die Kartoffeln zum Fleisch legen.

Das Küchengarn entfernen den Braten in Scheiben schneiden. Mit dem Bratensaft und Rosmarinkartoffeln anrichten.

NECTAR DEI FATTORIA NITTARDI, TOSKANA

Betörende Aromen von Waldfrüchten, Gewürzen und Schokolade finden sich in dieser sehr komplexen und körperreichen Cuvée aus Cabernet Sauvignon, Syrah und Merlot, die sehr ausgewogen und lang im Abgang ist.

KARTOFFELN nennen die Italiener fast
wie ihre Edelpilze, die Trüffel, nämlich
rtufolo. Aber die Knollen sind wesent-
ch einfacher zu finden als die Pilze und
aher auch im Preis erschwinglicher. Es
ibt unzählige Sorten von mehlig- bis
estkochend. Kartoffeln werden als Beila-
e, wie hier zu einem deftigen Schwei-
ebraten, zu Aufläufen und als Zutat für
nocchi verwendet.

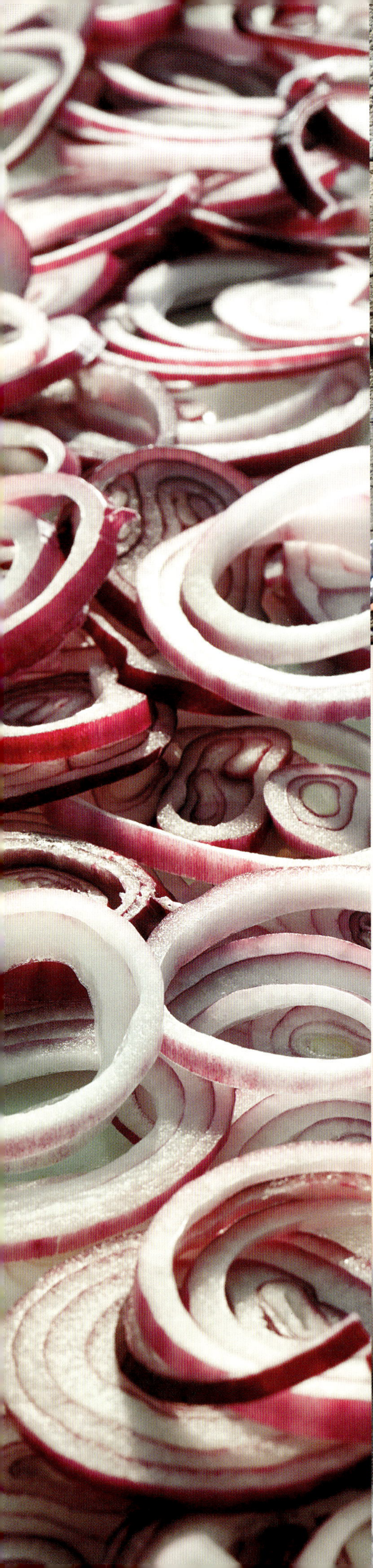
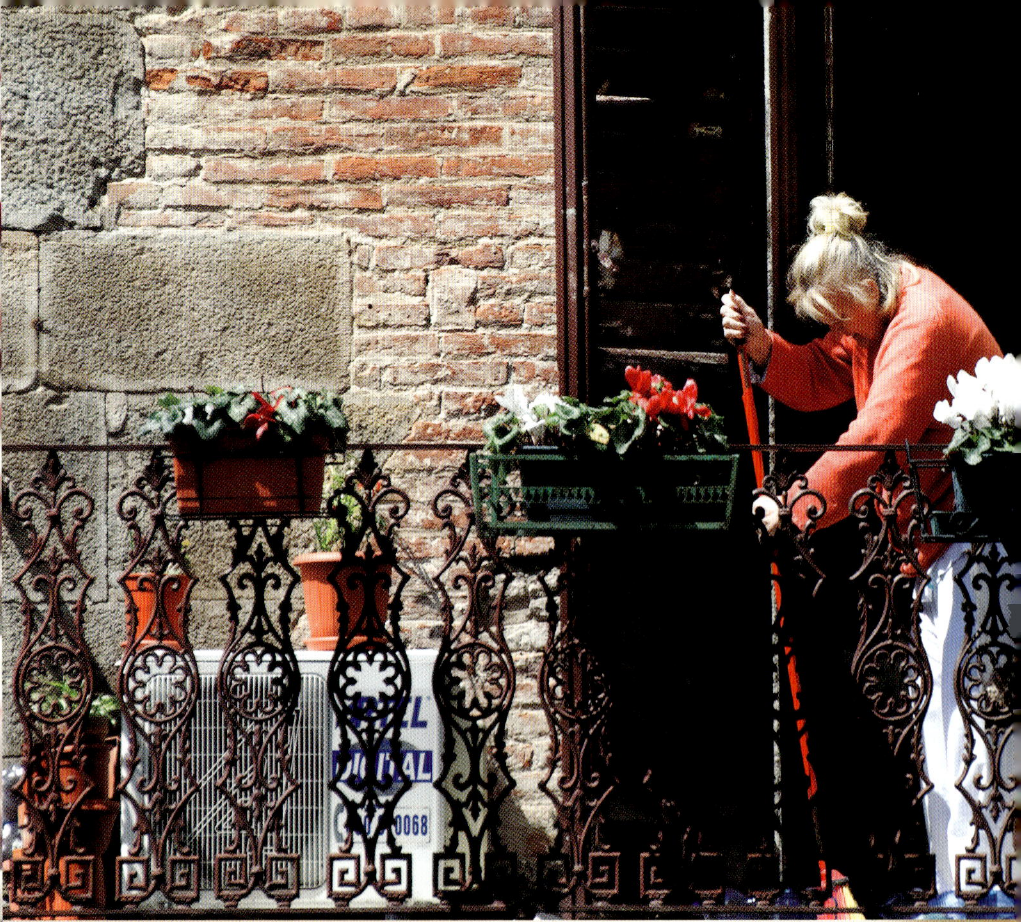
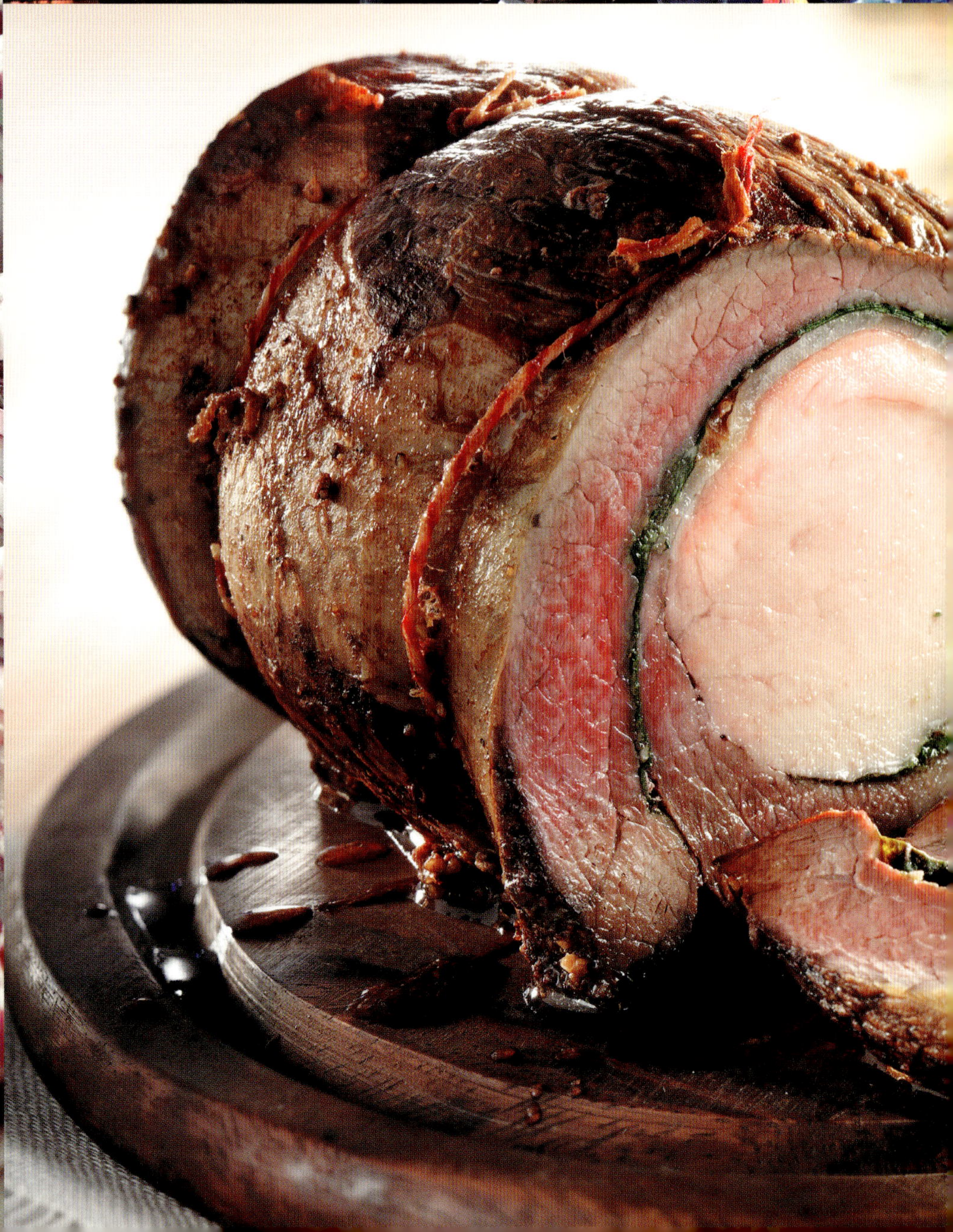

GEFÜLLTER RINDERROLL-BRATEN ROTOLO DI MANZO RIPIENO

Den Knoblauch schälen, die Kräuter waschen und trocken schütteln, die Blättchen bzw. Nadeln von je 2 Zweigen abzupfen und mit dem Knoblauch im Mixer fein hacken. Spinat verlesen, waschen und abtropfen lassen.

Das Rindfleisch waschen, trocken tupfen und flach drücken. Auf einer Arbeitsfläche ausbreiten. Die Kräutermischung mit 3 El Olivenöl verrühren und das Rindfleisch damit einstreichen. Das Schweinefilet waschen, trocken tupfen und mit Salz und Pfeffer einreiben. Zuerst mit Spinat, dann mit 3 Scheiben Pancetta umwickeln und in die Rindfleischscheibe legen. Diese zusammenrollen und mit Küchengarn verschließen.

Den Backofen auf 140 °C (Umluft 120 °C) vorheizen. 2 El Öl in einem Bräter erhitzen und die Rinderrolle darin kräftig anbraten. Den restlichen Speck um den Rollbraten legen, restliche Kräuterzweige und Lorbeerblätter zugeben und im Ofen etwa 30 Minuten braten. Wein und Marsala angießen und weitere 30 Minuten braten.

Zwiebeln schälen und in Ringe schneiden. Im geschmolzenen Zucker im restlichen Öl in einer Pfanne karamellisieren, zum Braten geben und weitere 40 Minuten schmoren. Den Braten anschließend 10 Minuten ruhen lassen. Speck entfernen, Fleisch in Scheiben schneiden und mit den Zwiebeln und der Bratensauce servieren.

Für 6 Portionen
3 Knoblauchzehen
je 4 Zweige Rosmarin, Thymian, Salbei
1 Zweig Oregano
¼ Bund Basilikum
19 junge Spinatblätter
1 etwa 1 cm dicke Scheibe Rindfleisch aus der Keule (750 g)
6 El Olivenöl
300 g Schweinefilet
Salz
Pfeffer
6 Scheiben Pancetta
2 Lorbeerblätter
125 ml trockener Weißwein
2 El Marsala
5 rote Zwiebeln
1 El Zucker

Zubereitungszeit: ca. 20 Minuten
(plus Schmor- und Bratzeit)
Pro Portion ca. 545 kcal/2289 kJ
38 g E · 39 g F · 8 g KH

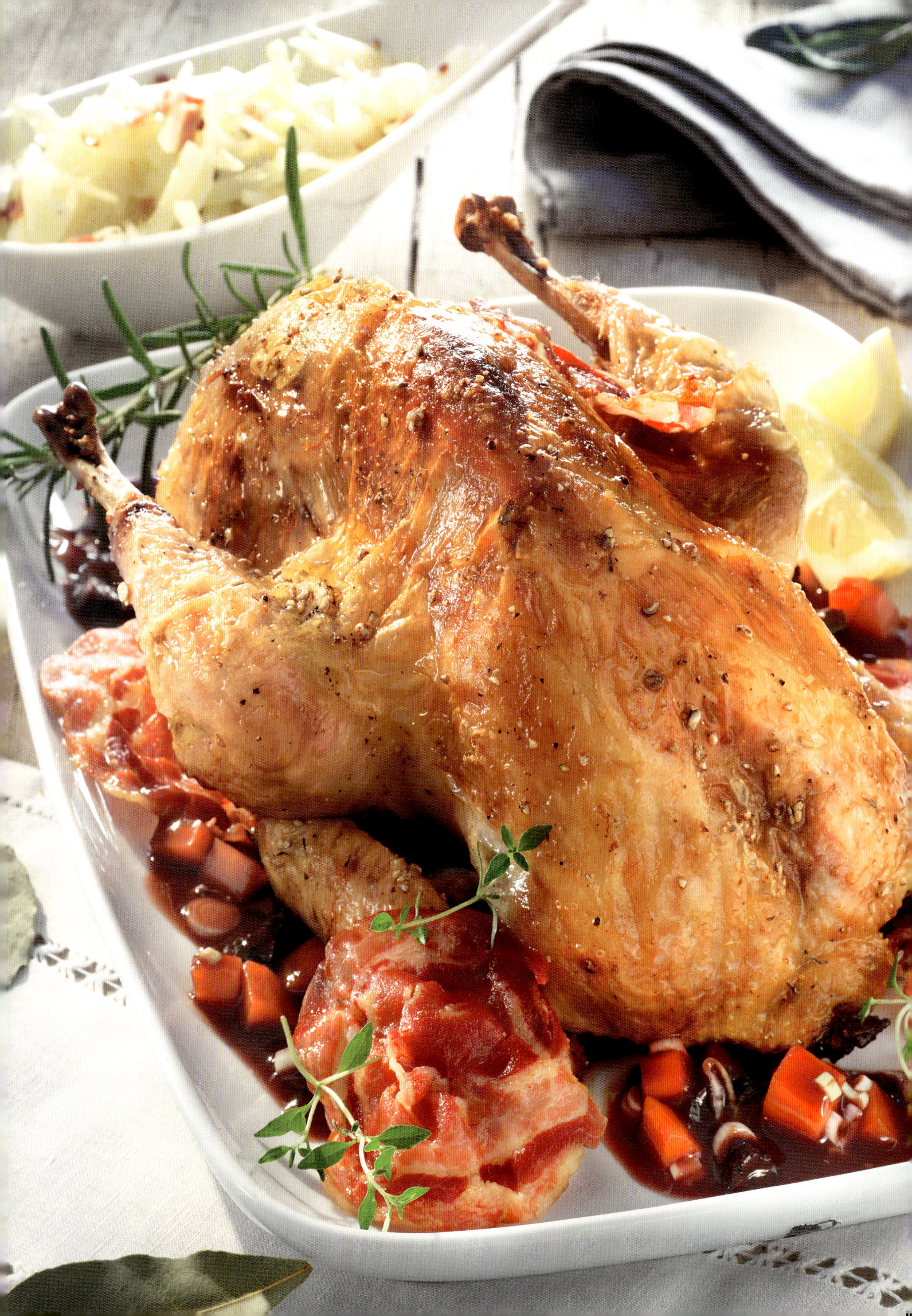

GEFÜLLTER FASAN FAGIANO RIPIENO

Den Fasan waschen, trocken tupfen und außen mit Salz und Pfeffer einreiben. Das Bratwurstbrät aus dem Darm drücken und mit den Gewürzen und der Zitronenschale mischen. 6 Backpflaumen entsteinen, klein schneiden und untermengen. Die Füllung in den Fasan geben, mit Holzstäbchen verschließen, Pancettascheiben um den Fasan wickeln und mit Küchengarn festbinden.

Den Backofen auf 180 °C (Umluft 160 °C) vorheizen. Die Zwiebeln schälen und hacken. Das Öl in einem Bräter erhitzen und die Zwiebeln darin glasig schmoren. Die Lorbeerblätter kurz mitschmoren. Den Fasan in den Bräter legen und von allen Seiten gut anbraten. Dann 125 ml Rotwein und Balsamico zugeben und den Fasan im Ofen etwa 55 Minuten schmoren.

Für die Sauce die Frühlingszwiebeln putzen, waschen und nur die weißen Teile in Ringe schneiden. Möhren schälen und würfeln. In kochendem Salzwasser 3 Minuten blanchieren. Die restlichen Backpflaumen entsteinen und klein schneiden.

Den Fasan aus dem Bräter nehmen, das Küchengarn entfernen und die Füllung herausnehmen. Fasan warm stellen. Die Füllung im Bratfond erwärmen, dann durch ein Sieb streichen. In einem Topf mit dem restlichen Wein und Wermut mischen, würzen und 5 Minuten köcheln. Das blanchierte Gemüse und die Backpflaumen in die Sauce geben. Den Fasan vierteln und mit der Sauce anrichten. Dazu schmeckt geschmorter Kohl.

Für 4 Portionen
1 küchenfertiger Fasan
Salz
Pfeffer
2 Bratwürste
je 1 Tl Nelken-, Zimtpulver, geriebene Muskatnuss
abgeriebene Schale von 1 Bio-Zitrone
12 Backpflaumen
100 g Pancetta
2 Zwiebeln
4 El Olivenöl
6 Lorbeerblätter
250 ml Chianti
1 El Balsamico
3 Frühlingszwiebeln
2 Möhren
Salz
1 El Wermut

Zubereitungszeit: ca. 30 Minuten (plus Schmorzeit)
Pro Portion ca. 1110 kcal/4662 kJ
68 g E · 68 g F · 47 g KH

BACKPFLAUMEN werden bei 100 °C im Backofen getrocknet. Anderes Trockenobst wird in der Sonne oder bei geringerer Temperatur im Ofen getrocknet.

GEWÜRZNELKEN sind die ungeöffneten Blütenknospen eines immergrünen Baumes, der nur recht selten zum Blühen kommt.

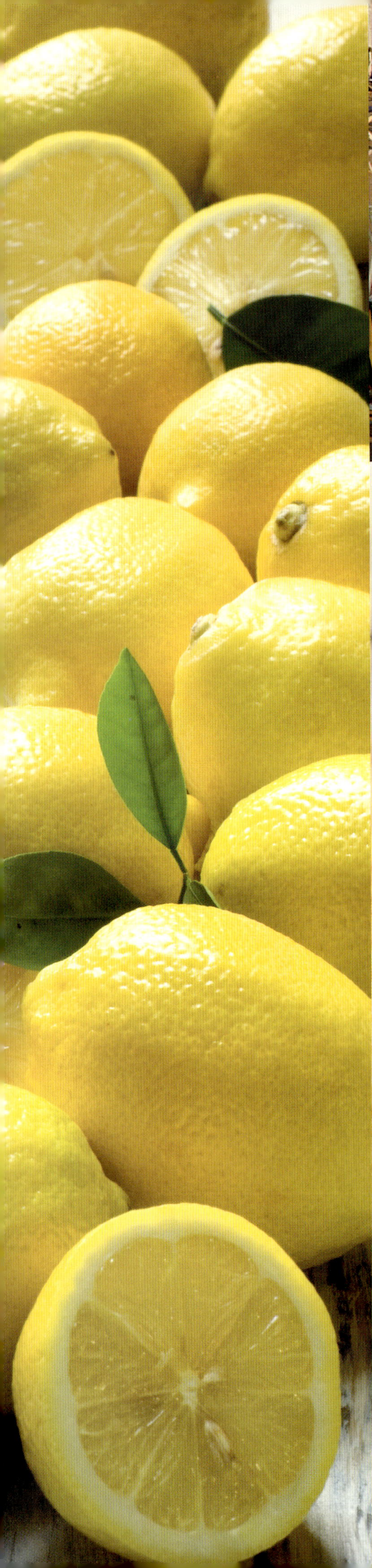
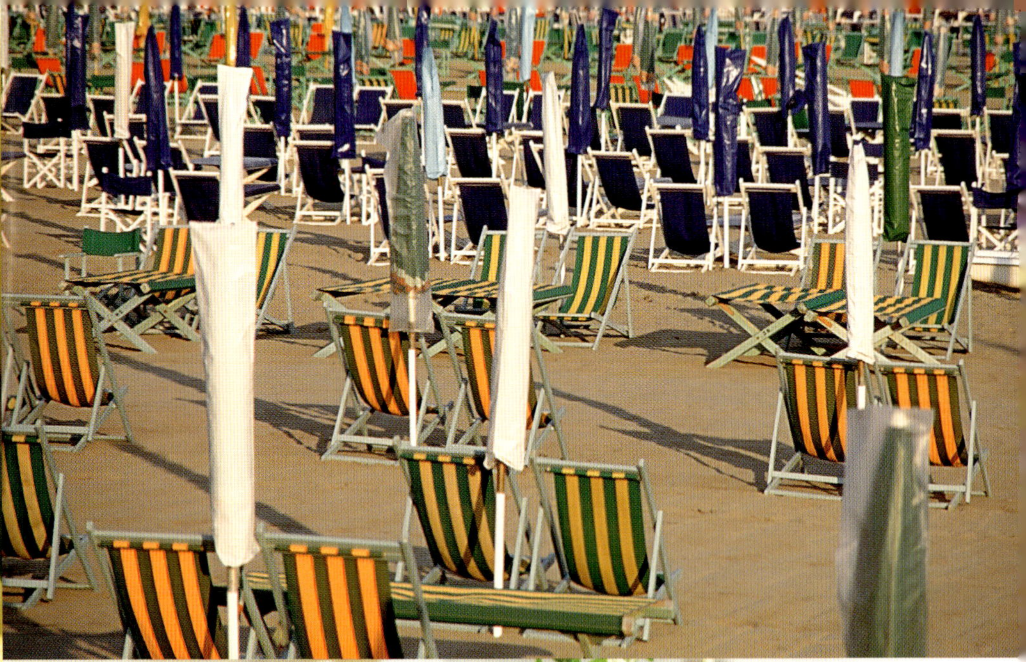
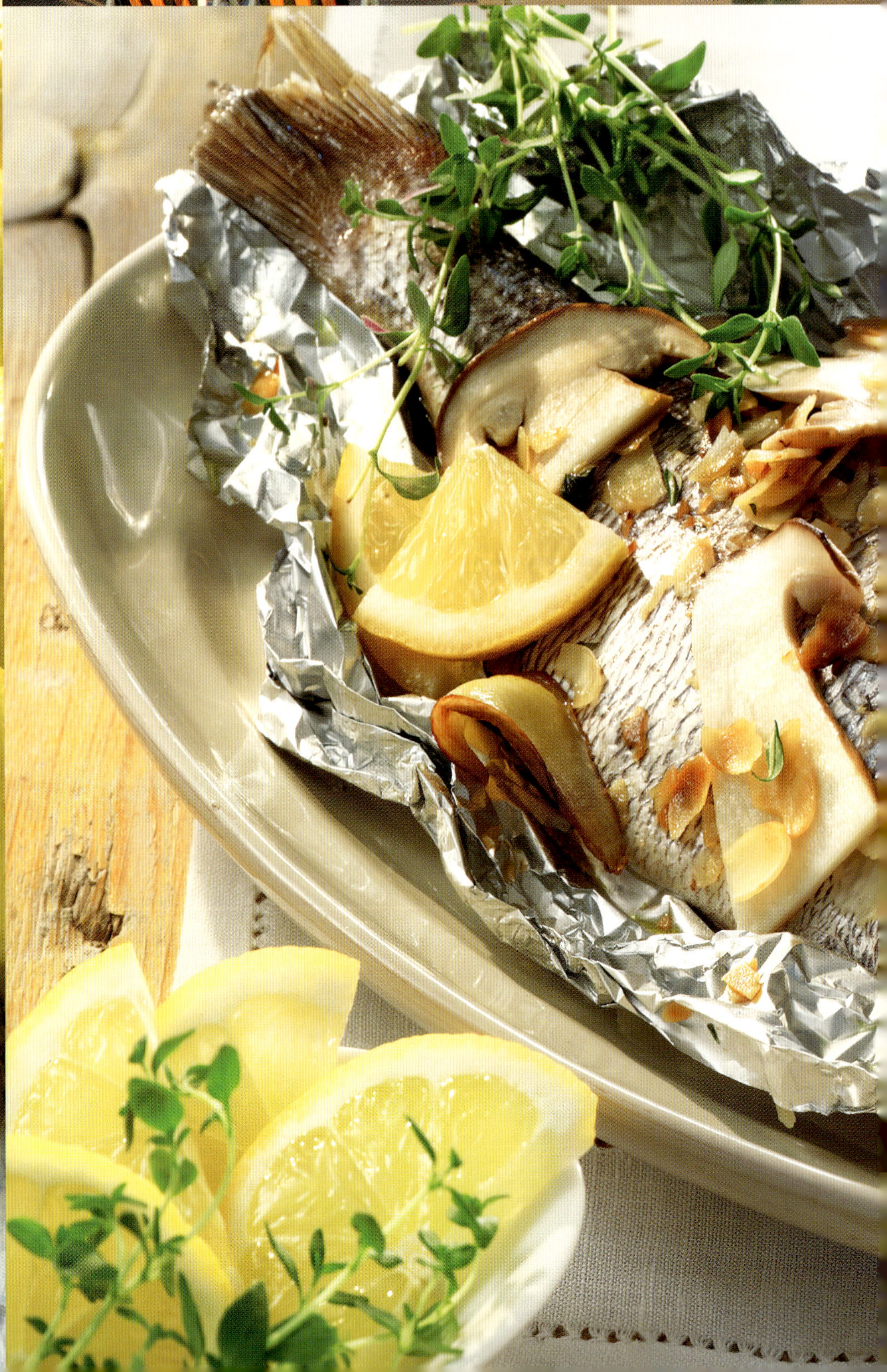

DORADE MIT STEINPILZEN
ORATA CON PORCINI FUNGHI

Für 4 Portionen
2 küchenfertige Doraden
Salz
1 El Zitronensaft
6 El Olivenöl
100 g Steinpilze
50 g Mandelblättchen
4 El Vin Santo
½ Tl frisch gehackter Thymian

Zubereitungszeit: ca. 20 Minuten
(plus Garzeit)
Pro Portion ca. 313 kcal/1313 kJ
17 g E · 26 g F · 2 g KH

Den Backofen auf 180 °C (Umluft 160 °C) vorheizen. Die Fische waschen, trocken tupfen, von innen und außen salzen und mit Zitronensaft beträufeln. Die Fische auf zwei ausreichend große Stücke Alufolie legen und mit 3 El Olivenöl beträufeln. Die Steinpilze putzen, feucht abreiben und klein schneiden. Die Mandelblättchen ohne Fett rösten. Pilze und Mandeln zu den Fischen geben, salzen, restliches Olivenöl und Wein darüberträufeln, mit Thymian bestreuen und die Folie verschließen. Im Ofen etwa 25 Minuten garen.

Die Folien erst bei Tisch öffnen. Dazu frisches Brot reichen.

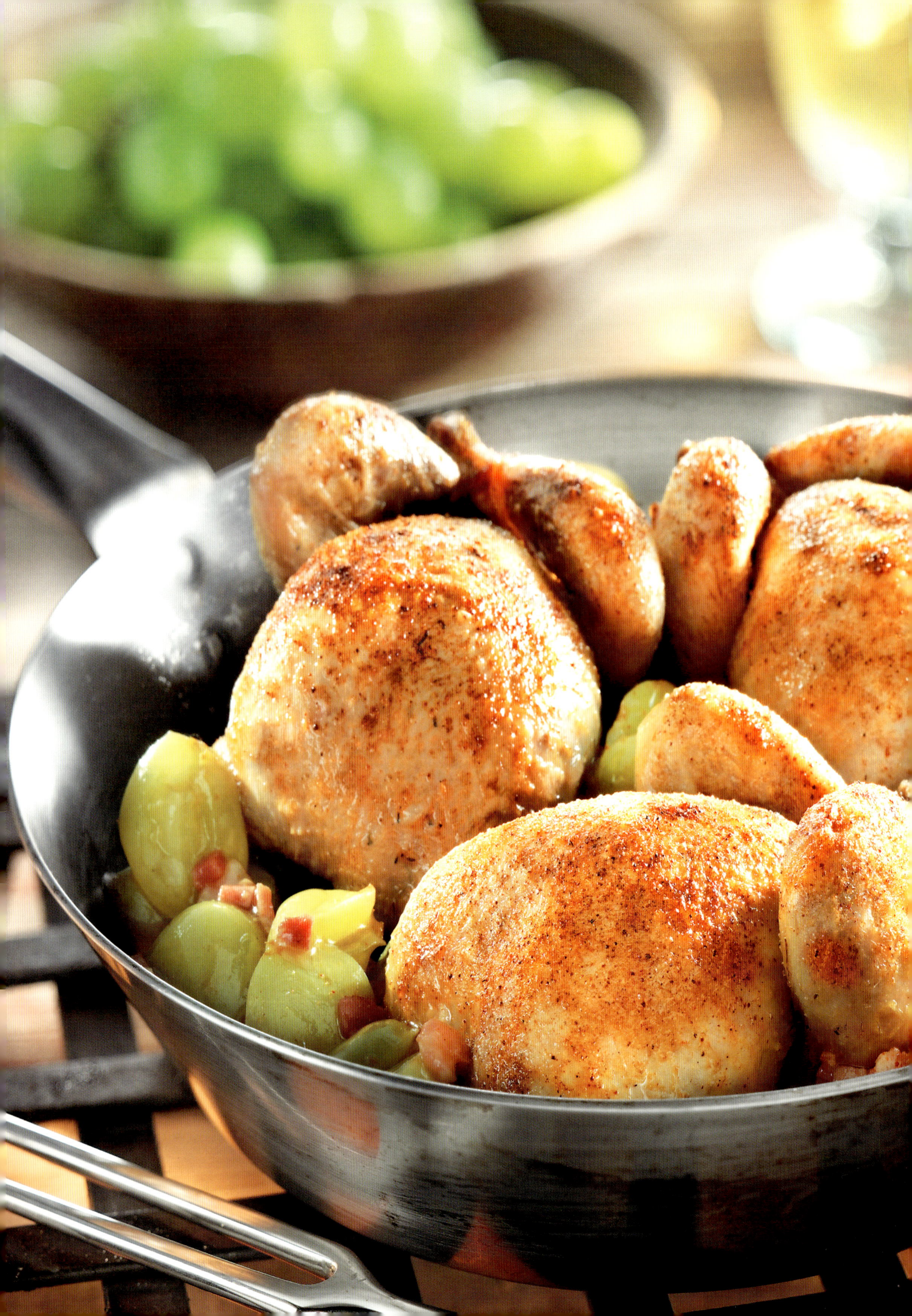

WACHTELN MIT TRAUBEN
AVAGLIE CON L'UVA

Die Wachteln waschen und trocken tupfen und mit Salz und Pfeffer einreiben. Die Petersilie waschen, trocken schütteln und je einen Zweig in eine Wachtel stecken. Das Öl in einem Bräter erhitzen. Den Schinkenspeck würfeln und darin etwa 5 Minuten schmoren. Die Wachteln zugeben und von allen Seiten gut anbraten, den Wein angießen und schmoren, bis die Flüssigkeit verkocht ist. Den Bräter mit einem Deckel verschließen und die Wachteln etwa 15 Minuten bei geringer Temperatur weiterschmoren. Die Brühe hinzufügen und die Wachteln weiterschmoren, bis sie gar sind (etwa 15–20 Minuten).

Die Trauben waschen, abtropfen lassen und die ganze Rispe in kochendem Wasser etwa 2 Minuten blanchieren. Dann die Trauben von der Rispe ablösen und halbieren.

Den Bratfond der Wachteln abgießen, entfetten und in einem Topf erhitzen. Die Trauben hineingeben und 2 Minuten köcheln. Trauben und Wachteln mit der Sauce anrichten.

Für 4 Portionen
6–8 küchenfertige Wachteln
Salz
Pfeffer
6–8 Petersilienzweige
60 ml Olivenöl
50 g Schinkenspeck
250 ml trockener Weißwein
250 ml Hühnerbrühe
350 g grüne kernlose Trauben an der Rispe

Zubereitungszeit: ca. 20 Minuten
(plus Schmor- und Garzeit)
Pro Portion ca. 573 kcal/2407 kJ
58 g E · 27 g F · 14 g KH

TIPP:
Anstelle der grünen Trauben können Sie auch eingeweichte türkische Rosinen verwenden.

RINDERBRATEN IM SPECKMANTEL

PUTENBRATEN IM SPECKMANTEL

REHBRATEN IM SPECKMANTEL

KALBSBRATEN MIT KRÄUTERKRUSTE

KALBSBRATEN IM BROTTEIG (KASTANIENMEHL)

KALBSBRATEN IM SCHINKENMANTEL

KALBSBRATEN IM SPECKMANTEL
LOMBATA DI VITELLO

Für 4–6 Portionen
1 kg falsches Filet vom Kalb*
Salz
Pfeffer
2 große dünne Scheiben Speck*
2 Mangoldblätter*
20 Salbeiblätter*
1 Rosmarinzweig*
2 Knoblauchzehen*
Olivenöl

Zubereitungszeit: ca. 20 Minuten
(plus Back- und Ruhezeit)
Pro Portion ca. 340 kcal/1428 kJ
54 g E · 13 g F · 2 g KH

Den Backofen auf 250 °C (Umluft 230 °C) vorheizen. Das Fleisch waschen, trocken tupfen und mit Salz und Pfeffer würzen. Die Speckscheiben auf einer Arbeitsfläche ausbreiten. Den Mangold waschen, trocken schütteln und die harten Blattrippen herausschneiden Die Salbeiblätter und den Rosmarin waschen, trocken schütteln und die Nadeln vom Rosmarin abzupfen. Salbei und Rosmarin fein hacken. Den Knoblauch schälen und blättrig schneiden. Die Mangoldblätter auf die Speckscheiben legen, dann Kräuter und Knoblauch darauf verteilen. Das Kalbfleisch auf den Speck legen und darin einwickeln. Mit Küchengarn festbinden.

Einen Bräter einölen und das Kalbfleisch hineinlegen. Im heißen Ofen 20 Minuten braten, dann auf 140 °C herunterschalten und weitere 40 Minuten schmoren. Den Ofen abschalten, den Braten noch 20 Minuten im Backrohr lassen. Anschließend in Scheiben schneiden.

Nach dem Grundrezept auf Seite 14 eine Polenta zubereiten und zum Fleisch servieren. Dazu passen geschmortes Gemüse und eine Tomatensauce.

* Die mit einem Sternchen versehenen Zutaten können ausgetauscht werden. Gewürze und Kräuter je nach Belieben.

KAPPA TOSKANA
FATTORIA KAPPA, TOSKANA

Hervorragend passt die Leber zum würzigen Bukett von Sauerkirsche, Cassis und Wacholder. Animalische Noten und ein Hauch Kaffee ist in der Nase zu finden. Am Gaumen tänzelt er zuerst, dann kommt er mit seiner ganzen Power und zeigt, was in dieser Cuvée steckt. Die Tannine sind noch etwas grün, und auch die Säure ist etwas zu mutig im Moment, aber mit ein paar Monaten Geduld wird sich das Potenzial zeigen.

LEBERSPIESSE MIT FENCHEL
SPIEDINI DI FEGATO CON IL SEDANO

Für 4 Portionen
3 Knoblauchzehen
1 El Fenchelsamen
3 Salbeiblätter
10 Lorbeerblätter
Salz
Pfeffer
4 Schalotten
800 g Kalbsleber
8 kleine Schweinswürstchen
8 Scheiben Vollkornbrot
Olivenöl

Zubereitungszeit: ca. 30 Minuten
(plus Backzeit)
Pro Portion ca. 748 kcal/3140 kJ
61 g E · 37 g F · 42 g KH

Den Backofen auf 200 °C (Umluft 180 °C) vorheizen. Die Knoblauchzehen schälen und hacken. Mit Fenchel, Salbei und 2 Lorbeerblättern im Mixer zu einer Paste verarbeiten und mit Salz und Pfeffer würzen. Die Schalotten schälen und halbieren. Leber putzen, waschen und trocken tupfen. In 8 gleich große Stücke schneiden und mit der Gewürzmischung einreiben. Abwechselnd Würstchen, Leberstücke, Lorbeerblatt und Schalottenhälften auf Holzspieße stecken. In eine feuerfeste Form legen und mit Öl beträufeln. Im Ofen etwa 60 Minuten backen und dabei wiederholt mit Flüssigkeit übergießen. Ab und zu wenden. Die Vollkornbrotscheiben rösten und zu den Spießen servieren

Passt gut zu Fenchelgemüse und Risotto.

Gegenüber der gewöhnlichen Küchenzwiebel sind SCHALOTTEN die „Edeldamen" der Lauchgewächse. Benannt sind sie nach der palästinensischen Hafenstadt Askalon, von wo aus sie ihre Reise um die Welt antraten und auch in Italien landeten. Die ovalen Zwiebeln wachsen in Bündeln an den Pflanzen und haben einen feinen, aromatischen Geschmack, der den der anderen Zutaten nicht übertönt.

SCHWEINSWÜRSTCHEN kennt in Italien jeder als *Salsiccia fresca*. Die fein gewürzten Würste werden vorwiegend zum Braten oder Grillen verwendet. Mit dem aus der Pelle gedrückten Brät werden auch Füllungen oder Pastasaucen zubereitet. Über die Zusammensetzung der Würzmischung schweigt – wie immer – der Metzger der Region.

BRUNELLO DI MONTALCINO
LA GERLA, TOSKANA

Im Geschmack trocken, harmonisch, samtig und von konzentriertem, gehaltvollem Körper macht der Brunello den Genuss des Wildgerichts komplett. Der Wein ist von intensiver rubin- bis granatroter Farbe, sein Bukett ist ätherisch mit süßlichen floralen Nuancen von Feilchen und Iris, untermalt mit einem zarten Duft nach Waldbeeren.

MARINIERTES WILDSCHWEINRAGOUT
CINGHIALE IN UMIDO

Den 250 ml Wein mit dem Essig und 1 l Wasser mischen. 1 Zwiebel und die Knoblauchzehen schälen. Zwiebel in Ringe schneiden. Die Petersilie waschen, trocken schütteln und die Blättchen fein hacken. 2 El Öl in einem Topf erhitzen und die Zwiebelringe mit den ganzen Knoblauchzehen und den Kräutern und Gewürzen darin unter Rühren andünsten. Sind die Zwiebeln gebräunt, die Wein-Essig-Mischung zugeben und salzen.

Einmal aufkochen und abkühlen lassen.

Das Fleisch waschen, trocken tupfen und für 1 bis 2 Tage in die Marinade legen (je nach Alter des Fleisches). Die zweite Zwiebel und die Möhren schälen, den Sellerie putzen und waschen, das Gemüse würfeln.

Das Fleisch aus der Marinade nehmen, trocken tupfen und in mundgerechte Stücke schneiden. Restliches Öl in einem Topf erhitzen und das Gemüse darin andünsten. Fleischstücke hinzufügen, kräftig anbraten. 250 ml Wein und Cognac zugeben, würzen und bei mittlerer Temperatur abgedeckt etwa 3 Stunden schmoren. Nach und nach 350 ml durchgesiebte Marinade und die Brühe angießen.

Kurz vor Ende der Garzeit die Kastanien in etwas Bratfond erhitzen. Das Fleisch mit der Sauce anrichten und die Kastanien dazureichen.

Für 4–6 Portionen
500 ml Rotwein
100 ml Rotweinessig
2 Zwiebeln
2 Knoblauchzehen
1 Bund Petersilie
4 El Olivenöl
3 Lorbeerblätter
4 Gewürznelken
1 kleine Zimtstange
1 Tl gemahlener Koriander
6 Wacholderbeeren
6 Pfefferkörner
Salz
1,5 kg Wildschweinfleisch
2 Möhren
1 Stangensellerie
4 cl Cognac
Pfeffer
350 ml Brühe
250 g gekochte Kastanien

Zubereitungszeit: ca. 30 Minuten
(plus Marinier- und Garzeit)
Pro Portion ca. 830 kcal/3486 kJ
82 g E · 29 g F · 33 g KH

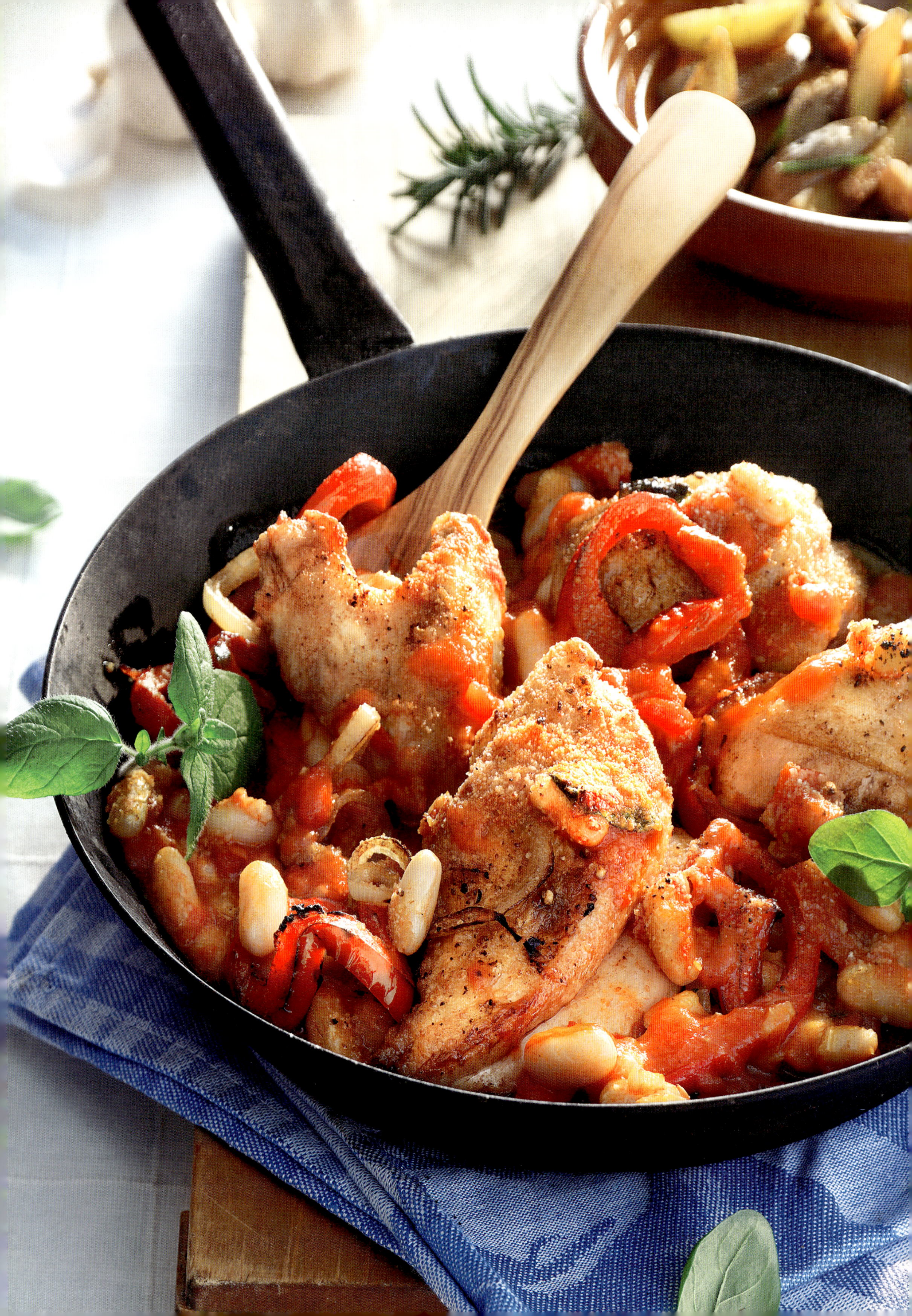

HÄHNCHEN AUF TOSKANISCHE ART
POLLO ALLA TOSCANA

Das Hähnchen waschen, trocken tupfen und in acht Stücke schneiden. Die Zwiebel schälen und in dünne Ringe schneiden. Die Paprikaschoten putzen, waschen, entkernen und in Ringe schneiden. Die Knoblauchzehe schälen und hacken.

Das Öl in einer Pfanne erhitzen und die Hähnchenteile darin von allen Seiten gut anbraten. Aus der Pfanne nehmen. Zwiebel- und Paprikaringe in die Pfanne geben und weich schmoren. Den Knoblauch unterrühren. Die Hähnchenstücke zurück in die Pfanne geben. Die Tomaten hinzufügen, den Wein angießen und den Oregano einstreuen. Mit Salz und Pfeffer würzen. Aufkochen und abgedeckt etwa 30 Minuten köcheln, bis das Fleisch weich ist. Die gekochten Bohnen unterheben und alles weitere 5 Minuten unter Rühren köcheln.

Inzwischen den Backofengrill auf höchster Stufe vorheizen. Das Brötchen auf der Küchenreibe reiben. Über die Hähnchenpfanne streuen und das Ganze unter dem Grill goldbraun werden lassen. Sofort servieren.

Für 4 Portionen
1 küchenfertiges Hähnchen, ca. 1,5 kg
1 Zwiebel
2 rote Paprikaschoten
1 Knoblauchzehe
2 El Olivenöl
300 g Tomatenstücke aus der Dose
150 ml Weißwein
1 Oreganozweig, die Blättchen abgezupft
Salz
Pfeffer
400 g gegarte Cannellinibohnen
1 altbackenes Brötchen

Zubereitungszeit: ca. 30 Minuten (plus Schmor- und Grillzeit)
Pro Portion ca. 870 kcal/3654 kJ
85 g E · 43 g F · 28 g KH

Werden in einem Rezept altbackene BRÖTCHEN verlangt, ob für eine Füllung oder zum Reiben, nimmt man am besten Milch- oder Wasserbrötchen. Brötchen aus Hefeteig sind als Brösel nicht geeignet.

TOMATENSTÜCKE aus der Dose werden aus reifen Eiertomaten hergestellt und sind für die Zubereitung einer Tomatensauce oder wenn es einmal schnell gehen soll bestens geeignet.

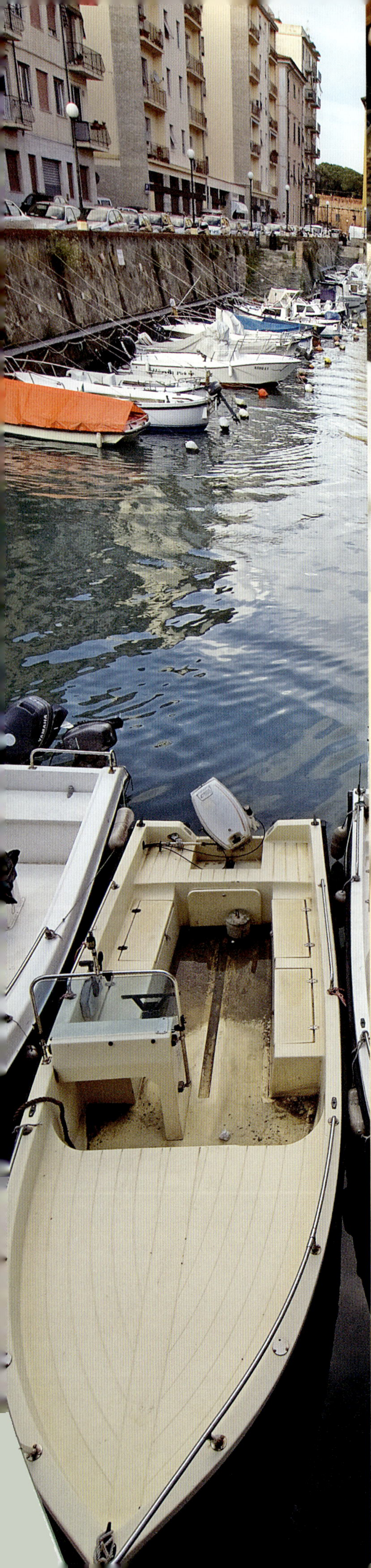

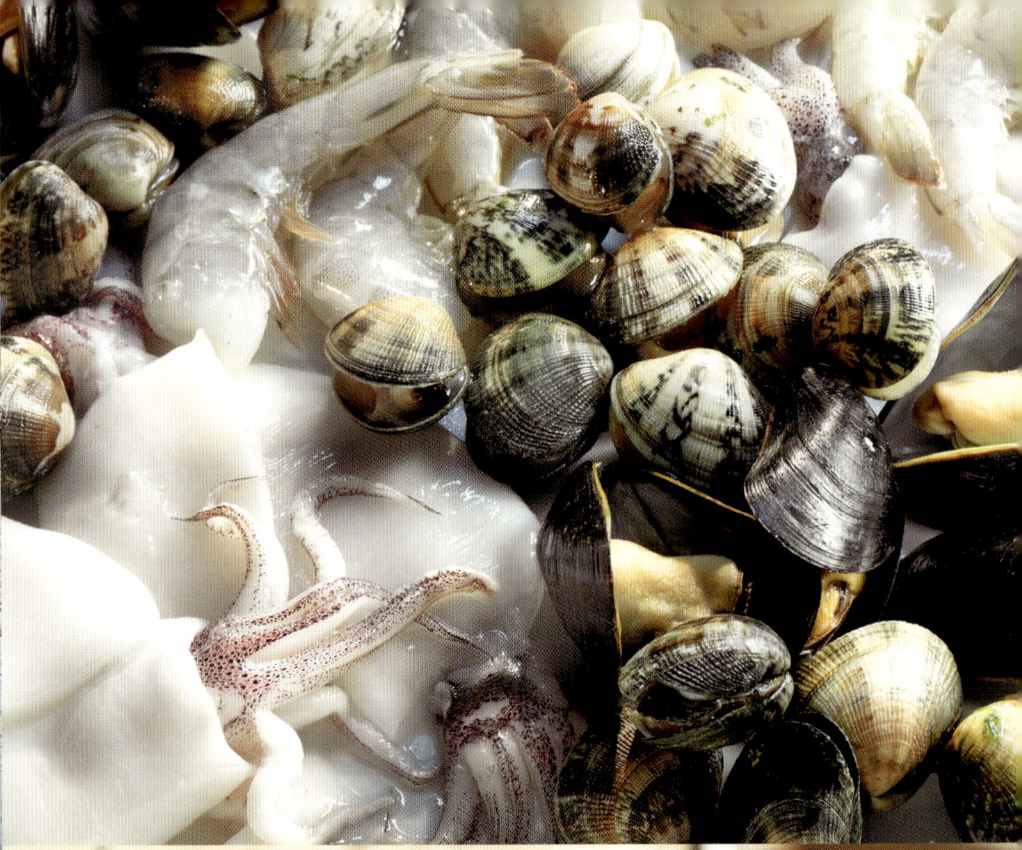

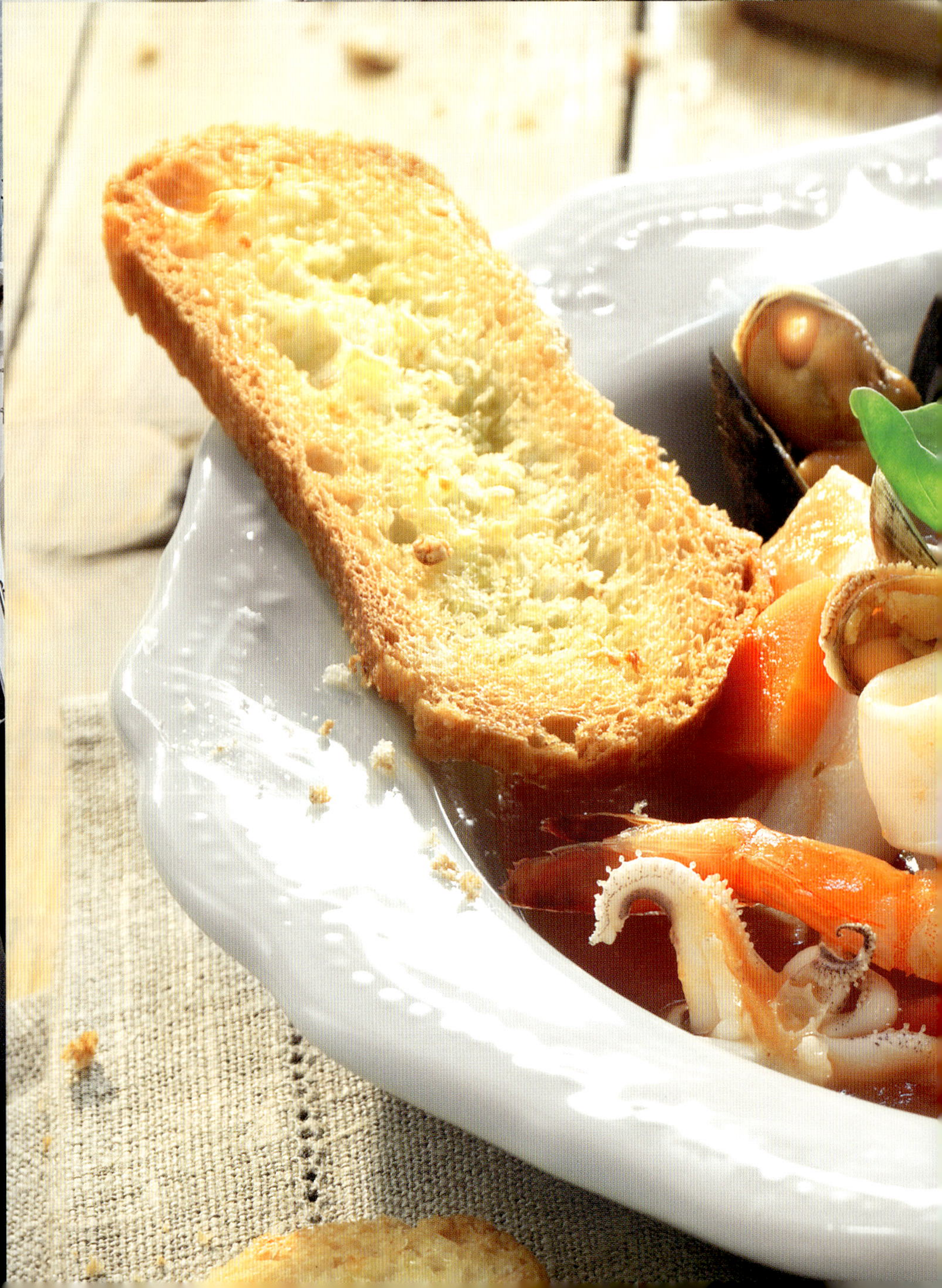

GEMISCHTER FISCHTOPF
CACCIUCCO ALLA LIVORNESE

Fische und Meeresfrüchte gut waschen, Muscheln abbürsten. Große Fische in Stücke schneiden, kleine Fische ganz lassen. Die Hälfte des Öls in einen großen Topf geben und erhitzen. Die Knoblauchzehen schälen und ganz im heißen Öl anschmoren. Getrocknete Chilischoten hineinbröseln und mitschmoren. Geputzte Tintenfische, Augen und Fangarme entfernt, zugeben. Nach 5 Minuten 400 ml Wein angießen und die Tomaten samt Saft hinzufügen. Alles 30 Minuten köcheln.

100 ml Öl in einem zweiten Topf erhitzen. Zwiebel und Möhre schälen, Sellerie putzen und waschen. Das Gemüse würfeln. Petersilie waschen, trocken schütteln und hacken. Gemüse und Petersilie im Fett andünsten. Zitronensaft, die Fische und Fischstücke zugeben. Etwa 10 Minuten garen, dann Fische herausnehmen, das Fleisch von den Gräten lösen und beiseite stellen. Gräten wieder in den Topf geben, 100 ml Wein und etwas Wasser zugießen und abgedeckt 20 Minuten köcheln. Brühe durch ein Sieb gießen. In den Topf füllen und darin die Muscheln garen, bis sich alle Schalen geöffnet haben (ungeöffnete wegwerfen). Tintenfische aus dem Tomatensud nehmen, in Ringe schneiden und zu den Muscheln geben. Tomatensud durch ein Sieb streichen, zu Muscheln und Tintenfischen geben und das Fischfleisch hinzufügen. Mit Pfeffer, Salz und Cayennepfeffer pikant abschmecken. Auf Teller verteilen und mit Knoblauchbrot servieren.

Für 4–6 Portionen
1 kg Fische und Meeresfrüchte (z. B. Tintenfische, Merlan, Brasse, Garnelen, Miesmuscheln, Venusmuscheln)
250 ml Olivenöl
5 Knoblauchzehen
1 getrocknete rote Chilischote
500 ml Weißwein
800 g geschälte Tomaten aus der Dose
1 Zwiebel
1 Möhre
2 Stangensellerie
½ Bund Petersilie
Saft von 1 Zitrone
Salz, Pfeffer
Cayennepfeffer

Zubereitungszeit: ca. 40 Minuten (plus Kochzeit)
Pro Portion ca. 903 kcal/3793 kJ
36 g E · 66 g F · 23 g KH

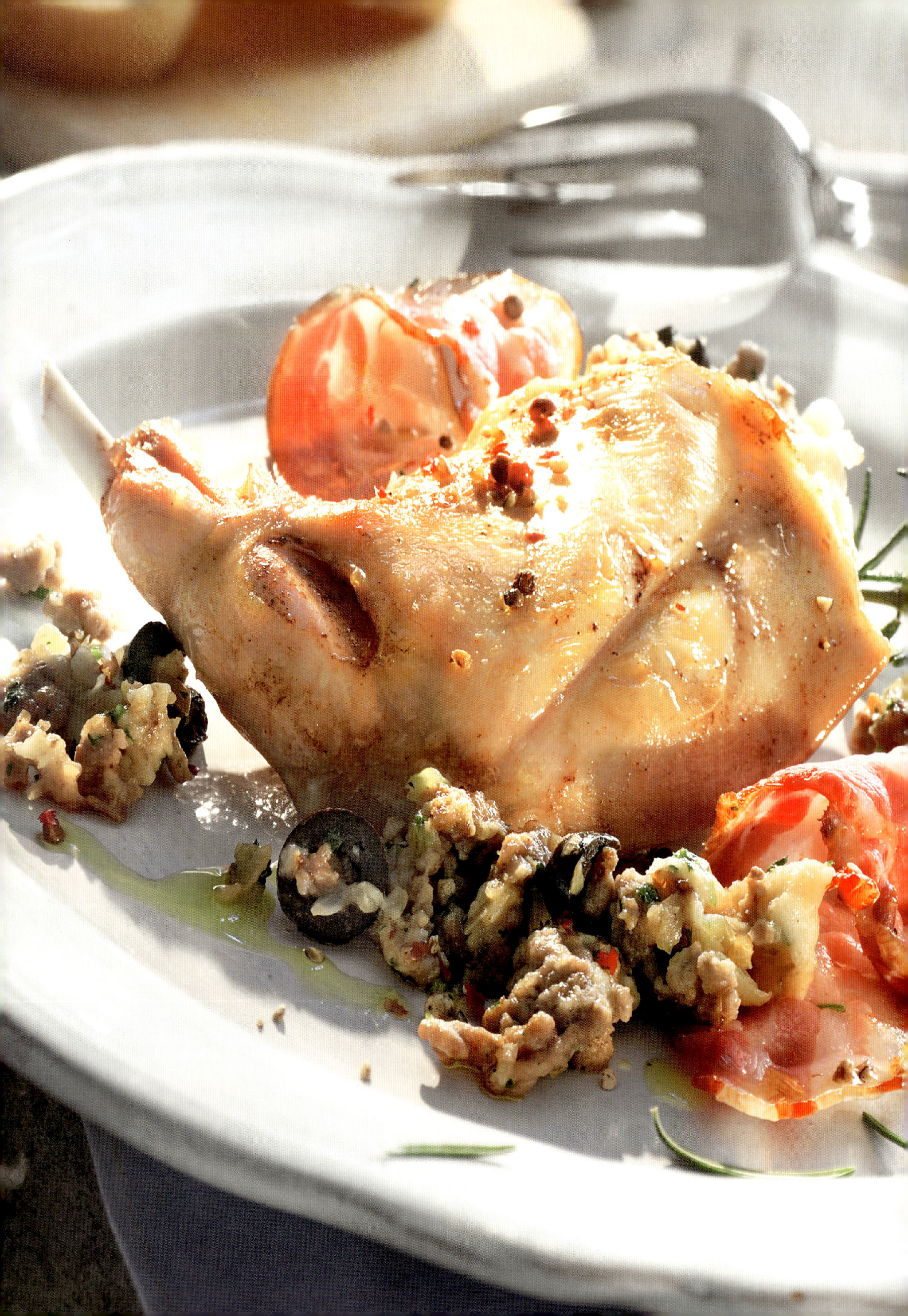

GEFÜLLTES KANINCHEN
CONIGLIO FARCITO

Die Brötchen in Wasser einweichen. Zwiebel schälen und hacken. Petersilie waschen, trocken schütteln und hacken. Das Öl in einer Pfanne erhitzen und Zwiebel sowie Petersilie darin andünsten. Das Kalbshackfleisch dazugeben und gut durchbraten. 100 ml Wein angießen. Salzen und pfeffern. Pfanne vom Herd nehmen und Brötchen ausdrücken und unter die Fleischmasse heben. Den Käse und die fein gehackten Salbeiblätter untermischen. Oliven in Scheiben schneiden und ebenfalls zu der Masse geben. Das Kaninchen waschen, trocken tupfen, mit Salz und Pfeffer würzen. Die Taschen mit den Speckscheiben auslegen, darauf die Füllung geben. Das Fleisch mit Küchengarn zusammenbinden und die Rosmarinzweige darunterstecken.

Das Kaninchen in einen Schmortopf legen und bei geringer Temperatur etwa 40 Minuten darin abgedeckt schmoren. Während des Garens mit der Fleischbrühe und dem restlichen Wein begießen. In Scheiben schneiden und servieren. Kann kalt und warm gegessen werden.

Für 4–6 Portionen
2 altbackene Brötchen
1 Zwiebel
1 Bund Petersilie
2 El Olivenöl
250 g Kalbshackfleisch
150 ml Weißwein
Salz
Pfeffer
100 g geriebener Parmesan
5 Salbeiblätter
4 schwarze Oliven ohne Stein
1 kg Kaninchenfleisch ohne Knochen, eine Tasche hineingeschnitten
4 Scheiben Speck
2 Rosmarinzweige
250 ml Fleischbrühe

Zubereitungszeit: ca. 30 Minuten
(plus Schmor- und Bratzeit)
Pro Portion ca. 768 kcal/3224 kJ
76 g E · 42 g F · 17 g KH

TIPP:
Wenn Sie kein Kaninchenfleisch ohne Knochen bekommen, nehmen Sie ein ganzes Tier und schneiden eine Tasche in die Bauchhöhle.

STOCKFISCH MIT STANGENSELLERIE   STOCKFISCH MIT KICHERERBSEN   STOCKFISCH MIT OLIVEN

LENGFISCH MIT LINSEN UND MÖHREN · LENGFISCH MIT KARTOFFELN · LENGFISCH MIT PAPRIKAGEMÜSE

STOCKFISCH MIT KARTOFFELN
BACCALÀ CON PATATE

Für 4 Portionen
700 g Stockfisch*
250 g Kartoffeln*
4 Rosmarinzweige*
1/2 Bund Petersilie*
4 Knoblauchzehen
500 g Tomaten
275 ml Olivenöl
150 ml Weißwein*
Salz
Pfeffer
Zucker nach Geschmack
3 El Mehl

Zubereitungszeit: ca. 30 Minuten (plus Zeit zum Einlegen, Schmoren und Garen)
Pro Portion ca. 1115 kcal/4683 kJ
37 g E · 40 g F · 24 g KH

Den Stockfisch 24 Stunden in kaltem Wasser wässern. 2–3 Mal das Wasser austauschen. Anschließend den Fisch aus dem Wasser nehmen, abtropfen lassen und in einen Topf geben. Mit kaltem Wasser bedecken und aufkochen. Dann das Wasser abgießen, den Fisch abtropfen lassen und in mundgerechte Stücke schneiden.

Die Kartoffeln schälen, halbieren und in wenig gesalzenem Wasser weich garen. Die Kräuter waschen, trocken schleudern und hacken. Knoblauch schälen und hacken. Die Tomaten mit kochendem Wasser übergießen, von Häuten, Stielansatz und Kernen befreien und das Fruchtfleisch würfeln. 2 El Öl in einem Topf erhitzen und den Knoblauch darin andünsten. Tomaten zugeben, den Wein angießen und mit Salz, Pfeffer und Zucker abschmecken. 25 Minuten köcheln.

Restliches Öl in einem Topf erhitzen. Mehl mit etwas Pfeffer in einen Teller geben. Die Fischstücke in Mehl wenden, abklopfen und im heißen Fett goldbraun frittieren. Auf Küchenpapier abtropfen lassen. Fischstücke mit den gegarten Kartoffeln in die Tomatensauce geben und kurz darin ziehen lassen. Servieren.

* Die mit einem Sternchen versehenen Zutaten können ausgetauscht werden. Gewürze und Kräuter je nach Belieben.

VINO NOBILE DI MONTEPULCIANO
PODERI SANGUINETO, TOSKANA

Dieser Vino Nobile präsentiert sich tiefrot im Glas und wird von delikaten Aromen dunkler Beeren, Würze und Zedernholz getragen. Am Gaumen wirkt er fruchtig mit konzentrierten Aromen und einer zarten Vanillenote. Samtige Tannine machen ihn zu einem guten Essensbegleiter.

HACKBÄLLCHEN MIT RICOTTA POLPETTINE DI RICOTTA

Für 4 Portionen
300 g Rinderhackfleisch
300 g Ricotta
1 Ei
50 g geriebener Parmesan
Salz
Pfeffer
1 Tl getrockneter Thymian
50 g Mehl
500 ml Olivenöl

Zubereitungszeit: ca. 15 Minuten
(plus Zeit zum Ausbacken)
Pro Portion ca. 450 kcal/1890 kJ
31 g E · 32 g F · 10 g KH

Das Hackfleisch mit dem Ricotta, dem Ei und dem Parmesan mischen und mit Salz, Pfeffer und Thymian würzen.

Mehl auf einen Teller geben. Das Öl in einem Topf erhitzen. Mit angefeuchteten Händen aus der Masse Bällchen formen und in Mehl wenden. Im heißen Fett in ca. 5 Minuten ausbacken. Auf Küchenpapier abtropfen lassen. Mit Tomatensauce und Risotto servieren.

Der Frischkäse RICOTTA, wörtlich übersetzt „die Aufgekochte", wird aus der Molke von Kuh-, Schaf- oder Büffelmilch gewonnen. Diese wird langsam erhitzt, bis das Eiweiß gerinnt und ausflockt. Die Masse wird gut umgerührt und darf noch 10 Minuten ruhen, bevor sie durch ein spezielles Sieb abgegossen wird. Nun noch abtropfen lassen, fertig ist der Ricotta.

PARMESAN – sein richtiger Name ist *grana parmigiano reggiano*, körniger Hartkäse aus der Region Parma – wird aus Rohmilch von der Kuh hergestellt. Die großen Käseräder reifen mindestens 6 Monate, bevor sie in den Verkauf gehen. Parmesan wird gern zum Bestreuen von Pasta und Überbacken verwendet, doch schmeckt er noch besser, wenn man ihn pur zu frischem Brot, Oliven und Wein isst.

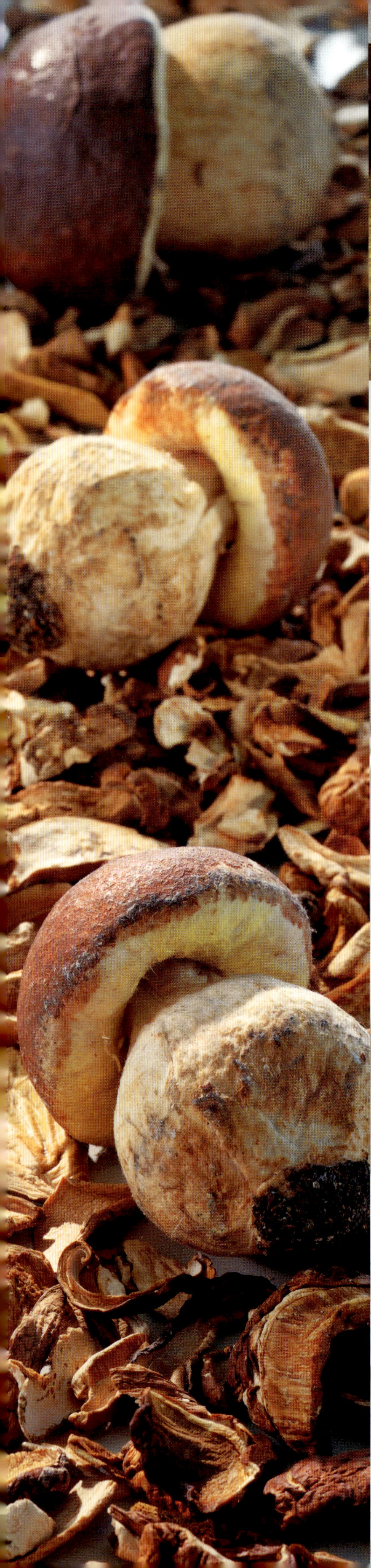
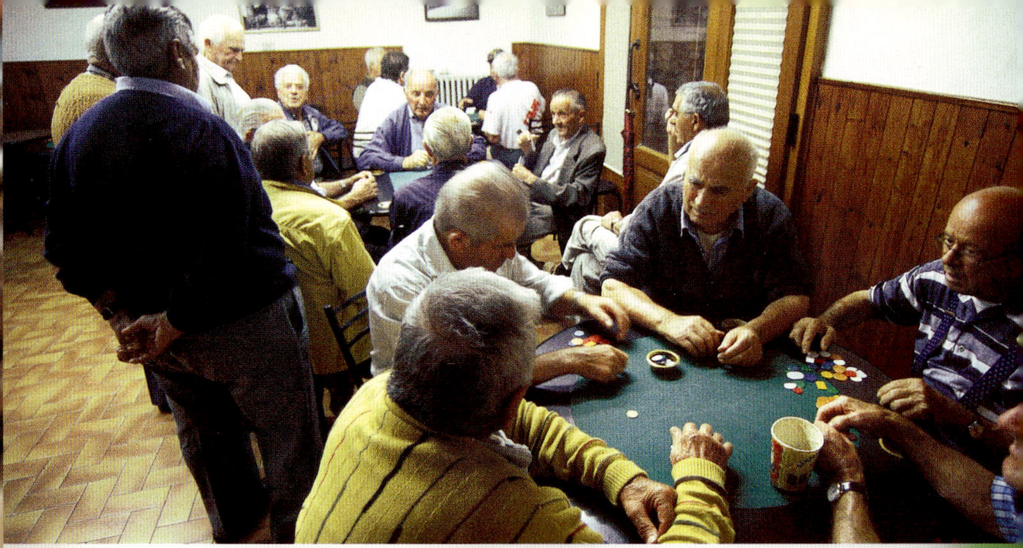
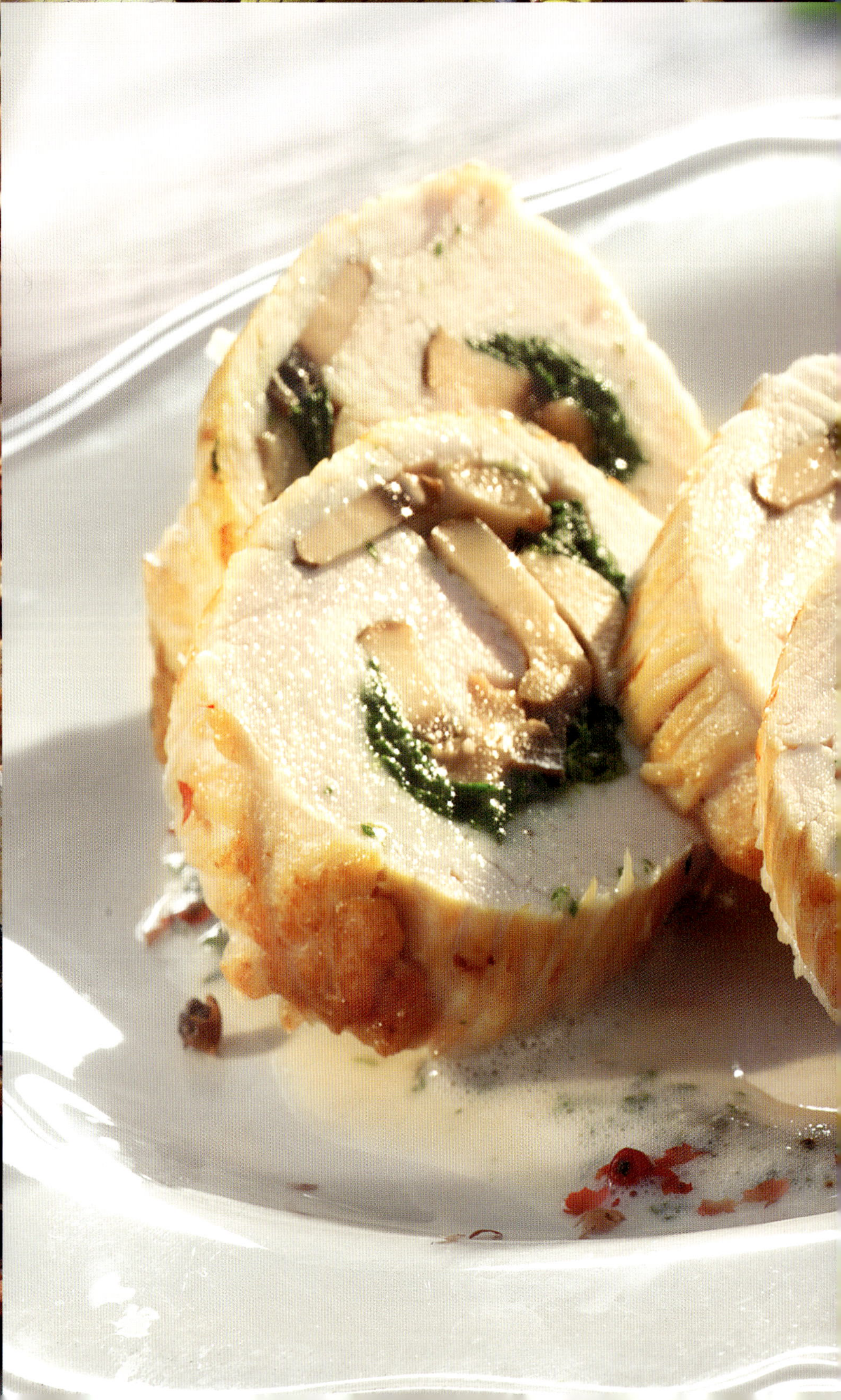

PUTENBRATEN IN MILCH
TACCHINO AL LATTE

Den Putenrollbraten waschen, trocken tupfen und rundherum mit Salz und Pfeffer einreiben und auf einer Arbeitsfläche auslegen. Spinatblätter putzen, waschen und gut trocken schütteln. Auf das Fleisch legen. Die Pilze putzen, feucht abreiben und in Scheiben schneiden. Auf den Spinat legen, Thymian darüberstreuen. Den Rollbraten zusammenrollen und mit Küchengarn verschließen.

Das Öl in einem Bräter erhitzen und das Fleisch darin von allen Seiten gut anbraten. Die Kräuter waschen, trocken schütteln und die Blättchen von den Stängeln zupfen. Zum Braten geben. Die Milch angießen und den Braten bei geringer Temperatur auf dem Herd ohne Deckel etwa 2 Stunden schmoren. Nach 1 Stunde wenden.

Braten in Scheiben schneiden. Die Sauce mit dem Mixstab aufschlagen und zum Braten servieren.

Für 4 Portionen
1 kg Putenrollbraten
Salz
Pfeffer
100 g Spinatblätter
150 g Steinpilze
¼ Tl getrockneter Thymian
4 El Olivenöl
2 Salbeizweige
2 Rosmarinstängel
500 ml Milch
Zutaten

Zubereitungszeit: ca. 20 Minuten
(plus Brat- und Schmorzeit)
Pro Portion ca. 738 kcal/3098 kJ
57 g E · 54 g F · 6 g KH

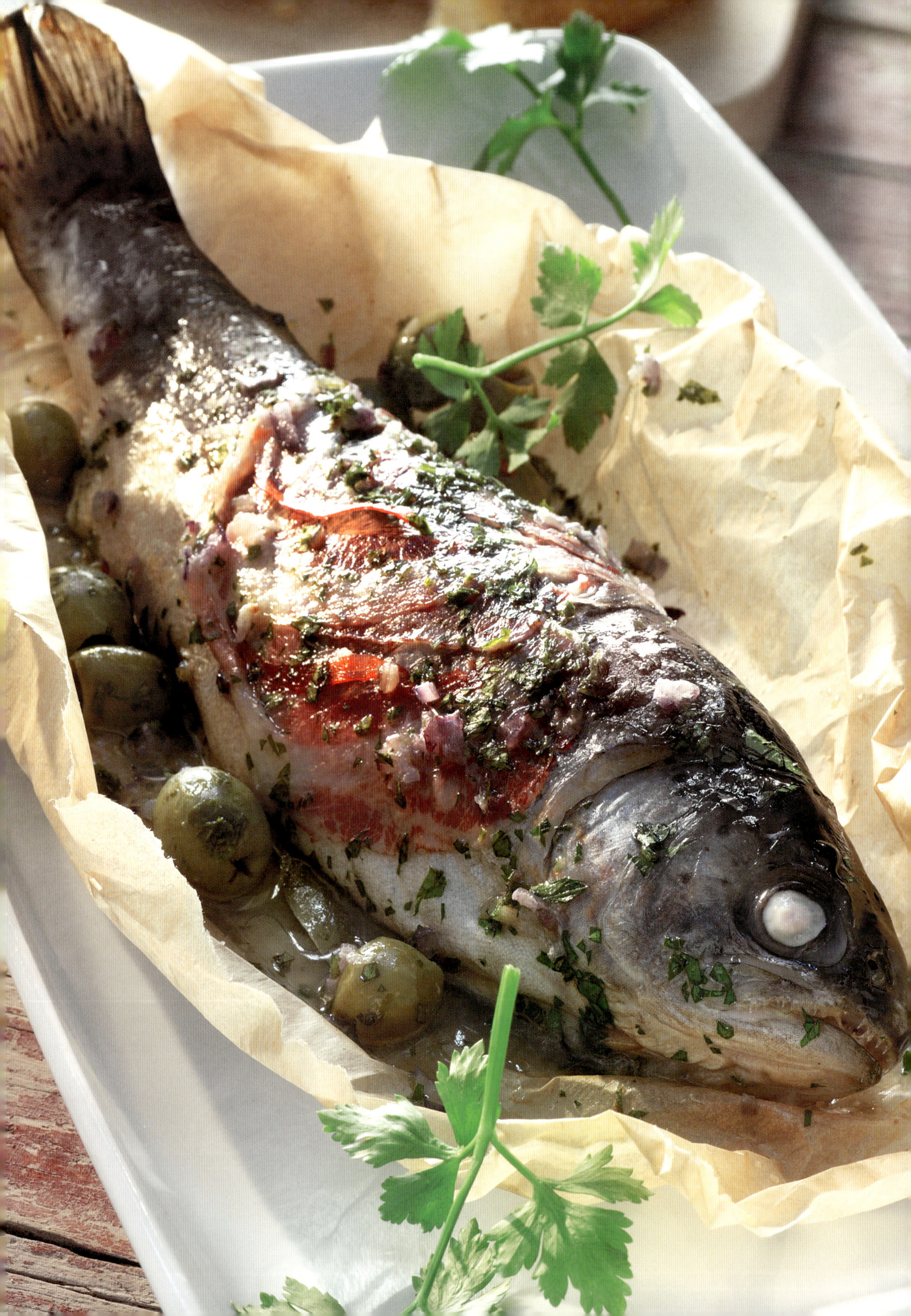

GEBACKENE FORELLE MIT OLIVEN
TROTA IN CARTOCCIO CON OLIVE

Die Forellen waschen und trocken tupfen. Den Backofen auf 200 °C (Umluft 180 °C) vorheizen. 4 ausreichend große Stücke Backpapier zurechtschneiden, in die die Forellen eingewickelt werden können. Das Backpapier mit Öl einstreichen.

Auf jedes Stück Papier eine Forelle legen. In die Bauchhöhle jeder Forelle 1 Lorbeerblatt legen und die Fische mit Salz und Pfeffer würzen. Jede Forelle mit 1 Scheibe Pancetta umwickeln.

Die Schalotten schälen und hacken. Die Petersilie waschen, trocken schütteln und hacken. Beides auf die Forellen streuen, den Wein vorsichtig angießen. Die Oliven darauflegen und die Papierhüllen um die Forellen gut verschließen, sodass keine Flüssigkeit austreten kann.

Die eingewickelten Forellen auf ein Backblech legen und im Ofen 25 Minuten backen. Die Forellenpäckchen auf Teller legen und erst am Tisch öffnen.

Für 4 Portionen
4 küchenfertige Forellen à 275 g
75 ml Olivenöl
4 Lorbeerblätter
Salz
Pfeffer
4 Scheiben Pancetta
2 Schalotten
1 Bund glatte Petersilie
120 ml Weißwein
24 grüne Oliven ohne Stein

Zubereitungszeit: ca. 15 Minuten (plus Backzeit)
Pro Portion ca. 835 kcal/3507 kJ
59 g E · 64 g F · 3 g KH

PANCETTA wird in Italien der Bauchspeck des Schweins genannt, nachdem er gewürzt, luftgetrocknet oder geräuchert wurde. Welche Gewürze man ihm zugibt, ist von Metzger zu Metzger verschieden.

GRÜNE OLIVEN findet man in unterschiedlichen Laken eingelegt, mit Kräutern oder Knoblauch aromatisiert. Italiener lieben *Olive all´ascolana* als Snack, mit einer Füllung aus Fleisch, Gemüse oder Käse versehene, panierte und frittierte Oliven.

CHIANTI CLASSICO „ARGENINA"
PODERE IL PALAZZINO, TOSKANA

Ein weicher, fruchtiger Chianti mit reifen Pflaumen und Beerenaromen, zarter Würze und mittlerem Körper. Die Gerbstoffe sind weich und rund und schon recht gut eingebunden.

GESCHMORTE KALBSHAXE
OSSOBUCCO

Für 4 Portionen
1 Kalbshaxe, quer in vier Teile zerlegt
4 El Olivenöl
2 Zwiebeln
4 Knoblauchzehen
1 Möhre
2 Stangensellerie
1 Bund glatte Petersilie
2 El Tomatenmark
2 Rosmarinstängel
220 ml Rotwein

Zubereitungszeit: ca. 25 Minuten
(plus Schmor- und Garzeit)
Pro Portion ca. 708 kcal/2972 kJ
80 g E · 36 g F · 9 g KH

Die Fleischscheiben waschen, trocken tupfen, dabei eventuell vorhandene Knochensplitter entfernen. Das Öl in einem Bräter erhitzen und die Fleischscheiben nebeneinander im Bräter von einer Seite anbraten. Das Fleisch wenden und von der anderen Seite anbraten.

Zwiebeln, Knoblauch und Möhre schälen. Den Sellerie putzen und waschen. Zwiebeln und Knoblauch in dünne Scheiben schneiden, Möhre und Sellerie würfeln. Das Gemüse mit Zwiebeln und Knoblauch in den Bräter geben. Die Petersilie waschen, trocken schütteln und hacken. Zum Fleisch geben. Das Tomatenmark einrühren. Die Rosmarinstängel dazulegen. Den Wein angießen und die Fleischscheiben bei geschlossenem Deckel etwa 60 Minuten schmoren, bis sie weich sind.

Mit Brot servieren.

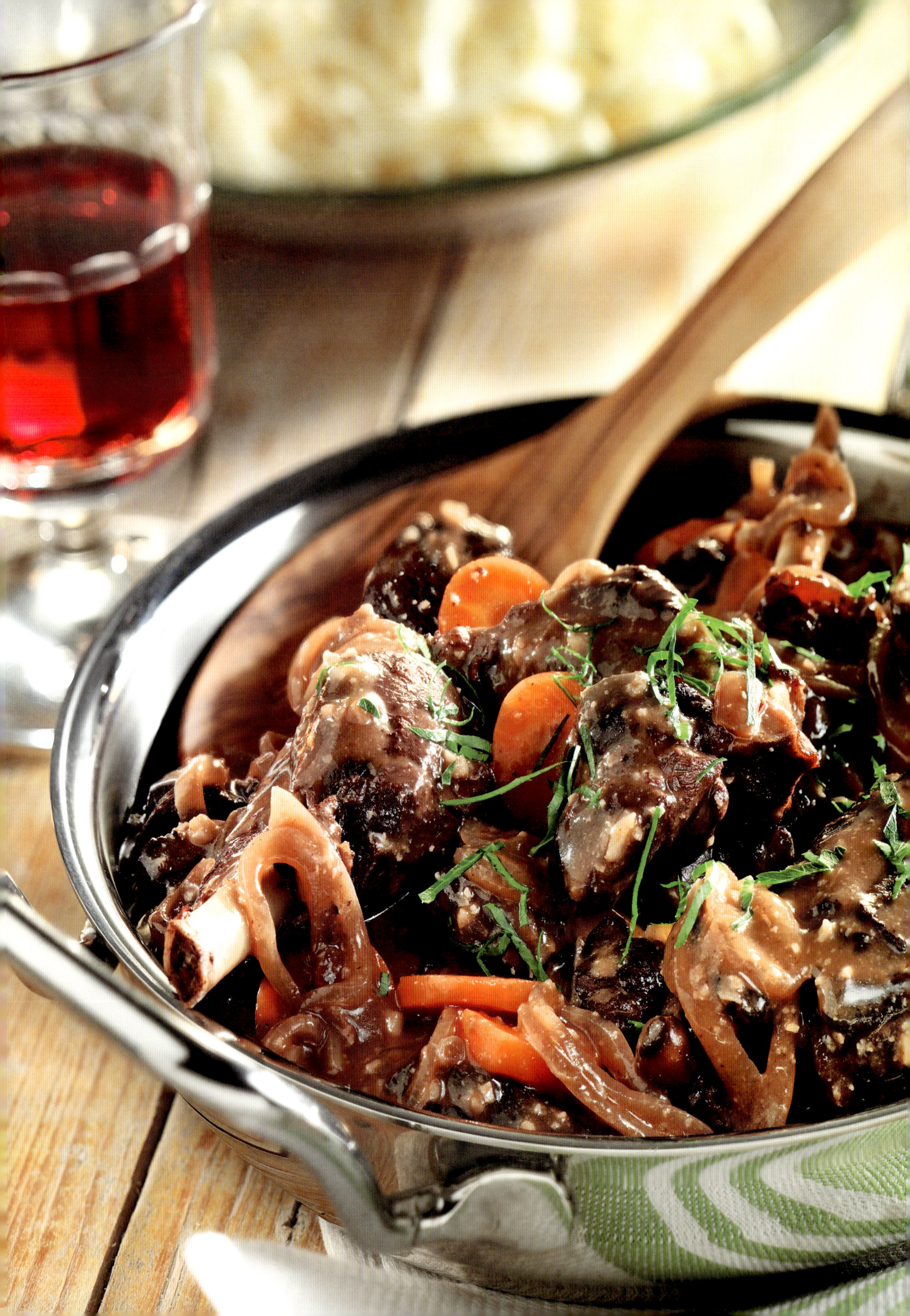

HASENRAGOUT MIT MANDELSAUCE
LEPRE CON LE MANDORLE

Für die Marinade 1 Zwiebel, 2 Knoblauchzehen schälen und hacken. Pfefferkörner zerstoßen und mit 3 Lorbeerblättern, 1 l Wein, dem Rotweinessig und ½ Tl Salz mischen. Marinade in einem Topf aufkochen und abkühlen lassen.

Den Hasen mit Essigwasser waschen, trocken tupfen und in 6–8 Teile zerteilen. In die Marinade legen und über Nacht marinieren lassen. Die Innereien kühl stellen.

Das Fleisch am nächsten Tag aus der Marinade nehmen und gründlich waschen. Fleisch trocken tupfen. Die Marinade durchsieben.

Die zweite Zwiebel und 2 Knoblauchzehen schälen und fein hacken. 1 Möhre schälen, den Stangensellerie putzen, waschen und beides würfeln. Die Haseninnereien waschen, trocken tupfen und würfeln. Das Öl in einem Bräter erhitzen. Zwiebel und Knoblauch darin glasig schmoren. Das Gemüse zugeben und 3 Minuten mitschmoren. Die Innereien in den Bräter geben und anbraten. Die Hasenteile in den Bräter legen und von allen Seiten gut anbraten. Kräuter, restliche Lorbeerblätter und Nelken hinzufügen. Die Hälfte der Marinade angießen, mit Salz und Pfeffer würzen. Aufkochen und den Hasen bei mittlerer Temperatur etwa 2 Stunden schmoren. Während des Garens nach und nach mit Fond und dem restlichen Rotwein begießen.

Mandeln, Pinienkerne und Wacholderbeeren im Mörser zerstoßen. Restliche Zwiebel und Möhre schälen und beides in dünne Scheiben schneiden. In der heißen Butter andünsten und beiseite stellen.

Hasenfleisch aus dem Bräter nehmen und den Bratfond durch ein Sieb gießen. 200 ml Bratfond abnehmen, das Mehl einrühren und aufkochen. Geschmortes Gemüse und Mandel-Würzmischung hinzufügen und mit Brühe auffüllen. Amaretto einrühren. Das Fleisch mit der Mandelsauce servieren.

Für 6 Portionen
3 Zwiebeln
4 Knoblauchzehen
weiße Pfefferkörner
6 Lorbeerblätter
1,25 l Rotwein
125 ml Rotweinessig
Salz
1 Hase (ca. 2,5 kg) mit Innereien
2 El Essig
2 Möhren
1 Stange Staudensellerie
6 El Olivenöl
je 1 Tl gehackte Minze, Estragon, Thymian
3 Lorbeerblätter
4 Gewürznelken
Salz
Pfeffer
250 ml Wildfond
100 g geschälte Mandeln
50 g Pinienkerne
6 Wacholderbeeren
50 g Butter
1 Tl Mehl
125 ml Fleischbrühe
2 El Amaretto

Zubereitungszeit: ca. 30 Minuten (plus Marinier-, Schmor- und Garzeit)
Pro Portion ca. 1017 kcal/4270 kJ
103 g E · 48 g F · 12 g KH

LAMMROLLBRATEN MIT SALBEI

LAMMROLLBRATEN MIT ZWIEBELN UND STEINPILZEN

LAMMROLLBRATEN MIT SCHWARZEN OLIVEN

LAMMROLLBRATEN MIT TOMATEN UND KNOBLAUCH

LAMMROLLBRATEN MIT ZIEGENKÄSE

LAMMROLLBRATEN MIT WEISSEN BOHNEN

LAMMBRATEN MIT ROSMARIN
BRASATO D'AGNELLO AL ROSMARINO

Für 4 Portionen
2 Knoblauchzehen*
750 g Lammrollbraten
Salz
Pfeffer
2 Rosmarinzweige*
3 El Olivenöl
2 El Senf*
100 ml Weißwein*

Zubereitungszeit: ca. 15 Minuten
(plus Schmor- und Garzeit)
Pro Portion ca. 535 kcal/2247 kJ
35 g E · 42 g F · 2 g KH

CHIANTI CLASSICO RISERVA
CLEMENTE VII
CASTELLI DI GREVEPESA, TOSKANA

Dieser Chianti ist benannt nach dem Medicipapst Clemens VII., er ziert immer noch das Etikett. Im Glas strahlt der Wein in kräftigem Rubinrot. Die typischen Kirschnoten, der feine Veilchenduft und die delikaten Aromen von Schokolade und Vanille machen Lust auf einen ersten Schluck. Der ist vollmundig, komplex und bleibt lange am Gaumen.

Die Knoblauchzehen schälen und in feine Stifte schneiden. Den Backofen auf 240 °C (Umluft 220 °C) vorheizen. Das Lammfleisch waschen, trocken tupfen und mit Salz und Pfeffer einreiben. Die Nadeln von 1 Rosmarinzweig abzupfen. Das Lammfleisch mit Knoblauchstiften und Rosmarinnadeln spicken. Das Fleisch mit dem Öl einstreichen.

Fleisch in einen Bräter legen und 15 Minuten im Ofen anbraten. Einmal wenden. Dann den zweiten Rosmarinzweig zum Fleisch legen, das Fleisch mit dem Senf bestreichen und bei 200 °C (Umluft 180 °C) 20 bis 30 Minuten braten. Nach dem Garen das Fleisch aus dem Bräter nehmen und in Alufolie gewickelt im ausgeschalteten Backofen 10 Minuten ruhen lassen.

Den Bratensatz durch ein Sieb gießen, mit dem Wein aufkochen und etwas einkochen lassen. Lammbraten in Scheiben schneiden und mit der Sauce servieren.

* Die mit einem Sternchen versehenen Zutaten können ausgetauscht werden. Gewürze und Kräuter je nach Belieben.

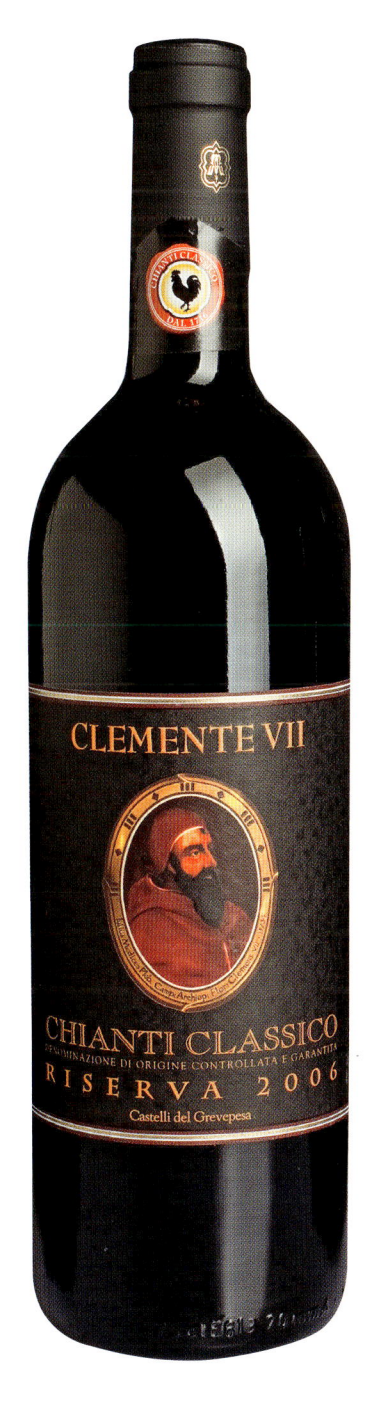

DORADENFILETS MIT DICKEN BOHNEN
ORATA CON LE FAVE

Für 4 Portionen
8 Doradenfilets mit Haut
Salz
Pfeffer
6 El Olivenöl
250 g frisch ausgelöste dicke Bohnenkerne
3 Tomaten
2 El frisch gehackte Petersilie
2 El Vin Santo
1 Handvoll Basilikumblätter

Zubereitungszeit: ca. 20 Minuten
(plus Brat- und Schmorzeit)
Pro Portion ca. 630 kcal/2646 kJ
86 g E · 23 g F · 19 g KH

Den Backofen auf 200 °C (Umluft 180 °C) vorheizen. Die Fischfilets trocken tupfen und mit Salz und Pfeffer einreiben. Eine Auflaufform mit 2 El Öl einstreichen. Die Fischfilets mit der Hautseite nach oben hineinsetzen und im Ofen 5 Minuten garen.

Die Bohnenkerne aus ihrer inneren Haut lösen und halbieren. In kochendem Salzwasser 10 Minuten garen. Abgießen und abtropfen lassen. Die Tomaten mit heißem Wasser übergießen, Haut, Stielansatz und Kerne entfernen und das Tomatenfruchtfleisch würfeln. Bohnen und Tomaten mischen und mit Salz, Pfeffer und Petersilie vermengen.

Das restliche Olivenöl erhitzen und die Tomaten-Bohnen-Mischung darin unter Rühren 3 Minuten schwenken. Mit Vin Santo ablöschen. Gemüse auf Teller geben und die Fischfilets darauf anrichten. Mit Basilikumblättern garniert servieren.

DICKE BOHNEN (*fave*) schmecken am besten, wenn sie frisch aus den Schoten gelöst und sofort gekocht werden. Das ist leider nur zu ihrer Erntezeit im Frühjahr und Sommer möglich. Dann sollte man sich diesen Genuss aber nicht entgehen lassen. Die Bohnen selbst haben noch eine weiße Haut, die ebenfalls entfernt werden muss, da sie beim Kochen nicht weich wird. Beim Einkauf beachten: Die Schoten wiegen schwer.

Die DORADE (*orata*) ist bei Fischkennern auch als Goldbrasse oder Graubarsch bekannt. Aber egal, wie man sie nennt, sie gehört zu den beliebtesten und feinsten Speisefischen überhaupt. Ihr Fleisch ist fest, weiß und fettarm. Grätenvielfalt sucht man vergeblich. Sie wird ganz zum Schmoren, Braten und Grillen verwendet. Ihre Filets harmonieren mit frischem Gemüse und nicht zu aufdringlichen Saucen. Übrigens: Noch feiner ist die Dorade royal.

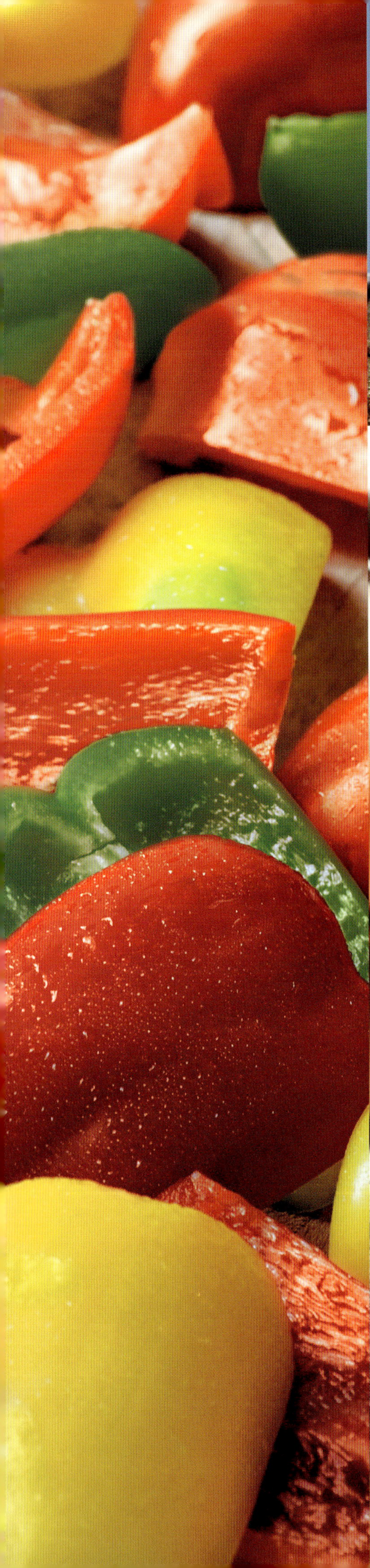
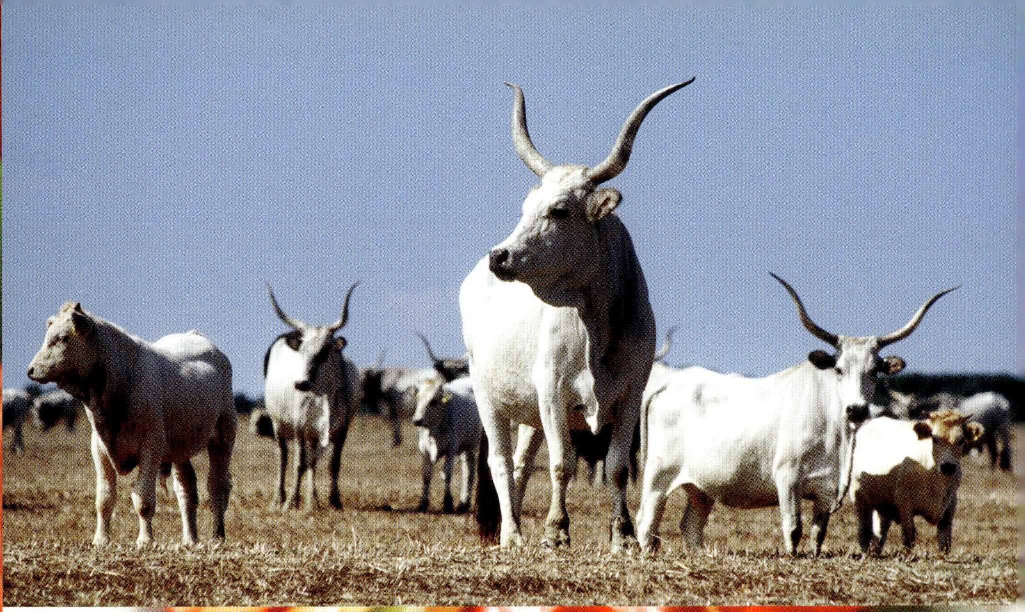
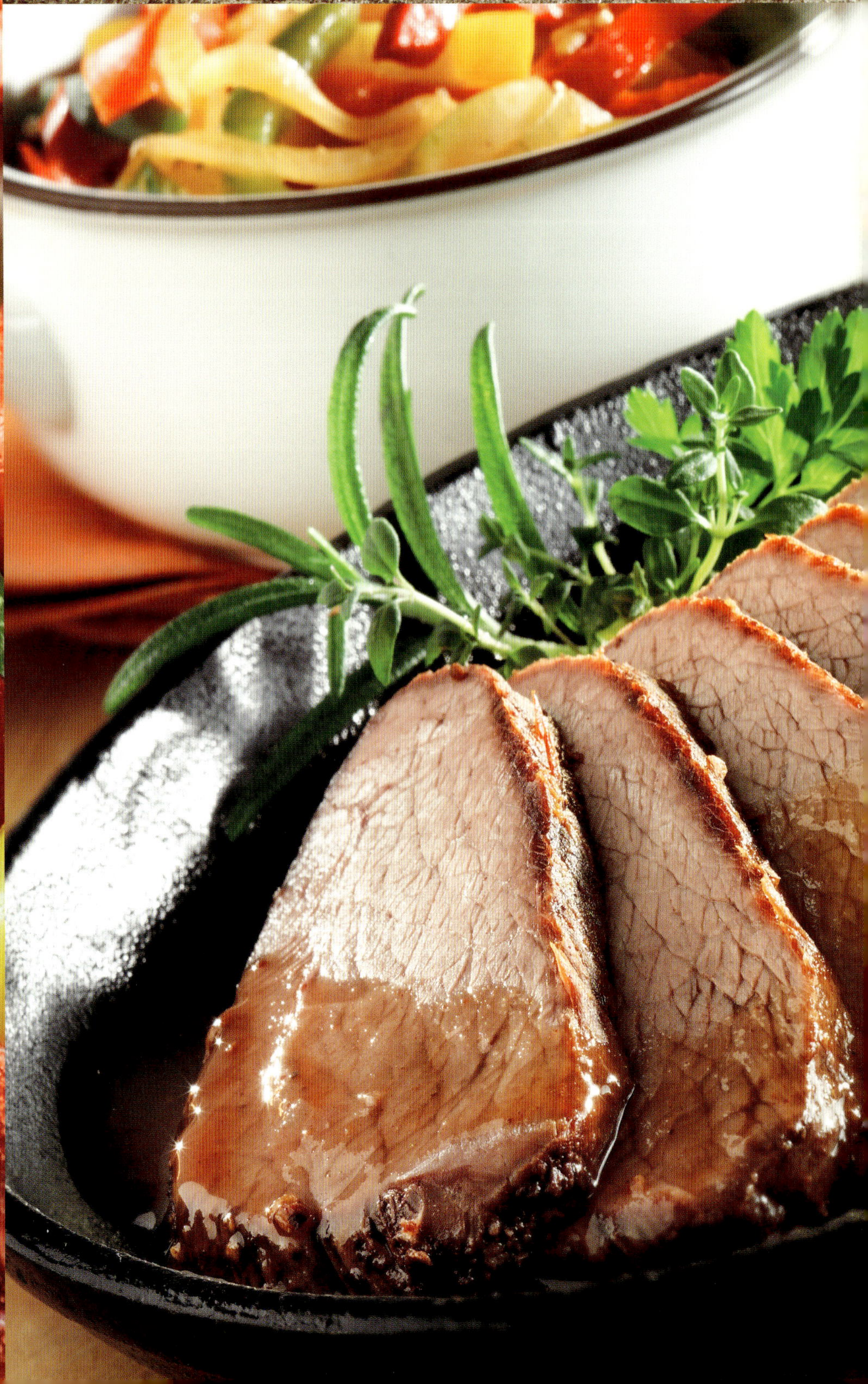

RINDERBRATEN MIT PAPRIKAGEMÜSE
ARROSTO DI MANZO CON PEPERONATA

Den Backofen auf 180 °C (Umluft 160 °C) vorheizen. Das Fleisch waschen und trocken tupfen und mit Salz und Pfeffer einreiben. Die Knoblauchzehen schälen. Die Kräuter waschen und trocken schütteln. Die Kräuterzweige um das Fleisch legen und mit Küchengarn festbinden. Das Fleisch in einen Bräter legen und mit 4 El Olivenöl beträufeln. Zwei Knoblauchzehen dazulegen und das Fleisch im Ofen etwa 45 Minuten garen. Dann auf 140 °C zurückschalten und weitere 60 Minuten garen.

Inzwischen die Paprikaschoten waschen, trocken tupfen und schälen. Paprikaschoten halbieren, entkernen und in Streifen schneiden. Die Zwiebel schälen und in Ringe schneiden. Das restliche Öl erhitzen und die Zwiebel darin andünsten. Die restlichen Knoblauchzehen in dünne Scheiben schneiden und dazugeben. Die Paprikastreifen hinzufügen und weich schmoren. Mit Salz und Pfeffer würzen.

Den Braten nach dem Garen aus dem Bräter nehmen. Küchengarn und Kräuter entfernen. Braten in Folie gewickelt im ausgeschalteten Backofen 15 Minuten ruhen lassen. Den Bratfond mit Rotwein loskochen, durchsieben und etwas einkochen. Fleisch in Scheiben schneiden, mit Sauce und Paprikagemüse servieren.

Für 4 Portionen

800 g Rinderbraten

Salz

Pfeffer

4 Knoblauchzehen

1 Bund gemischte Kräuter (Rosmarin, Thymian, Petersilie)

8 El Olivenöl

je 2 rote, grüne und gelbe Paprikaschoten

1 Zwiebel

Zubereitungszeit: ca. 30 Minuten (plus Bratzeit)
Pro Portion ca. 598 kcal/2510 kJ
44 g E · 42 g F · 12 g KH

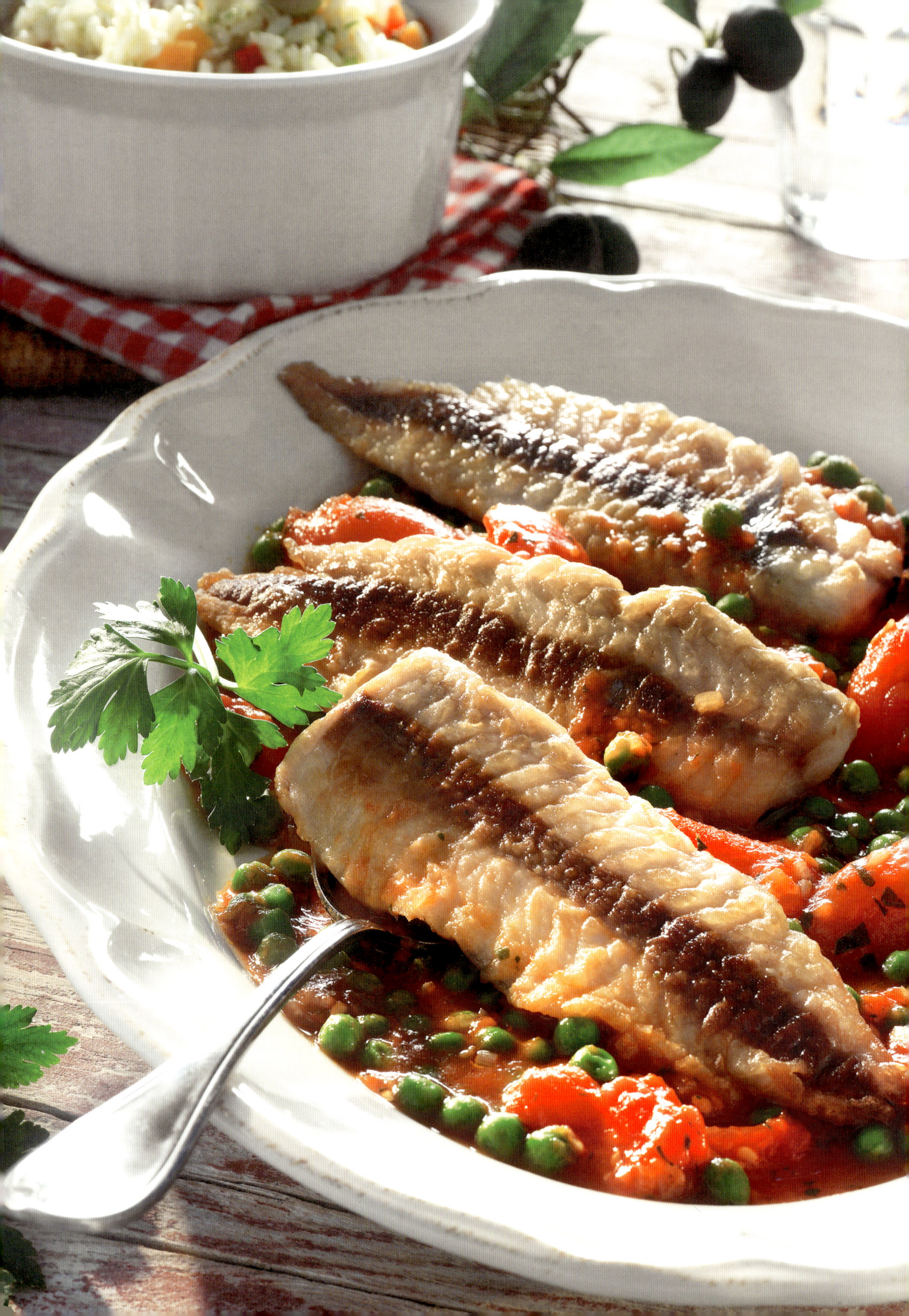

MAKRELEN MIT TOMATEN
CIORTONI AL POMODORO

Die Makrelenfilets waschen, trocken tupfen und die Haut entfernen. Die Zwiebel schälen und fein hacken. Die Tomaten in ein Sieb geben und abtropfen lassen.

Das Öl in einer Pfanne erhitzen. Die Makrelenfilets in Mehl wenden, überschüssiges Mehl abschütteln. Die Filets im heißen Öl von beiden Seiten 2–3 Minuten braten. Filets aus der Pfanne nehmen und warm stellen.

Die Zwiebel im Bratfett andünsten. Die Erbsen zugeben und mitdünsten. Petersilie waschen, trocken schütteln und die abgezupften Blättchen hacken. Zu den Erbsen geben und gut untermischen. Die Tomaten zugeben und mit Salz und Pfeffer würzen. 10 Minuten köcheln. Die Makrelenfilets in die Sauce legen und alles weitere 5 Minuten schmoren. Nach Bedarf etwas Tomatenflüssigkeit angießen.

Für 4 Portionen
4 küchenfertige Makrelen, filetiert
1 Zwiebel
500 g Tomaten aus der Dose
8 El Olivenöl
Mehl
300 g frische Erbsen
1 Bund Petersilie
Salz
Pfeffer

Zubereitungszeit: ca. 15 Minuten
(plus Schmor- und Garzeit)
Pro Portion ca. 650 kcal/2730 kJ
44 g E · 48 g F · 11 g KH

SALZ ist als Geschmacksverstärker und als Würzmittel in der Küche unentbehrlich. Daneben hat das Natriumchlorid auch eine konservierende Funktion. Speck, Schinken, Fisch und Käse nimmt es unerwünschten Geschmack, weshalb diese auch oft vor dem Räuchern oder Lufttrocknen gesalzen werden. Salz wird im Bergbau (Steinsalz), in Salinen oder aus dem Meer gewonnen.

Die MAKRELE (*scombro* oder *ciortono*) ist ein Raubfisch, der sowohl im Mittelmeer wie in Atlantik, Nord- und Ostsee vorkommt. Ihr Fleisch schätzen Feinschmecker, weil es fest, zart und grätenarm ist, leider jedoch auch fett, was sie leicht verderblich macht. Makrelen lassen sich wunderbar füllen und im Ganzen braten, grillen und auch räuchern. So kann man sie auch kalt genießen.

VERNACCHIA DI SAN GIMIGNANO
CASTELLI DI GREVEPESA, TOSKANA

Ein heller Wein mit grünlichen Reflexen und erfrischenden Aromen in der Nase harmoniert nicht nur mit vielen Gerichten, sondern macht sich mit fruchtigen Aromen auch am Gaumen breit.

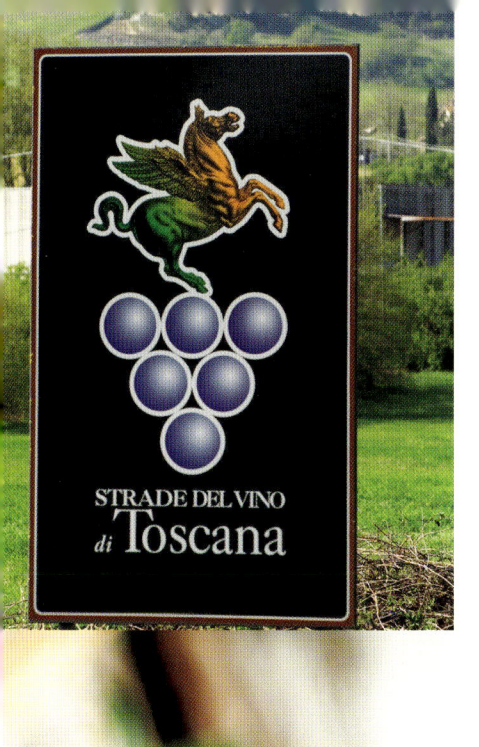

LAMMFLEISCHEINTOPF MIT WEIN
SPEZZATINO DI AGNELLO

Das Lammfleisch waschen, Sehnen entfernen und in mundgerechte Würfel schneiden. Die Knoblauchzehen schälen und hacken. Den Rosmarin waschen, trocken schütteln und die Nadeln abzupfen. Fein hacken. Die Tomaten mit kochendem Wasser übergießen. Häute, Stielansätze und Kerne entfernen und das Fruchtfleisch würfeln.

Das Öl in einem Bräter erhitzen. Knoblauch und Rosmarin darin andünsten, bis der Knoblauch weich ist. Die Lammwürfel mit Mehl und Pfeffer bestäuben und im Bräter kräftig anbraten. Fleischwürfel aus dem Topf nehmen. Den Wein angießen und aufkochen. Die Fleischwürfel zurück in den Topf geben und salzen. Die Tomatenwürfel hinzufügen und den Fond angießen. Den Bräter mit dem Deckel verschließen und den Eintopf etwa 1 Stunde 30 Minuten schmoren. Dazu schmeckt Weißbrot.

Für 4–6 Portionen
1,2 kg Lammfleisch
2 Knoblauchzehen
1 Rosmarinzweig
450 g Tomaten
60 ml Olivenöl
Mehl
Pfeffer
175 ml Weißwein
2 Tl Salz
120 ml Lammfond

Zubereitungszeit: ca. 30 Minuten
(plus Schmor- und Garzeit)
Pro Portion ca. 880 kcal/3696 kJ
57 g E · 69 g F · 4 g KH

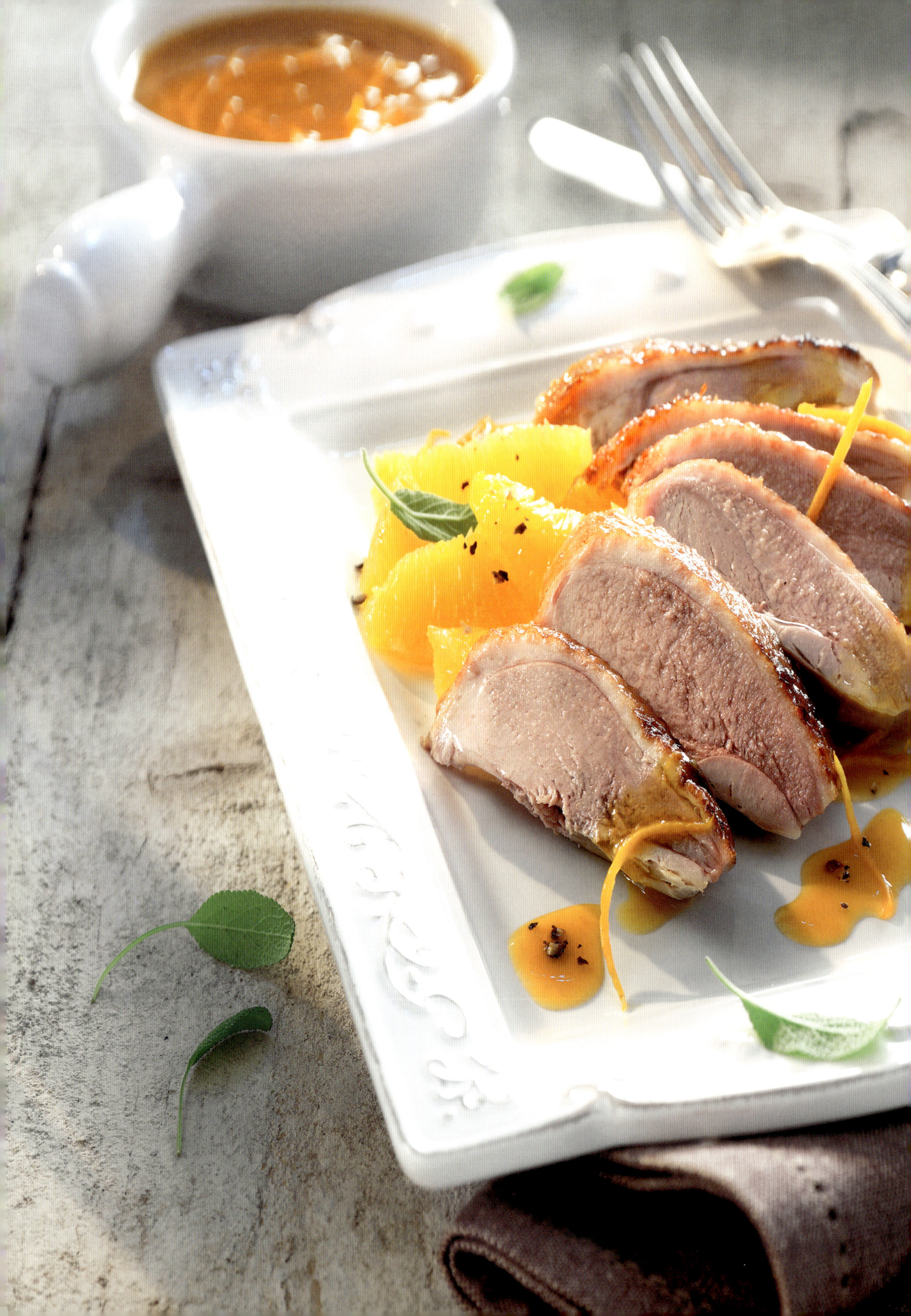

ENTE MIT SALBEI-ORANGEN
ANATRA ALL' ARANCIA CON LA SALVIA

Für 4 Portionen
1 küchenfertige Ente
3 Bio-Orangen
3 Salbeistängel
Salz
Pfeffer
6 El Olivenöl
2 El Honig
1 El Cognac
250 ml Geflügelfond
100 ml Orangenlikör

Zubereitungszeit: ca. 20 Minuten
(plus Brat- und Kochzeit)
Pro Portion ca. 1198 kcal/4790 kJ
73 g E · 87 g F · 20 g KH

Den Backofen auf 250 °C (Umluft 220 °C) vorheizen. Die Ente waschen und trocken tupfen. Eine Orange schälen und in Spalten teilen. Die Salbeistängel waschen und trocken tupfen. Orangenspalten und Salbei in die Bauchhöhle der Ente geben. Die Ente mit Salz und Pfeffer einreiben und mit Küchengarn dressieren (Flügel und Keulen festbinden).

Die Ente in einen Bräter legen, mit dem Olivenöl begießen und im Backofen 20 Minuten braten. Die Temperatur auf 170 °C (Umluft 150 °C) herunterschalten und die Ente weitere 80 Minuten garen. Währenddessen mit Bratensaft begießen. 15 Minuten vor Ende der Garzeit Honig mit Cognac mischen und die Ente damit einreiben. Nach der Garzeit aus dem Bräter nehmen und warm stellen.

Bratensaft entfetten und mit dem Geflügelfond in einen Topf geben. Restliche Orangen schälen, die Schale in dünne Streifen schneiden, 1 Minute in kochendes Wasser geben, dann abgießen und abschrecken. Die Orangen auspressen. Orangensaft, Orangenschale und -likör in den Topf mit Bratensaft geben. Aufkochen und cremig einkochen. Mit Salz und Pfeffer abschmecken. Sauce zur Ente reichen.

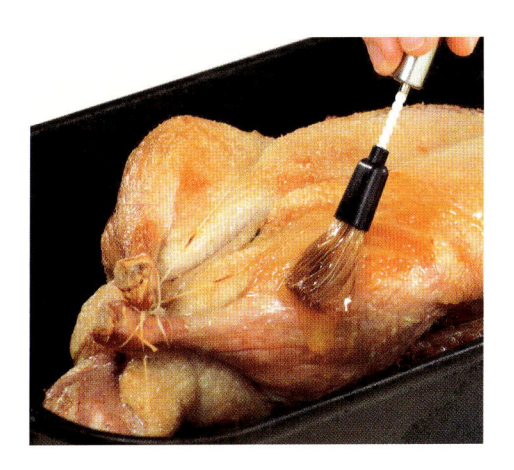

TIPP:
Statt einer ganzen Ente kann auch Entenbrust nach diesem Rezept zubereitet werden. Dazu die Bratzeit auf 15 Minuten verringern.

| TINTENFISCH MIT KICHERERBSEN UND TOMATEN | TINTENFISCH MIT ARTISCHOCKEN | TINTENFISCH MIT PAPRIKAGEMÜSE |

TINTENFISCH MIT GRÜNEN BOHNEN

MUSCHELN MIT WEISSEN BOHNEN

FISCHRAGOUT MIT BOHNEN UND TOMATEN

TINTENFISCH MIT WEISSEN BOHNEN
SEPPIE CON I FAGIOLI

Die Bohnen am Vorabend in reichlich Wasser einweichen. Am nächsten Tag abgießen, waschen und mit 1,5 l Wasser und 1 Tl Salz etwa 1 Stunde garen.

Die Tintenfische waschen, die Tintenschtuben in dünne Ringe schneiden. Die Tentakel hacken. Den Speck würfeln. Zwiebel und Knoblauch schälen und fein würfeln. Die Chilischote fein hacken. Die Tomaten heiß überbrühen, von Haut, Stielansatz und Kernen befreien und das Fruchtfleisch würfeln.

Das Öl in einem Bräter erhitzen und den Speck darin anbraten. Zwiebel zugeben und mitschmoren. Dann Knoblauch und Chili einrühren. Tintenfische und Tentakel hinzufügen und 2 Minuten mitschmoren. Die Tomatenwürfel dazugeben und mit Salz und Pfeffer würzen. Die Mischung etwa 1 Stunde garen. Nach und nach Wein und Fond angießen.

Die Bohnen abgießen und abtropfen lassen. Mit der Petersilie mischen und unter den Tintenfischtopf rühren.

Die mit einem Sternchen versehenen Zutaten können ausgetauscht werden. Gewürze und Kräuter je nach Belieben.

Für 4 Portionen
350 g getrocknete weiße Bohnen*
Salz
1 kg küchenfertige Tintenfische*
50 g Bauchspeck*
1 Zwiebel*
1 Knoblauchzehe*
1 getrocknete Chili*
5 Tomaten
6 El Olivenöl
Pfeffer
250 ml Weißwein*
250 ml Fischfond*
3 El frisch gehackte Petersilie*

Zubereitungszeit: ca. 30 Minuten
(plus Schmor- und Garzeit)
Pro Portion ca. 723 kcal/3035 kJ
60 g E · 34 g F · 33 g KH

KANINCHEN NACH JÄGERINNEN-ART
CONIGLIO ALLA CACCIATORA

Für 4 Portionen
1 küchenfertiges Kaninchen (ca. 1,5 kg)
125 ml Rosewein
3 Knoblauchzehen
1 Rosmarinzweig
1 Thymianzweig
Salz, Pfeffer
3 El Olivenöl
1 Zwiebel
1 Möhre
2 Stangensellerie
4 Tomaten
100 g schwarze Oliven

Zubereitungszeit: ca. 30 Minuten
(plus Brat- und Schmorzeit)
Pro Portion ca. 713 kcal/2993 kJ
74 g E · 41 g F · 6 g KH

Das Kaninchen waschen, trocken tupfen und in 5 x 5 cm große Stücke zerkleinern. In einem Bräter ohne Fett kräftig anbraten, ohne dass die Stücke anbrennen. Dabei wenden. Die entstehende Flüssigkeit abgießen. Den Wein angießen und verkochen lassen. Knoblauch schälen und hacken. Die Kräuter waschen, trocken schütteln, Nadeln und Blättchen abzupfen und fein hacken. Mit Knoblauch zum Fleisch geben, salzen, pfeffern, das Olivenöl darüberträufeln. Zwiebel und Möhre schälen und würfeln. Sellerie putzen und in Würfel schneiden. Die Tomaten häuten, von Stielansatz und Kernen befreien, Saft auffangen, Tomatenfruchtfleisch würfeln. Das Gemüse mit dem Saft der Tomaten zum Fleisch geben und alles etwa 1 Stunde schmoren. Die Oliven 10 Minuten vor Ende der Garzeit hinzufügen.

THYMIAN ist wie andere mediterrane Kräuter, etwa Rosmarin oder Salbei, ein unbedingtes Muss in der toskanischen, überhaupt der italienischen Küche. Zum Gemüse, Fleisch und Geflügel passt er wunderbar. Frisch macht er sich auch als Dekoration gut. Getrocknet ist er sehr intensiv. Getrockneten Thymian zwischen den Fingern zerreiben und ihn dann erst zur Speise geben.

STANGENSELLERIE, Bleichsellerie oder Staudensellerie (*sedano*) soll seine Heimat in Italien haben, von wo aus er sich in die Küchen der übrigen Welt aufmachte. Die Stangen wurden einst mit Erde bedeckt, damit sie möglichst weiß blieben. Heute gönnt man ihnen vor der Ernte Sonne, die sie grün werden lässt. Als Gemüsebeilage, Suppeneinlage und in einem deftigen Wildtopf entfaltet er sein würziges Aroma.

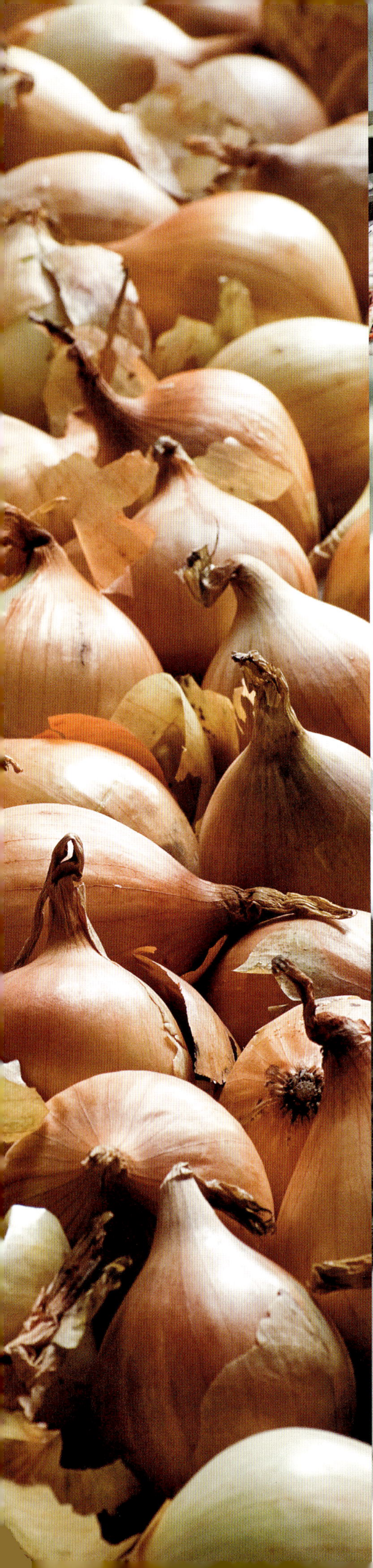
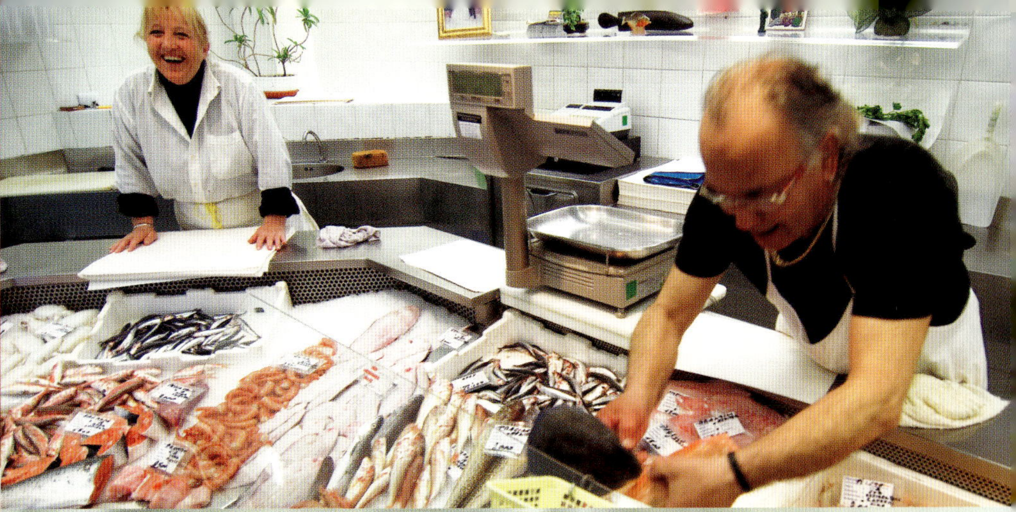
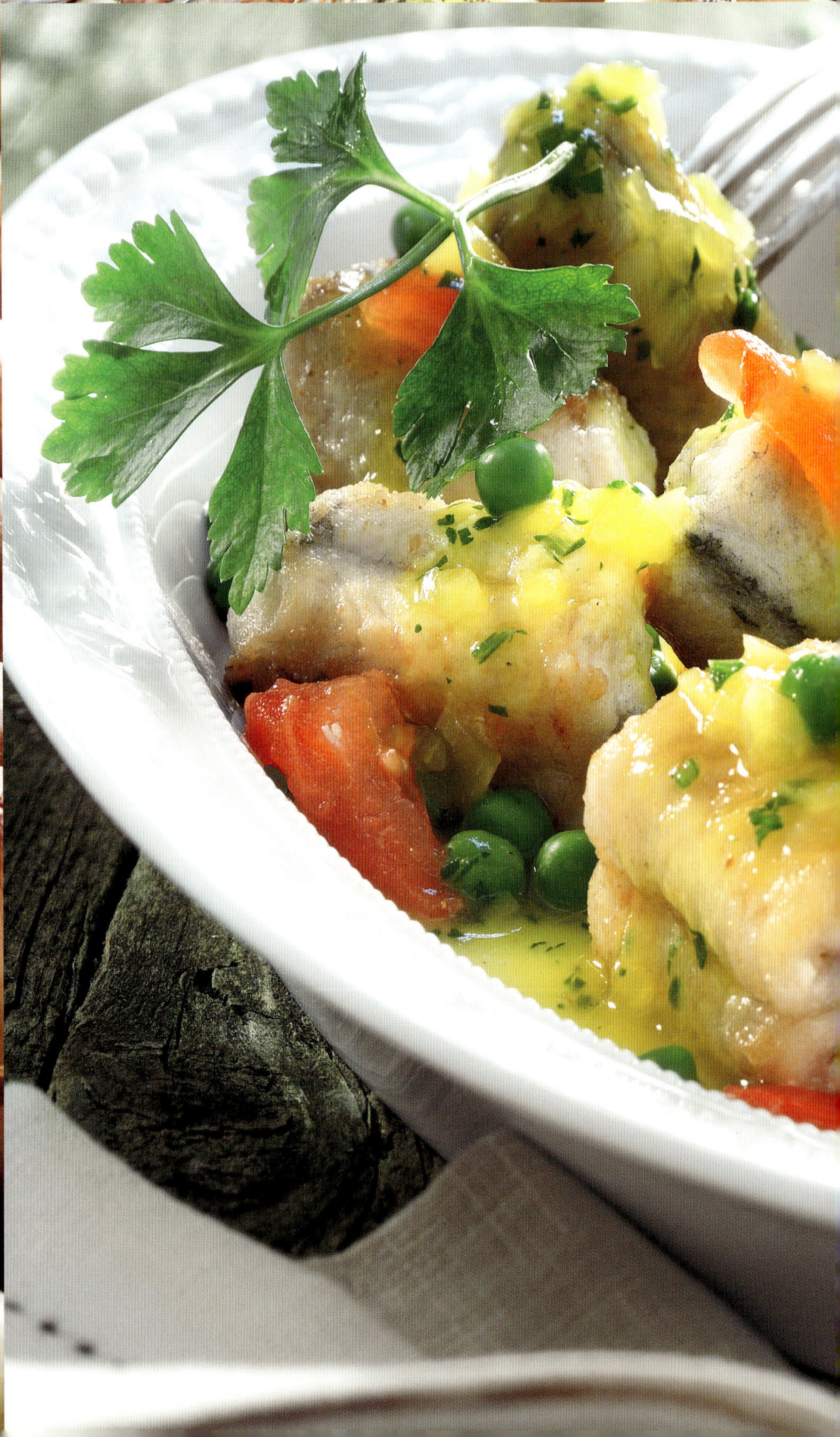

AAL IN TOMATENSAUCE
ANGUILLA IN UMIDO

Den Aal waschen, trocken tupfen und in 8 Stücke teilen. Mit Salz und Pfeffer würzen und mit Zitronensaft beträufeln. Die Tomaten heiß überbrühen, Häute entfernen, Stielansätze herausschneiden, Tomaten entkernen und das Fruchtfleisch in Würfel schneiden. Zwiebel und Knoblauchzehen schälen und fein würfeln.

Das Öl in einer Pfanne erhitzen. Die Aalstücke in Mehl wenden, überschüssiges Mehl abklopfen, die Aalstücke von allen Seiten goldbraun anbraten. Aus der Pfanne nehmen und warm stellen. Zwiebel und Knoblauch im heißen Fett andünsten, den Wein angießen und einkochen. Tomatenwürfel hinzufügen und mit Salz, Pfeffer, Zucker und Safran abschmecken. Die Sauce 20 Minuten köcheln.

10 Minuten vor Ende der Garzeit die Erbsen in die Sauce geben. Die Petersilie waschen, trocken schütteln und fein hacken. In die Sauce rühren. Die Aalstücke in die Sauce geben und servieren.

Für 4 Portionen
800 g frischer Aal ohne Haut
Salz
Pfeffer
3 El Zitronensaft
1 g Tomaten
1 Zwiebel
2 Knoblauchzehen
4 El Olivenöl
Mehl
100 ml Weißwein
Zucker
1 Tl gemahlenen Safran
200 g frische Erbsen
1 Bund glatte Petersilie

Zubereitungszeit: ca. 30 Minuten
(plus Brat- und Kochzeit)
Pro Portion ca. 780 kcal/3276 kJ
36 g E · 62 g F · 16 g KH

DOLCI

La dolce vita, das süße Leben: In Italien versteht man es, sich das Leben auf jede Art und Weise zu versüßen wie sonst nirgendwo.

taliener sind nicht nur Kenner des süßen Lebens, sondern auch der süßen Speisen, Dolci. Dies erkennt man spätestens beim Spaziergang durch die Altstadtgässchen einer toskanischen Stadt, wo sich eine pasticceria, Konditorei, an die nächste, reiht. Zum Beispiel Cantuccini, die eigentlich aus Florenz stammen, bekommt man in Sienas traditionellen Konditoreien selbst gemacht und nach eigenem Geheimrezept. Man kann sicher sein, dass jede Art der Zubereitung dieses Mandelgebäcks unübertroffen köstlich ist.

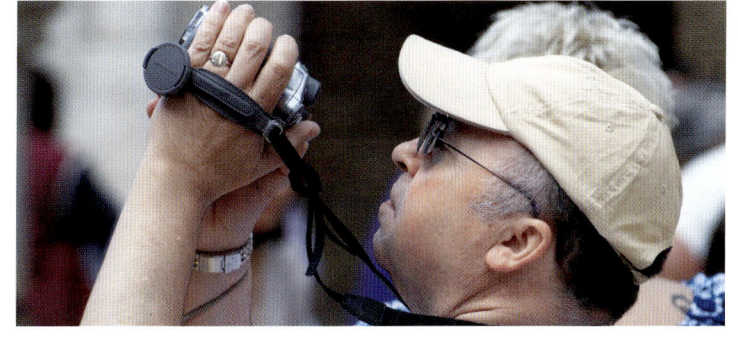

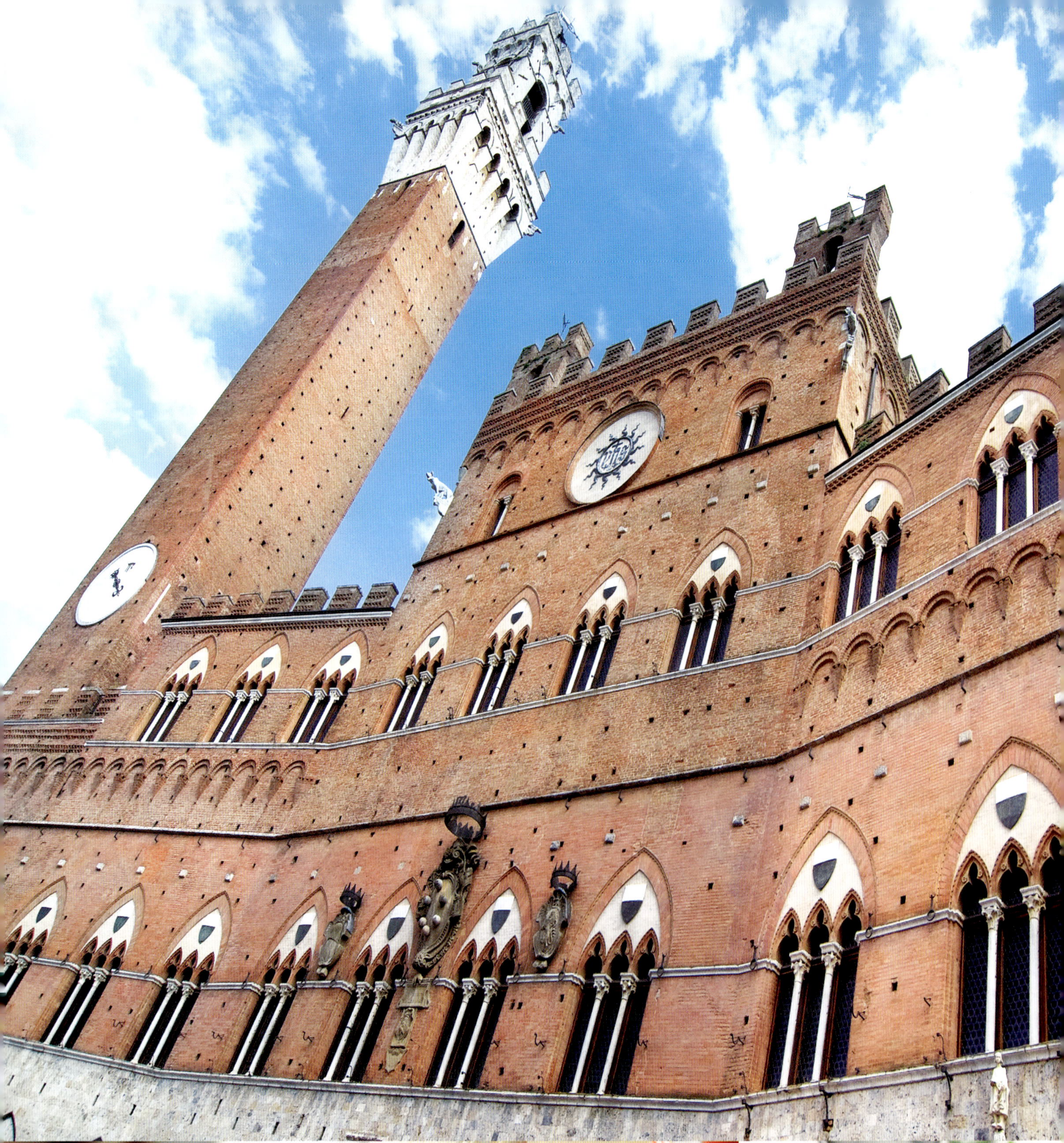
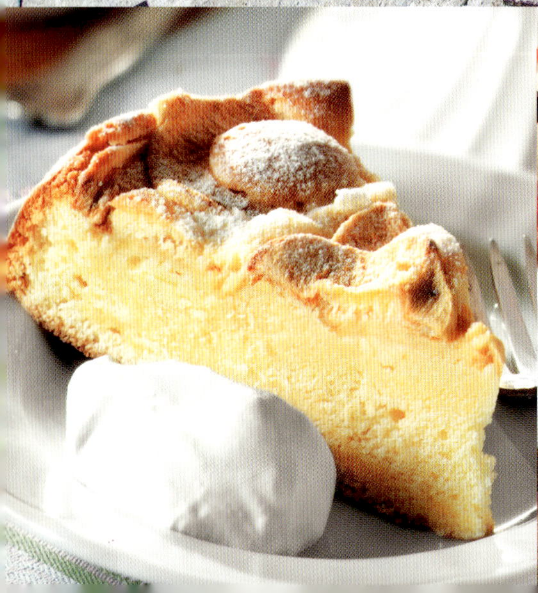
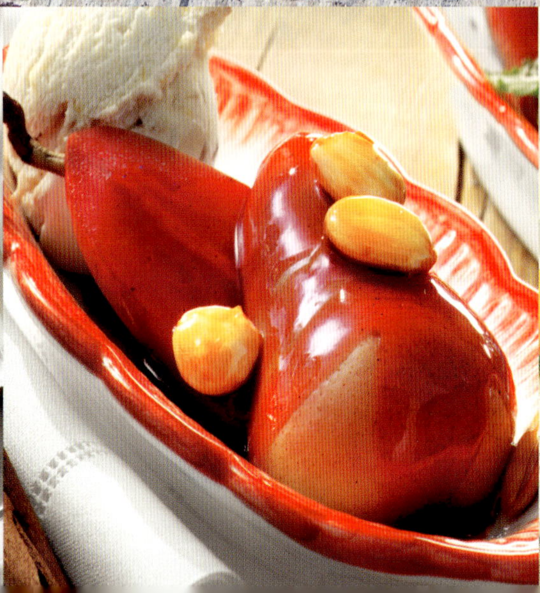
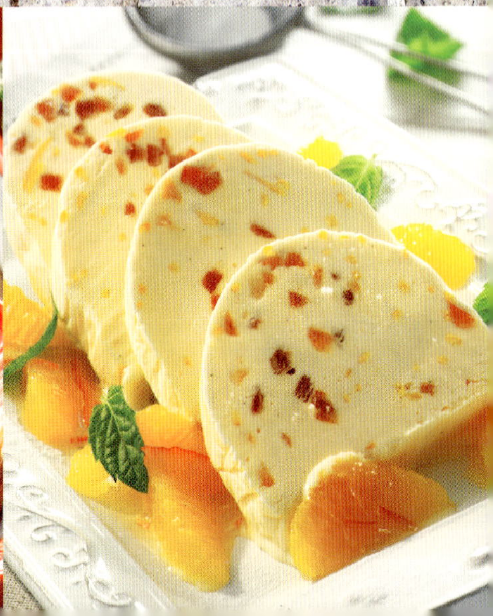

DOLCI

Das Herstellen von Süßspeisen lässt sich ein italienischer Konditor nicht nehmen. In Siena zum Beispiel hat fast jede pasticceria ihr eigenes Rezept für Panforte, das Sieneser Honigbrot, das ursprünglich wie eine Hostie für die Kirchenväter gebacken wurde.

Die Gewürze, die im Panforte stecken, sollen die Würze des Lebens versinnbildlichen, Zucker und Honig die Süße, und die getrockneten Früchte geben Kraft und Stärke. Bekommt man diese typisch toskanische Köstlichkeit geschenkt, kann man sicher sein, dass der Schenkende es gut mit einem meint.

Bei einem Menü wird niemand den letzten Gang auslassen. Denn dann werden die süßen Versuchungen aufgetischt. Im Frühling und Sommer frische Früchte, im Herbst und Winter Speisen aus Trauben, Kastanien und Nüssen: Pfirsiche mit einer feinen knusprigen Füllung, Panna Cotta mit frischen Himbeeren, Apfelkuchen, Mandelpudding, Hefefladen mit Trauben oder den Zuccotto, der eiskalt serviert wird. An der Küste serviert man eine zarte Creme, die im Ofen gebacken wird. Zum Espresso werden in der Osteria selbst gemachte Pralinen oder Cenci, die „Lümpchen", „Jungfern" oder „Schleifchen", gereicht. Wer am Nachmittag einen Vin Santo in der Bar zu sich nimmt, sollte unbedingt die Cantucci, die dazu serviert werden, hineintauchen. Beim Zusammenspiel der Aromen von süßem Wein und frischem Mandelgebäck spürt man das süße Leben hautnah.

PANNA COTTA MIT CALVADOSÄPFELN UND ROSINEN

PANNA COTTA MIT MARINIERTEN ORANGEN

PANNA COTTA MIT MANGOKOMPOTT UND PISTAZIEN

PANNA COTTA MIT GEMISCHTEN
KANDIERTEN NÜSSEN

PANNA COTTA MIT KARAMELLSAUCE
UND KARAMELLGITTER

PANNA COTTA MIT KAFFEESAUCE
UND SCHOKOLADE

GEKOCHTE SAHNE MIT HIMBEEREN
PANNA COTTA

Für 4 Portionen
400 ml Sahne
100 ml Milch
30 g Zucker
¼ Tl abgeriebene Schale von
1 unbehandelten Zitrone
1 Vanilleschote
4 Blatt weiße Gelatine
400 g Himbeeren*
3 El Himbeergeist*

Zubereitungszeit: ca. 15 Minuten
(plus Kochzeit und Zeit zum Abkühlen)
Pro Portion ca. 395 kcal/1659 kJ
5 g E · 31 g F · 19 g KH

Die Sahne mit der Milch und dem Zucker in einem Topf unter Rühren erhitzen. Die Vanilleschote aufschlitzen, das Mark herauskratzen und mit der Schote in die Sahne geben. Die Mischung etwa 10 Minuten köcheln, bis etwas Flüssigkeit verkocht ist. Die Gelatine in kaltem Wasser einweichen. Die Sahnemilch durch ein Sieb streichen. Die Gelatine ausdrücken und in der heißen Sahnemilch unter Rühren auflösen. Die Masse in 4 Portionstörmchen füllen, abkühlen und fest werden lassen.

Die Himbeeren verlesen, waschen und abtropfen lassen. Mit dem Himbeergeist begießen. Die Panna cotta auf Teller stürzen und mit den Himbeeren servieren.

* Die mit einem Sternchen versehenen Zutaten können ausgetauscht werden. Gewürze und Kräuter je nach Belieben.

MANDELGEBÄCK CANTUCCINI

Für 50 Stück
150 g Mehl
½ Päckchen Backpulver
2 Eier
Salz
200 g Zucker
½ Päckchen Vanillezucker
1 Tl abgeriebene Schale von
1 unbehandelten Zitrone
1 El Orangensaft
1 El Vin Santo
25 g Anis
1–2 El Butter
100 g ganze geschälte Mandeln
50 g gemahlene Mandeln
Fett für das Blech

Zubereitungszeit: ca. 20 Minuten
(plus Backzeit)
Pro Stück ca. 54 kcal/228 kJ
1 g E · 3 g F · 27 g KH

Das Mehl auf eine Arbeitsplatte sieben. In die Mitte eine Mulde formen und nacheinander die restlichen Zutaten außer den ganzen Mandeln hinzugeben. Das Mehl von der der Mitte aus einarbeiten. Wenn fast alles Mehl verarbeitet ist, die ganzen Mandeln zugeben und den Teig mit den Händen glatt kneten. Aus dem Teig kleine Rollen von etwa 3 cm Durchmesser formen.

Zwei Backbleche einfetten, den Backofen auf 180 °C (Umluft 160 °C) vorheizen. Die Teigrollen mit Abstand auf die Backbleche legen und im Ofen etwa 30 Minuten backen. Nach dem Backen die heißen Teigrollen in etwa 2 cm breite Stücke schneiden und weitere 10 Minuten im Ofen backen. Trocken aufbewahren.

MANDELN gehören zu den köstlichen ... rocken (ital. *cantuccini*) unbedingt da... u, genauso wie zu vielen anderen tos... anischen Süßspeisen. Die Früchte des ...andelbaumes, der sehr empfindlich ist ...nd nur in Süditalien wächst, kennt man ...ls Bitter- und Süßmandeln. Die für den ...itteren Geschmack verantwortliche ...lausäure ist in den süßen Mandeln nur ...u einem geringen Teil vorhanden. Am ...esten schmecken Cantuccini in Vin San-... getunkt.

ANIS ist schon in der Antike im Orient für seine intensive Würz- und Heilkraft bekannt und berühmt gewesen. Es sind die Samenkörner einer einjährigen Pflanze aus der Familie der Doldenblütler. Anis wird Süßspeisen, Gebäck, Getränken, auch Fisch und Gemüsegerichten zugegeben und als magenstärkender und verdauungsfördernder Tee getrunken. Einige schwören auf seine aphrodisierende Wirkung.

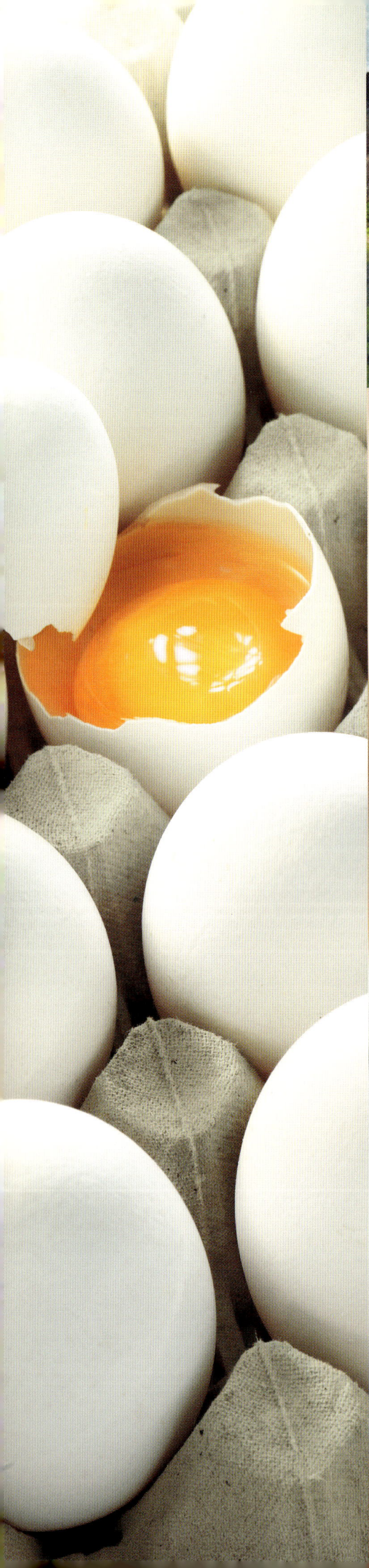
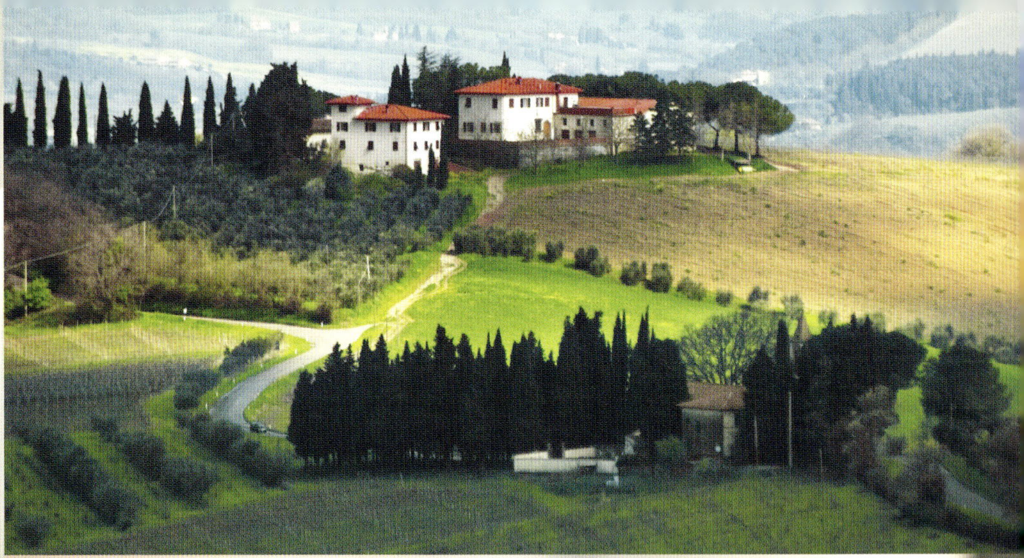
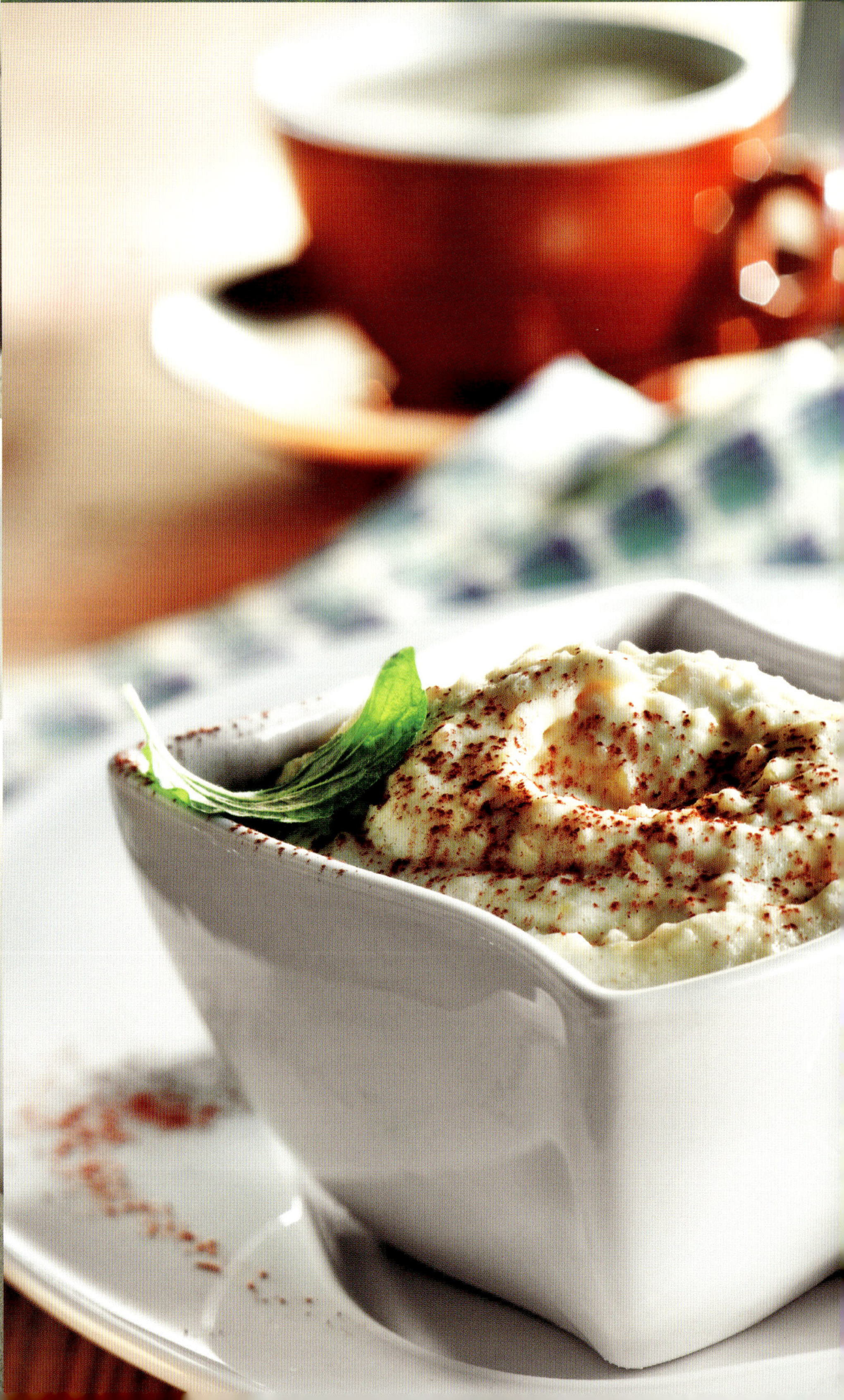

KASTANIENPUDDING
BUDINO DI CASTAGNE

Die Kastanien kreuzweise einschneiden, in kochendem Salzwasser etwa 6 Minuten kochen, dann herausnehmen und schälen. Den Backofen auf 180 °C (Umluft 160 °C) vorheizen. Die Kastanien mit der Sahne und 25 g Zucker in eine Pfanne geben und unter Rühren weitere 10 Minuten weich garen. Anschließend pürieren und das Püree durch ein Sieb streichen. Die Eier trennen. Eigelb mit dem restlichen Zucker, dem Kakaopulver und der gemahlenen Vanille verrühren. Eiweiß steif schlagen und den Puderzucker einrühren. Das Kastanienpüree mit der Eigelbmischung verrühren, den Eischnee unterheben. Die Mischung in ausgespülte und gefettete Förmchen geben und im Backofen im Wasserbad 20 Minuten garen. 10 Minuten abkühlen lassen, dann stürzen.

Für 4 Portionen
400 g frische Esskastanien
200 ml Sahne
50 g Zucker
2 Eier
1 El Kakaopulver
1 Tl gemahlene Vanille
30 g Puderzucker

Zubereitungszeit: ca. 30 Minuten
(plus Kochzeit)
Pro Portion ca. 298 kcal/1250 kJ
7 g E · 8 g F · 49 g KH

TIPP:

Der Pudding kann auch in den Förmchen serviert werden. Zum Pudding schmecken frische Früchte der Saison.

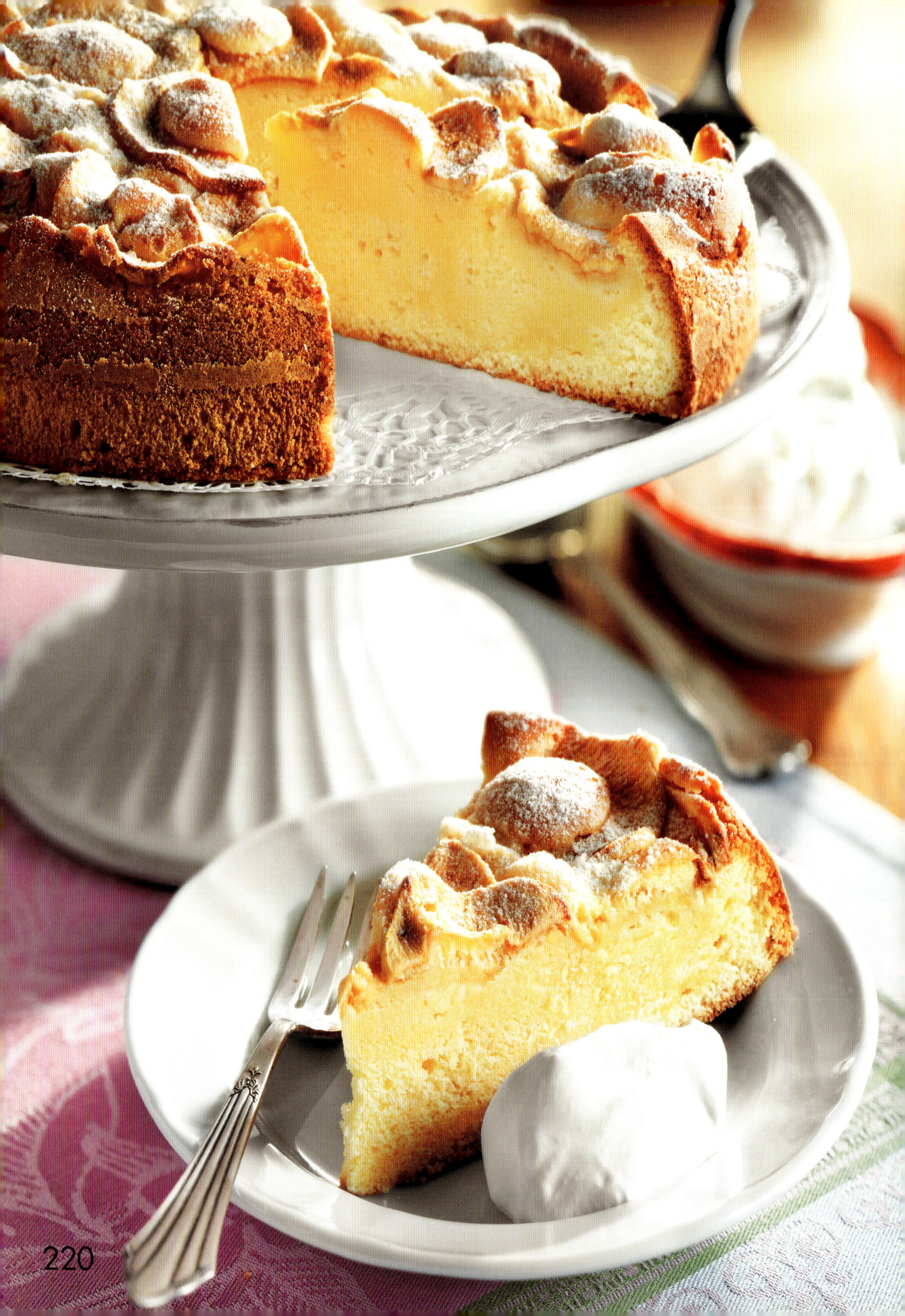

APFELKUCHEN TORTA DI MELE

Für 12 Stück
250 g Mehl
125 g Zucker
125 g Butter
100 ml Milch
1 Tl Backpulver
4 Äpfel
1 Ei
2 El Milch
Puderzucker zum Bestäuben

Zubereitungszeit: ca. 30 Minuten
(plus Backzeit)
Pro Stück ca. 227 kcal/952 kJ
3 g E · 10 g F · 31 g KH

Aus Mehl, Zucker, Butter, Milch und Backpulver mit dem Handrührgerät einen Mürbeteig herstellen. Den Teig in eine gefettete Springform (Durchmesser 26 cm) geben. Den Backofen auf 200 °C (Umluft 180 °C) vorheizen.

Die Äpfel schälen, das Kerngehäuse entfernen und die Äpfel in Spalten schneiden. Dachziegelförmig auf dem Teig verteilen. Das Ei mit der Milch verquirlen und die Apfelspalten damit einstreichen. Den Kuchen im Ofen etwa 40 Minuten backen. Mit Puderzucker bestreut servieren.

Nach Belieben können gemahlene Nüsse vor dem Backen auf den Kuchen gestreut werden.

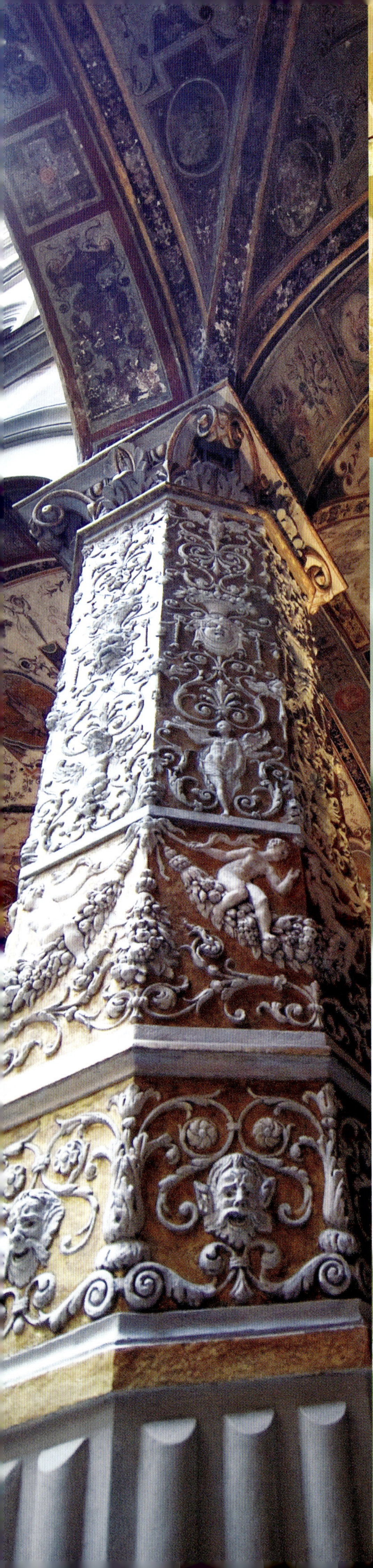
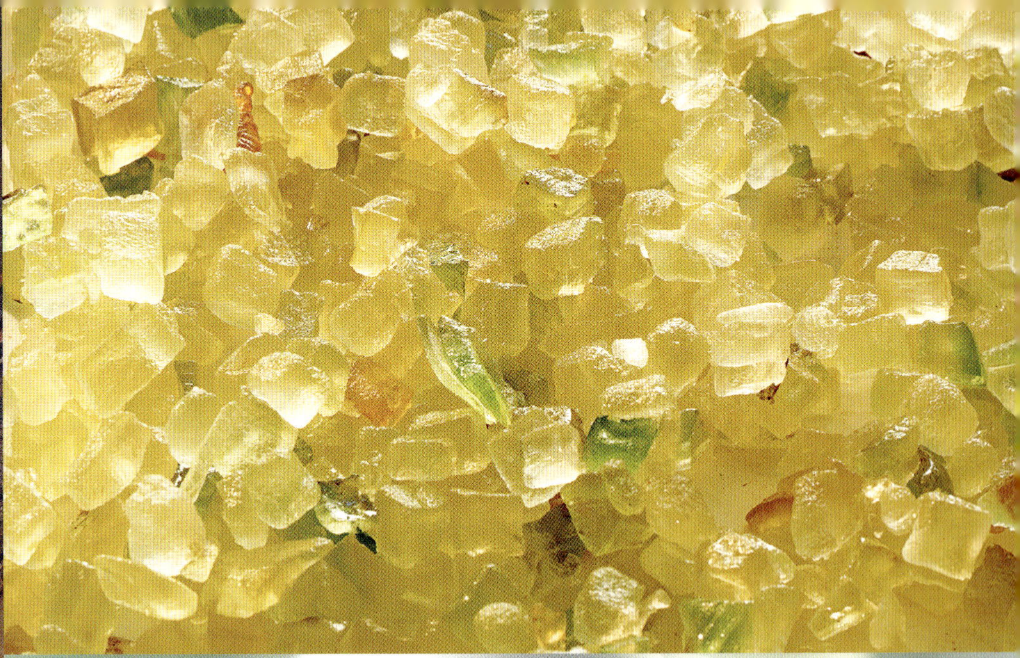
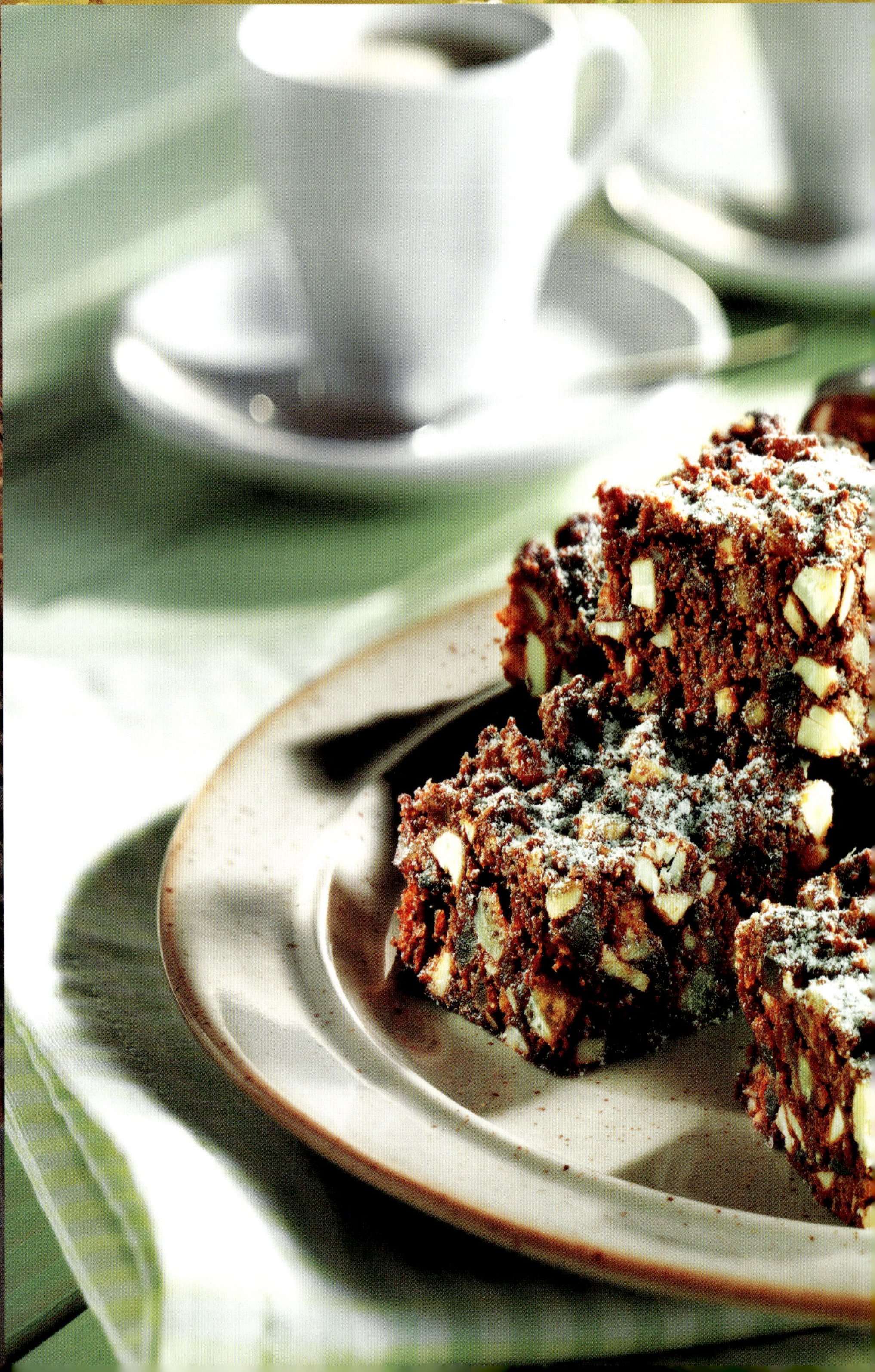

HONIG-KUCHEN AUS SIENA
PANFORTE SENESE

Für 20 Stück
250 g Honig
100 g Zucker
200 g geschälte Haselnüsse
250 g ganze geschälte Mandeln
200 g gehacktes Orangeat
250 g gehacktes Zitronat
50 g Mehl
3 El Kakaopulver
½ Tl schwarzer Pfeffer
je 1 Prise Nelken-, Ingwer-, Muskatnusspulver
½ Tl Zimtpulver
Vanillezucker
Fett für das Blech

Zubereitungszeit: ca. 20 Minuten
(plus Koch- und Backzeit)
Pro Stück ca. 275 kcal/1153 kJ
4 g E · 13 g F · 34 g KH

Den Honig mit dem Zucker in einem Topf unter Rühren schmelzen. Die Haselnüsse und Mandeln grob hacken und in einer Pfanne mit Orangeat und Zitronat ohne Fett rösten. Zum Honig geben und einige Minuten kochen lassen. Mit dem Mehl, Kakaopulver und den Gewürzen zur Honig-Mandel-Mischung geben und gut unterrühren. Den Topf vom Herd nehmen. Den Backofen auf 200 °C (Umluft 180 °C) vorheizen. Das Backblech einfetten und den Teig darauf streichen. Im Ofen etwa 8 Minuten backen. Abkühlen lassen und in Würfel schneiden.

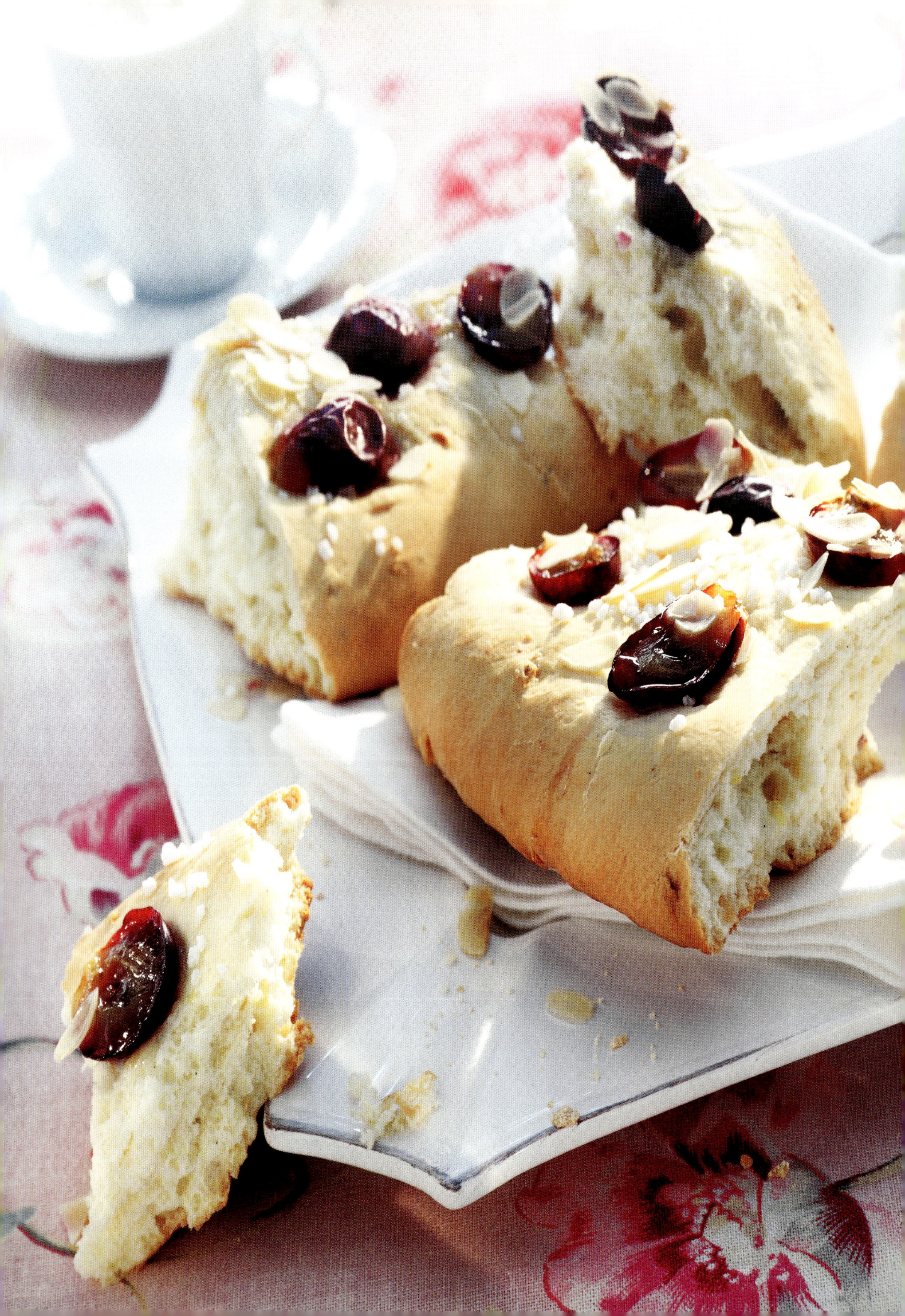

HEFEFLADEN MIT TRAUBEN
SCHIACCIATA CON L' UVA

Die Milch erwärmen und die Hefe in 100 ml Milch krümeln. 1 Tl Zucker einrühren. Das Mehl mit dem restlichen Zucker und Salz mischen. Die Hefemilch dazugeben, mit Mehl bedecken und 15 Minuten gehen lassen.

Orangensaft und -schale, Vanillemark, Nüsse, Butter und Ei zum Mehl geben und alles zu einem glatten Teig verkneten. Abgedeckt etwa 1 Stunde ruhen lassen. Den Teig gut durchkneten und zu einem Fladen formen (1 cm dick). Den Backofen auf 180 °C (Umluft 160 °C) vorheizen.

Den Fladen auf ein mit Backpapier ausgelegtes Backblech legen. Die Trauben waschen, trocken tupfen, halbieren und entkernen. Mit den Pinienkernen auf den Hefefladen legen. Mit Zucker bestreuen und im Ofen etwa 35 Minuten backen. Abgekühlt servieren.

Für ca. 10 Stück
200 ml Milch
30 g Hefe
150 g Zucker
500 g Mehl
Salz
Saft und abgeriebene Schale von 1 unbehandelten Orange
Mark von 1 Vanilleschote
100 g gehackte Haselnüsse
100 g weiche Butter
1 Ei
600 g blaue Weintrauben
2 El Pinienkerne
1 El Zucker zum Bestreuen

Zubereitungszeit: ca. 40 Minuten
(plus Zeit zum Gehen, plus Backzeit)
Pro Stück ca. 465 kcal/1953 kJ
9 g E · 18 g F · 65 g KH

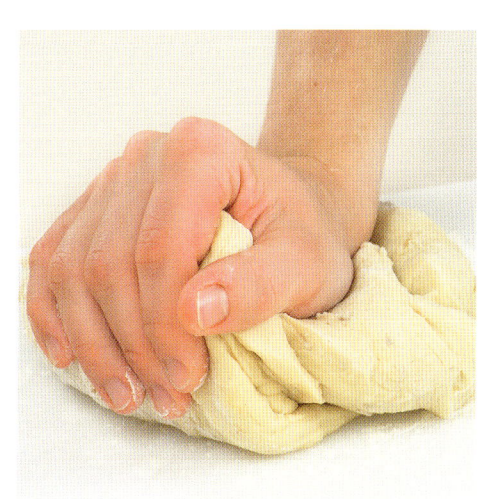

TIPP:

Statt mit Pinienkernen kann der Hefefladen auch mit Mandelblättchen belegt werden.

PFIRSICHE MIT NUSSFÜLLUNG

GEFÜLLTE PFIRSICHE MIT MARZIPANFÜLLUNG

GEFÜLLTE PFIRSICHE MIT CORNFLAKES-ROSINEN-FÜLLUNG

GEFÜLLTE NEKTARINEN
MIT SCHOKOLADE

GEFÜLLTE PFLAUMEN
MIT DATTELN

GEFÜLLTE BIRNEN
MIT WALNÜSSEN

GEFÜLLTE PFIRSICHE MIT AMARETTI
PESCHE CON AMARETTI

Für 4 Portionen
4 große reife Pfirsiche*
Saft von ½ Zitrone
55 g Amaretti*
30 ml Marsala*
25 g Butter
½ Tl gemahlene Vanille
30 ml Puderzucker
1 Eigelb

Zubereitungszeit: ca. 15 Minuten
(plus Einweich- und Backzeit)
Pro Portion ca. 235 kcal/989 kJ
3 g E · 10 g F · 31 g KH

Den Backofen auf 180 °C (Umluft 160 °C) vorheizen. Die Pfirsiche waschen und trocken tupfen. Die Früchte halbieren und den Kern entfernen. Die Mulde, in der der Kern saß, mit einem Löffel noch etwas vergrößern, die Pfirsiche mit Zitronensaft beträufeln.

Die Amaretti mit dem Nudelholz zerkrümeln. In einer Schüssel mit dem Marsala einweichen und 10 Minuten stehen lassen. Die weiche Butter schaumig rühren und mit der Amarettimischung, dem Vanillepulver, Puderzucker und Eigelb vermengen.

Die Pfirsichhälften in eine Auflaufform setzen. Mit der Amarettimischung füllen und im Ofen etwa 35 Minuten backen.

* Die mit einem Sternchen versehenen Zutaten können ausgetauscht werden. Gewürze und Kräuter je nach Belieben.

SCHOKOLADENTORTE
TORTA DI CIOCCOLATA

Für 8 Portionen
200 g Zartbitterschokolade
200 ml Milch
3 Eier
100 g Butter
200 g Zucker
abgeriebene Schale von 1 unbehandelten Zitrone
200 g Mehl
2 El Speisestärke
1 Päckchen Backpulver
1 Eiweiß
Salz
2 El Mascarpone
1 El Orangenlikör
2 El Puderzucker
3 El Sahne
Fett für die Form

Zubereitungszeit: ca. 30 Minuten (plus Backzeit)
Pro Portion ca. 531 kcal/2231 kJ
10 g E · 26 g F · 63 g KH

Die Schokolade grob hacken und mit der Hälfte der Milch in einen Topf geben. Unter Rühren schmelzen. Die Eier mit dem Zucker verquirlen und mit der geschmolzenen Schokolade, der Zitronenschale, dem restlichen Zucker und der weichen Butter verrühren. Alles zu einem cremigen Teig rühren. Den Backofen auf 180 °C (Umluft 160 °C) vorheizen. Das Mehl mit Speisestärke und Backpulver mischen und unter den Teig heben. Den Teig in eine gefettete Springform (Durchmesser 22 cm) füllen und im Ofen etwa 30 Minuten backen.

Für die Füllung das Eiweiß mit etwas Salz steif schlagen. Mascarpone mit Likör und Zucker verrühren. Sahne und Eischnee unterheben. Die Torte aus der Form lösen und abkühlen lassen. In Stücke schneiden und jedes Stück vor dem Servieren mit Creme überziehen.

ZARTBITTERSCHOKOLADE bezeichnet Schokolade mit einem hohen Kakaoanteil, der ihr einen leicht bitteren Geschmack verleiht. Im Gegensatz zur Edelbitterschokolade, die auch kaum Zucker enthält und deshalb sehr herb schmeckt, sind in der zarten bitteren Schokolade noch 50 % Zucker enthalten. Italienischen Süßspeisen wie diesem Schokoladenkuchen verleiht sie einen süß-herben, unvergleichlichen Geschmack.

MASCARPONE, ein Doppelrahmfrischkäse mit mindestens 41 % Fettgehalt, bekommt man heute in ganz Italien das ganze Jahr über. Da diese cremige Köstlichkeit leicht verderblich ist, wurde sie früher nur im Herbst und Winter hergestellt. Bekannt geworden ist der Mascarpone bei uns durch seine Verwendung im Tiramisu, doch Italiener bereiten mit ihm schon immer sowohl Pastasaucen wie Torten und himmlische Cremes zu.

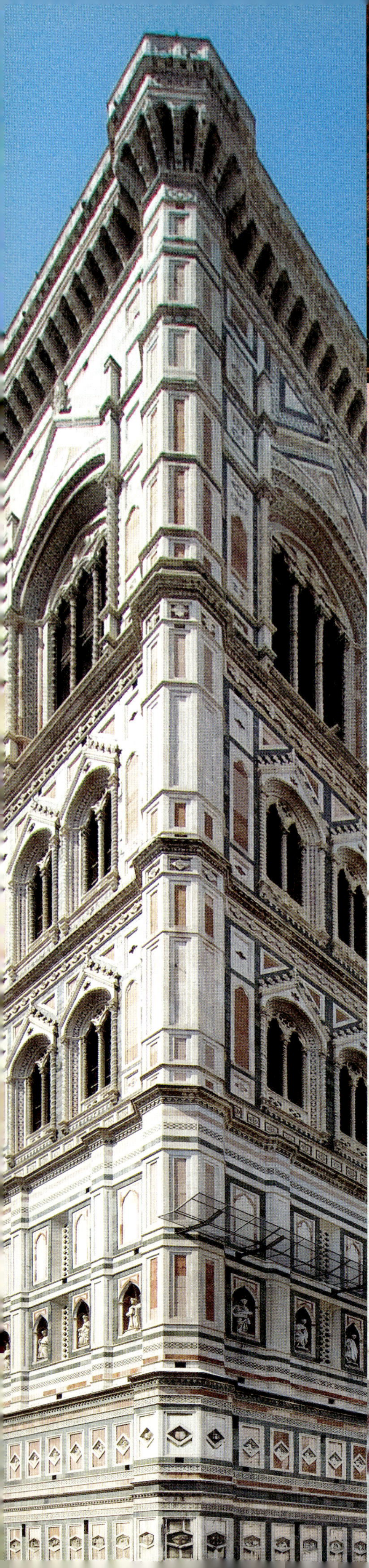
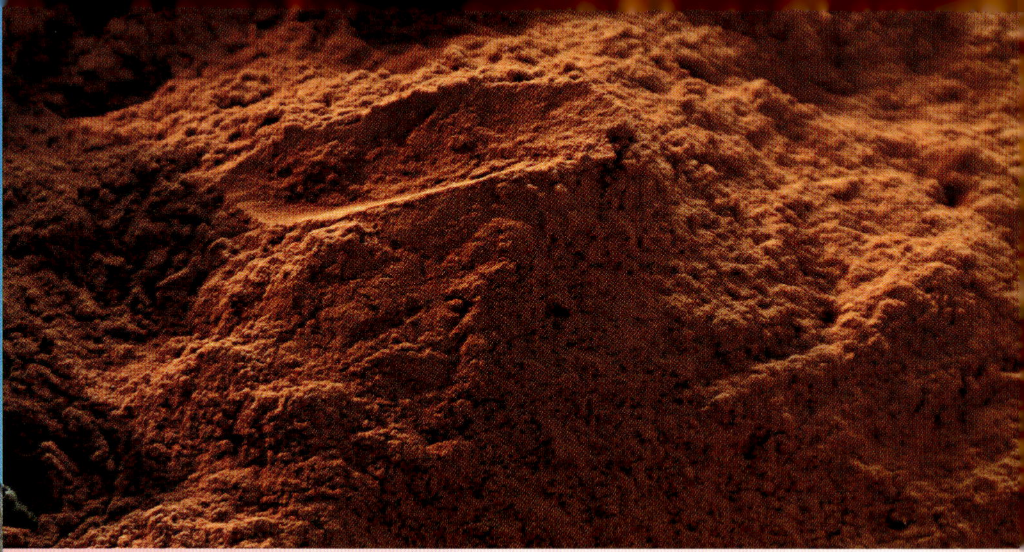
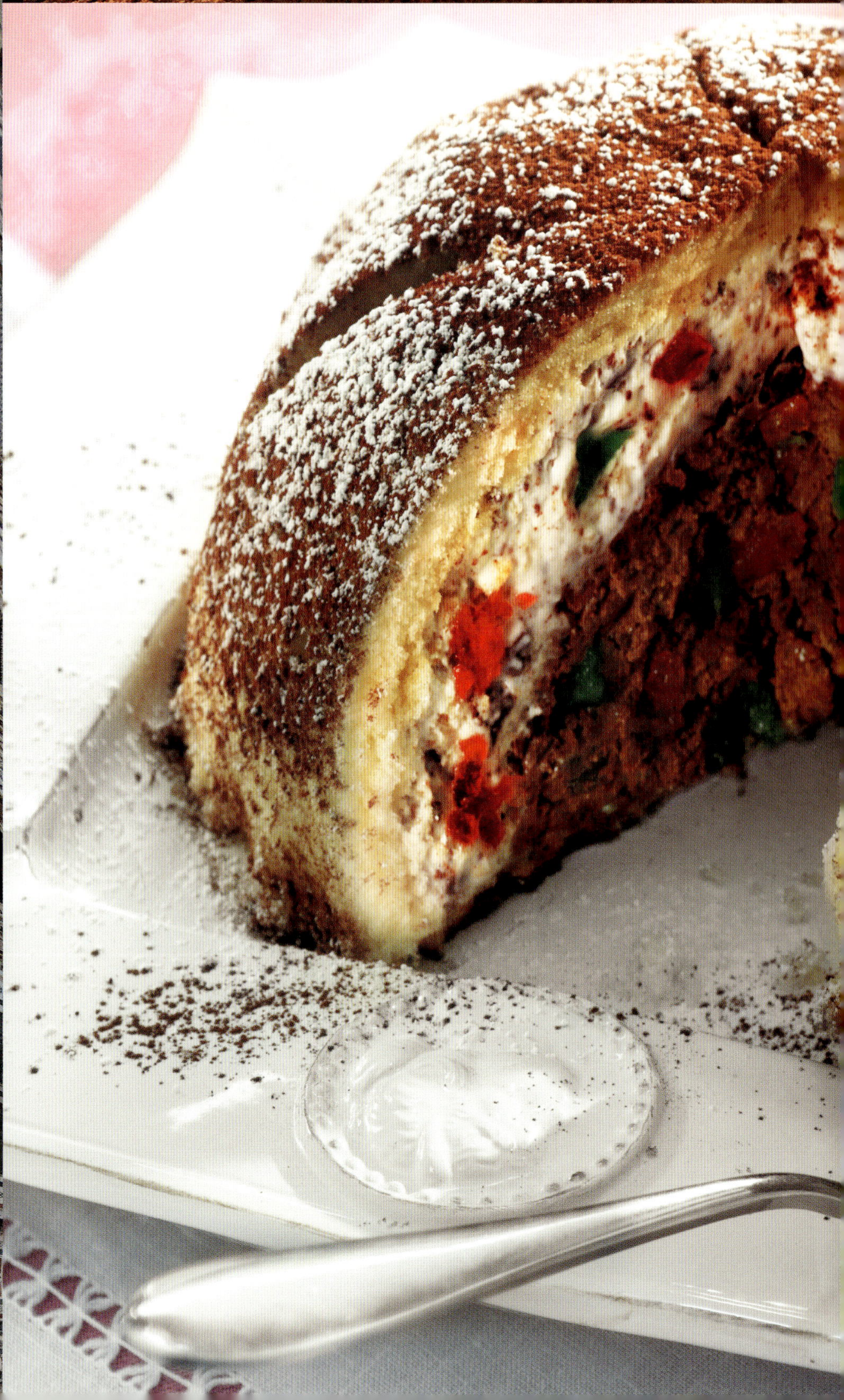

GEEISTER NUSSKUCHEN
ZUCCOTTO

Die Nüsse in einer Pfanne ohne Fett rösten, abkühlen lassen und hacken. Die Schokolade reiben. Den Brioche- oder Biskuitteig in 1,5 cm dicke Scheiben schneiden. Eine halbrunde Glas- oder Metallschüssel oder Schale (2 l Fassungsvermögen) mit Klarsichtfolie auslegen. Eine Brioche- oder Biskuitteigscheibe in der Größe des Schüsselbodens in die Schüssel legen. Die restlichen Teigscheiben in Streifen schneiden, die sich am Ende verjüngen. Die Teigstreifen auf Folie legen und mit der Hälfte des Likörs beträufeln. Die Wände der Schüssel mit einigen Teigstreifen auslegen, die sich verjüngenden Enden sollen nach unten zeigen.

Sahne mit dem Zucker steif schlagen. Kandierte Früchte hacken. Nüsse, restlichen Likör, Schokolade und kandierte Früchte mit der Sahne mischen. Unter die Hälfte 4 El Kakaopulver rühren. Erst die helle Masse in die Schüssel füllen, die dunkle Masse kommt in die Mitte. Mit den restlichen Teigstreifen abdecken. Die Schüssel mit Klarsichtfolie abdecken und den Kuchen etwa 12 Stunden in den Gefrierschrank stellen.

Den Nusskuchen etwa 1 Stunde 30 Minuten vor dem Servieren aus dem Gefrierschrank nehmen und leicht antauen lassen. Restliches Kakaopulver mit Puderzucker mischen. Den Kuchen stürzen und mit Kakaopulver-Zucker bestreuen. In Stücke schneiden und servieren.

Für ca. 12 Stück

80 g Haselnüsse

80 g Walnüsse

150 g Zartbitterschokolade

7 El Kakaopulver

500 g Brioche- oder Biskuitteig (in Kastenform gebacken)

60 ml Orangenlikör

500 ml Sahne

4 El Zucker

4 El kandierte Früchte

1 El Puderzucker

Zubereitungszeit: ca. 30 Minuten
(plus Zeit zum Gefrieren)
Pro Stück ca. 480 kcal/2020 kJ
6 g E · 26 g F · 54 g KH

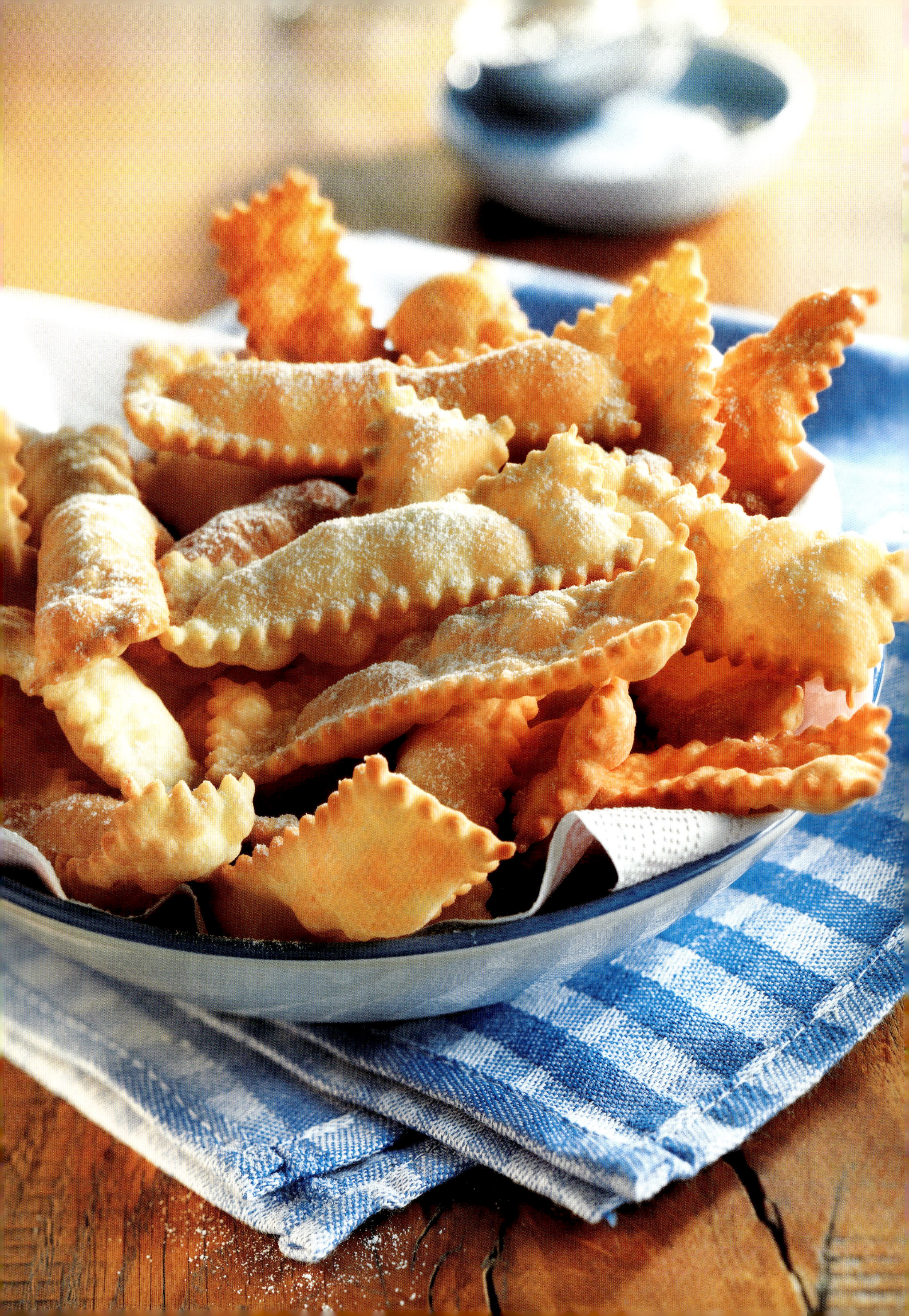

LÜMPCHEN CENCI

Das Mehl auf eine Arbeitsfläche sieben. In die Mitte eine Mulde drücken und das Ei, Öl, Zucker und Vanillezucker, Vin Santo und Zitronenschale hineingeben. Alles gut mischen und mit den Händen zu einem glatten Teig verkneten. Den Teig zu einer Kugel formen, in Folie wickeln und 30 Minuten im Kühlschrank ruhen lassen.

Anschließend den Teig dünn ausrollen und mit dem Teigrädchen erst Streifen ausschneiden, diese dann schräg in Rauten schneiden.

Öl zum Ausbacken auf 180 °C erhitzen und die Cenci darin goldbraun ausbacken. Auf Küchenpapier abtropfen lassen. Mit Puderzucker bestreuen und abkühlen lassen.

Für ca. 50 Stück
150 g Mehl
1 Ei
2 El Olivenöl
2 El Zucker
½ Päckchen Vanillezucker
1 El Vin Santo
1 Tl abgeriebene Schale von
1 unbehandelten Zitrone
Öl zum Ausbacken
Puderzucker zum Bestreuen

Zubereitungszeit: ca. 30 Minuten
(plus Ruhe- und Ausbackzeit)
Pro Stück ca. 19 kcal/81 kJ
0 g E · 1 g F · 3 g KH

TIPP:

Cenci werden in der Toskana vor allem in der Fastnachtszeit zubereitet. Sie werden je nach Form auch als Schleifchen (*fiocchetti*), Bändchen (*nastrini*) oder *crespelli* (Fältchen) bezeichnet.

Kein Ei gleicht dem anderen. Denn jedes Ei ist unterschiedlich in Größe, Form, Gewicht, Zusammensetzung von Inhalt und Schale. Frisch sind sie am besten, doch halten sich Eier auch ungekühlt mindestens drei Wochen. Der Aufdruck gibt Auskunft über Legedatum, -ort und Haltung der Hennen. Bio-Eier haben die Kennziffer 0.

MEHL aus Weizen, Roggen und Dinkel wird nach dem Grad des Ausmahlens in verschiedene Typen eingeteilt. Helles, ausgemahlenes Mehl hat die Type 405, dunkles die Type 1800. Die Type bezeichnet den Anteil an Mineralstoffen pro 100 g Mehl. Vollkornmehl enthält alle Nährwerte des vollen Korns hat keine Typenbezeichnung.

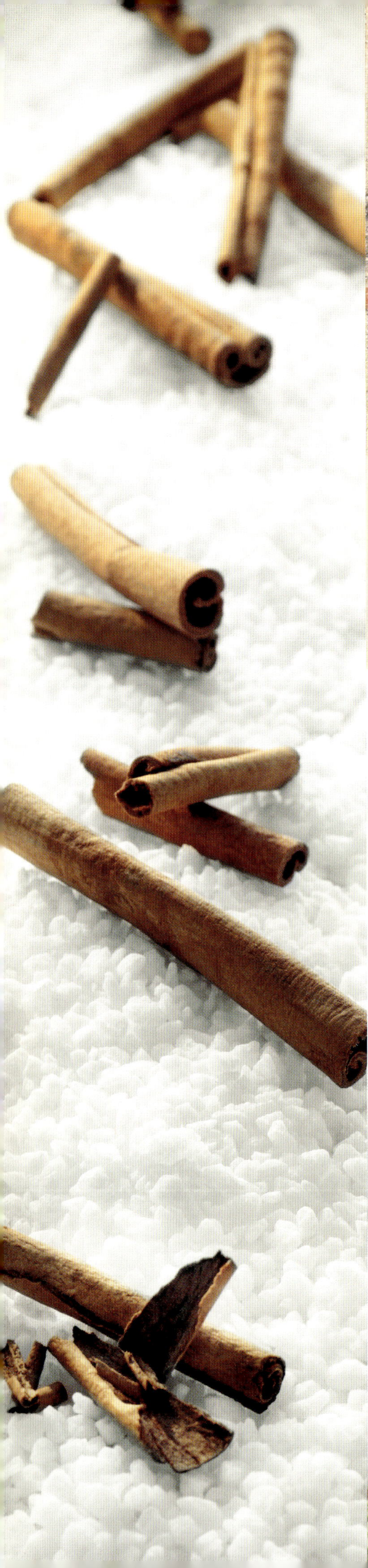
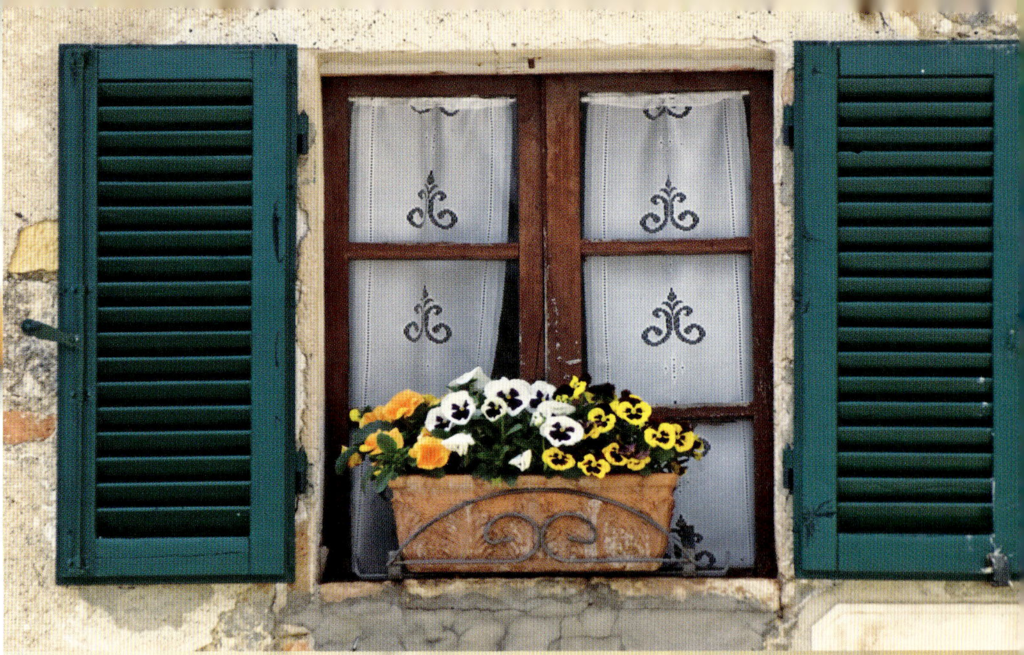
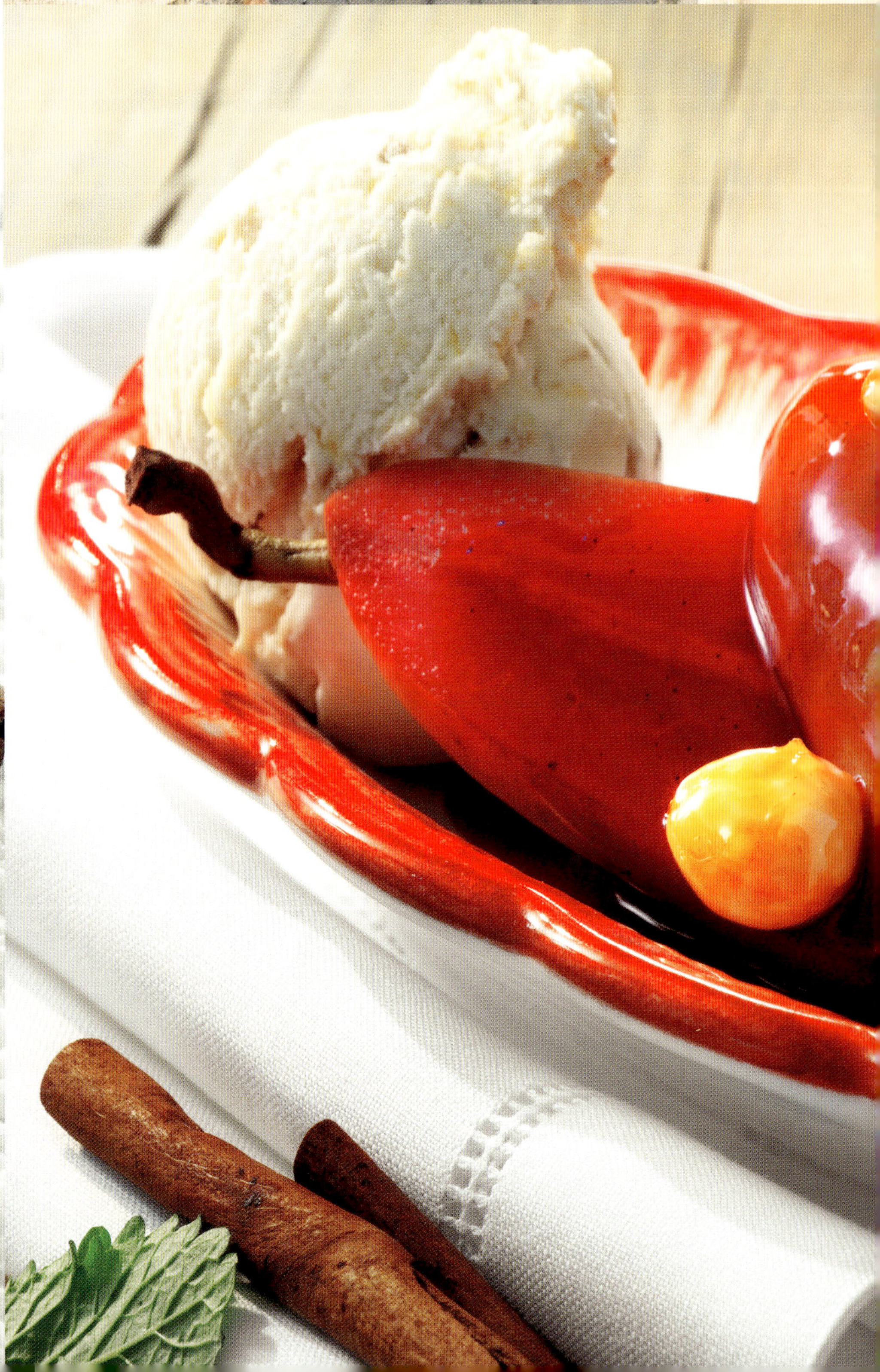

ORANGENPARFAIT
MIT AFTER EIGHT

ORANGENPARFAIT MIT
KARAMELLISIERTEN WALNÜSSEN

ORANGENPARFAIT MIT
GEHACKTEN AMARETTINI

ORANGENPARFAIT MIT MARINIERTEN ORANGEN
GELATO DI ARANCIA CON ARANCIA MARINATA

Die Eier trennen. Eigelb mit dem Vanillezucker, der Milch und 30 g Zucker verrühren. Die Masse in eine Metallschüssel geben und im heißen Wasserbad cremig rühren. Im Eiswasserbad kalt rühren. Die Sahne steif schlagen und unter die Masse heben. Das Eiweiß mit dem restlichen Zucker steif schlagen und ebenfalls unterheben. Orangeat und Orangenschale unterrühren. Die Masse in eine halbrunde Form füllen und im Gefrierschrank mindestens 5 Stunden gefrieren lassen. Die Orangen schälen, filettieren und mit Grand Marnier beträufeln. Das Orangenparfait in Scheiben schneiden und mit Orangenscheiben servieren.

* Die mit einem Sternchen versehenen Zutaten können ausgetauscht werden. Gewürze und Kräuter je nach Belieben.

Für 4 Portionen
3 Eier
40 g Vanillezucker
50 ml Milch
40 g Zucker
250 ml Sahne
50 g gehacktes Orangeat*
Zesten von 1 unbehandelten Orange*
2 Orangen*
6 El Grand Marnier*

Zubereitungszeit: ca. 30 Minuten
(plus Zeit zum Gefrieren)
Pro Portion ca. 435 kcal/1827 kJ
8 g E · 24 g F · 34 g KH

RICOTTA-SCHOKOMOUSSE
DOLCE DI RICOTTA

Für 4 Portionen
1 unbehandelte Orange
2 Gewürznelken
1 Zimtstange
100 g Zucker
100 g Zartbitterschokolade
250 g Ricotta
Salz

Zubereitungszeit: ca. 30 Minuten
(plus Koch- und Abkühlzeit)
Pro Portion ca. 342 kcal/1439 kJ
9 g E · 16 g F · 39 g KH

Die Orange heiß waschen und trocken reiben. Die Schale dünn abschneiden, die Orange auspressen. Saft und Schale mit den Nelken, der Zimtstange und dem Zucker in einem Topf zusammen mit 100 ml Wasser zum Kochen bringen. Die Mischung so lange köcheln, bis ein Sirup entstanden ist. Den Sirup durch ein Sieb streichen und abkühlen lassen.

Die Schokolade grob hacken und in einem Topf unter Rühren schmelzen. Abkühlen lassen. Den Sirup mit dem Ricotta und 1 Prise Salz verrühren. Die Schokolade unterheben. Die Creme mindestens 2 Stunden abkühlen lassen, dann portionieren und nach Belieben mit frischen Beeren und Minzeblättchen servieren.

Die gerollten Stücke der Rinde des Zimtlorbeerbaumes kennen wir als Zimtstangen, die Fleisch- und Wildgerichten, Obst- und Süßspeisen, Reis sowie Getränken beim Kochen ihren unverwechselbaren Geschmack verleihen. Gemahlener ZIMT muss sparsam dosiert werden, da sein sehr intensives Aroma die Speisen bestimmt.

ORANGEN (*arancia*) oder Apfelsinenbäume findet man in Italien vor allem im Süden. Das Land ist vor allem für seine Blutorangensorten Moro und Tarocco bekannt, die an den Hängen des Ätna auf Sizilien wachsen. Sowohl der frisch gepresste Saft der Zitrusfrüchte hat seinen festen Stammplatz in der italienischen Küche, wie auch die abgeriebene Schale und das kandierte Orangeat.

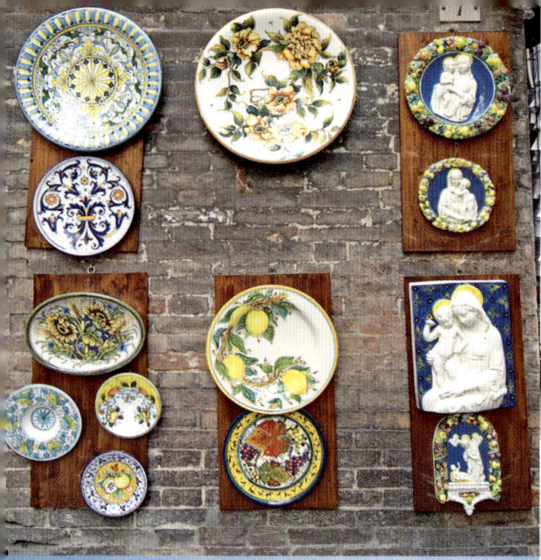
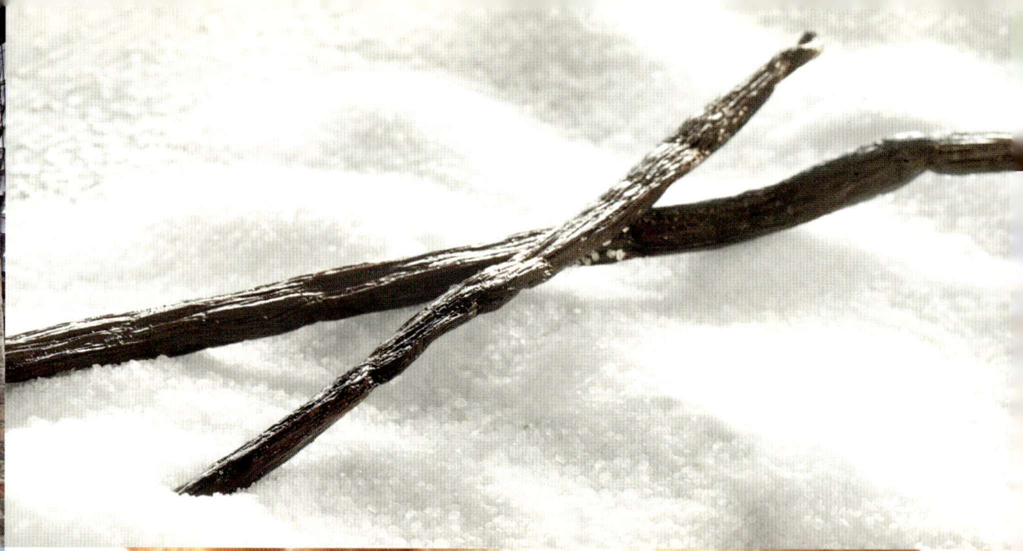
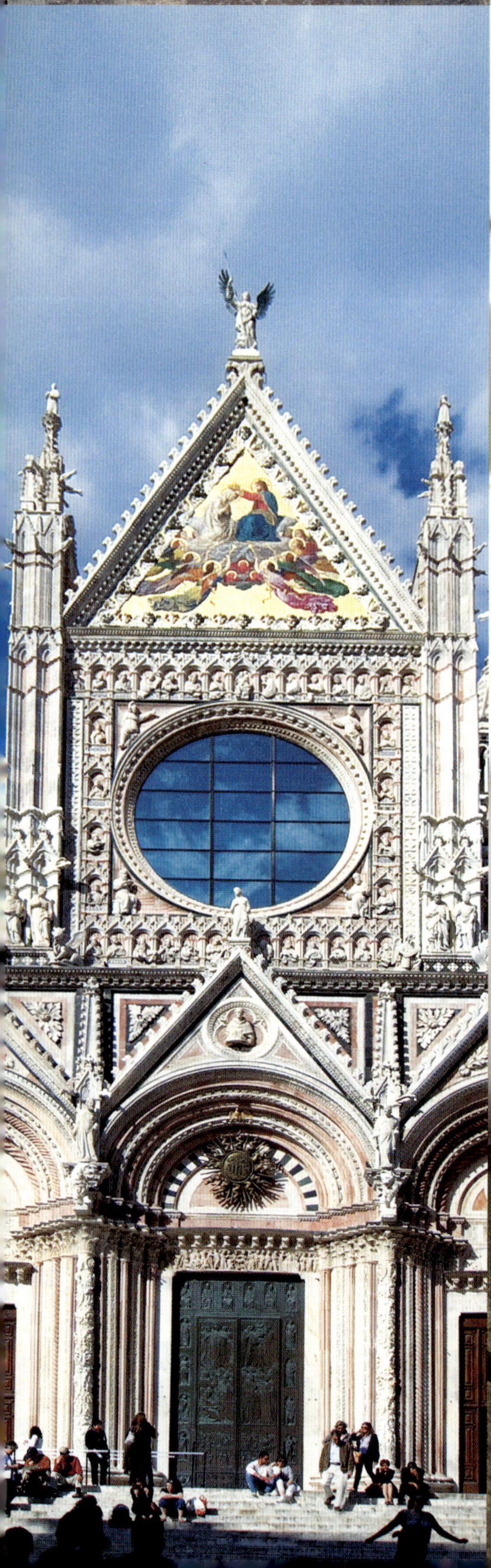
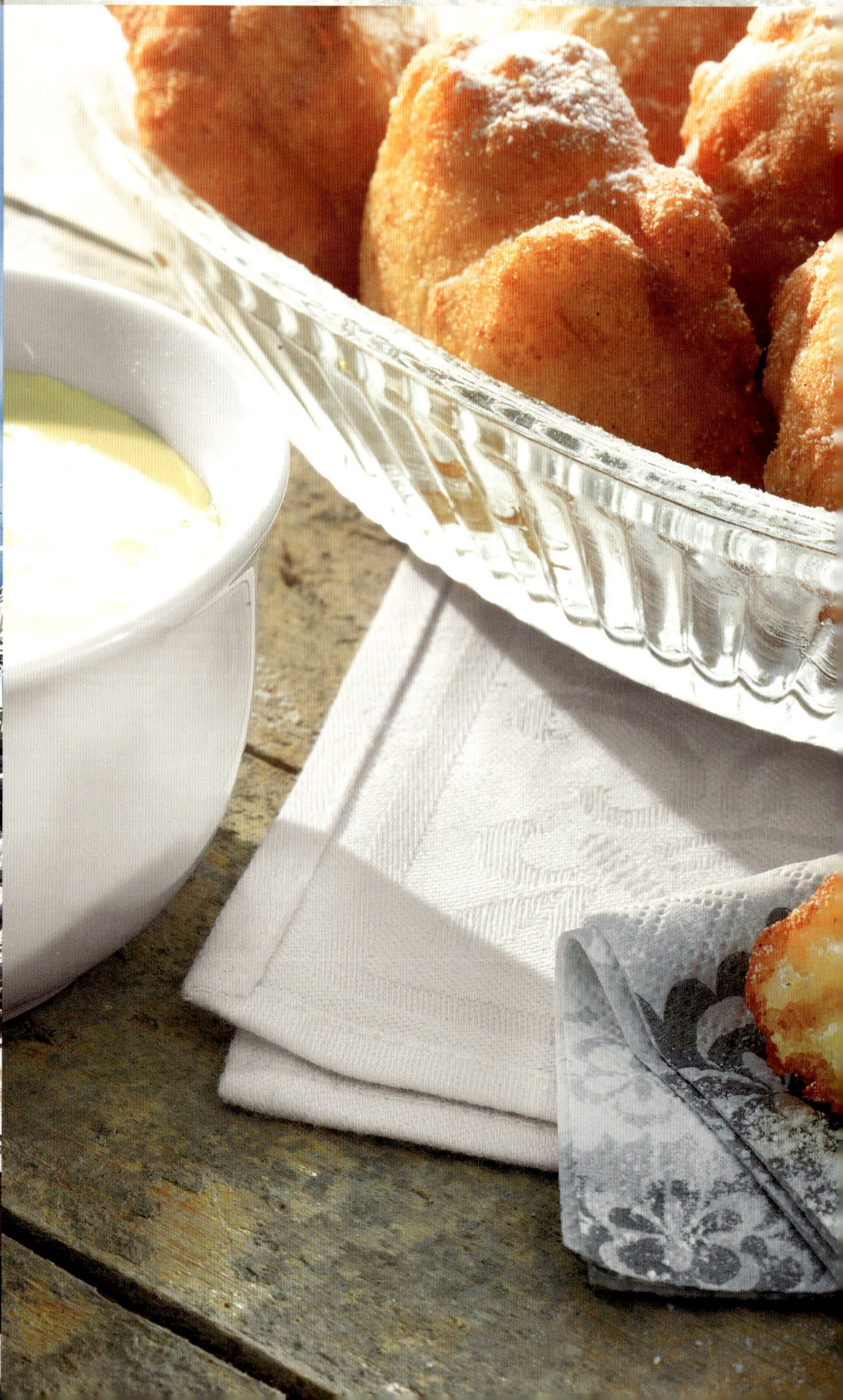

REISKUCHEN FRITELLE DI RISO

Den Reis in die Milch rühren, Salz und Zucker hinzufügen. Die Mischung in einem Topf köcheln, bis die Milch vom Reis vollständig aufgenommen ist. Die Masse über Nacht im Kühlschrank ruhen lassen. Die Eier in einer Schüssel mit der Vanille, der Orangenschale und dem Mehl verquirlen. Anschließend mit dem Reis zu einem glatten Teig verarbeiten.

Das Öl in einem hohen Topf auf 180 °C erhitzen. Mit dem Esslöffel kleine Nocken vom Reisteig abstechen und im heißen Öl goldbraun ausbacken. Auf Küchenpapier abtropfen lassen. Die Reiskuchen mit Puderzucker bestreut servieren. Dazu schmeckt eine Vanille- oder Pflaumensauce.

Für 4 Portionen
150 g Milchreis
750 ml Milch
Salz
50 g Zucker
3 Eier
½ Tl gemahlene Vanille
abgeriebene Schale von 1 unbehandelten Orange
3 El Mehl
Öl zum Ausbacken
Puderzucker zum Bestäuben

Zubereitungszeit: ca. 20 Minuten
(plus Koch-, Kühl- und Ausbackzeit)
Pro Portion ca. 340 kcal/1428 kJ
14 g E · 16 g F · 35 g KH

TIPP:

Die Reiskuchen können statt mit Reis auch mit Grieß zubereitet werden. Statt Sauce kann Fruchtkompott dazu serviert werden.

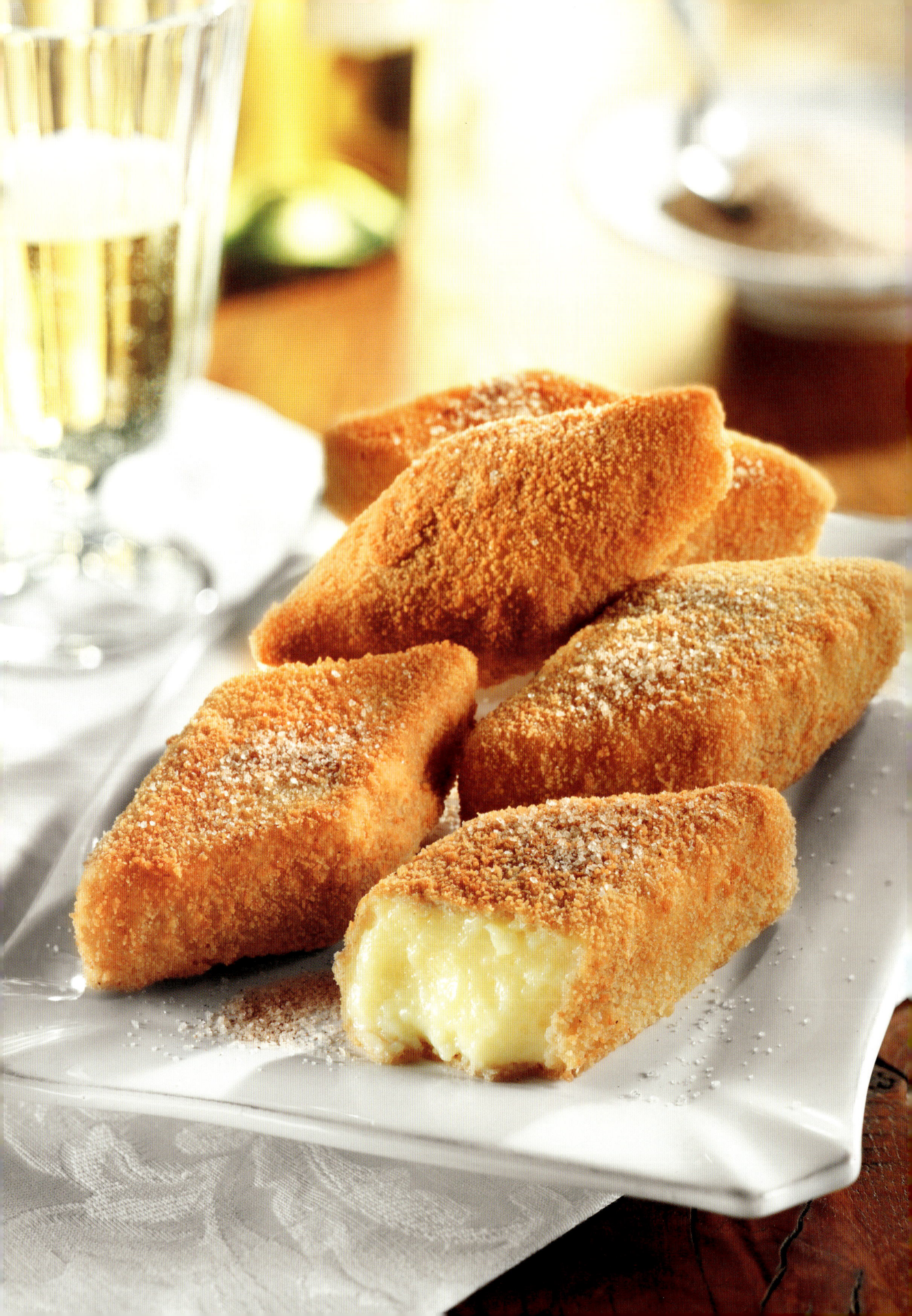

GEBACKENE SÜSSE CREME
LATTE DOLCE FRITTO

Für ca. 20 Stück
4 Eier
abgeriebene Schale von ½ unbehandelten Zitrone
50 g Zucker
500 ml Milch
75 g Mehl
4 El Paniermehl
Öl zum Ausbacken
je 1 El Zimt und Zucker

(Zubereitungszeit: ca. 20 Minuten plus Kochzeit und Zeit zum Ausbacken)
Pro Stück ca. 683 kcal/2867 kJ
14 g E · 45 g F · 56 g KH

2 Eier trennen. Eigelb mit den restlichen Eiern, der Zitronenschale und dem Zucker verrühren, nach und nach Milch und Mehl hinzufügen und zu einer glatten Creme verrühren. Die Masse in einen Topf geben und etwa 30 Minuten bei geringer Temperatur ziehen lassen. Dann unter Rühren aufkochen, den Topf vom Herd nehmen und etwas abkühlen lassen. Die Creme etwa 2 cm hoch auf ein kalt ausgespültes Backblech streichen und auskühlen lassen.

2 Eiweiß steif schlagen. Das Paniermehl auf einen Teller geben. Das Öl in einem hohen Topf auf 180 °C erhitzen. Aus der Masse Rhomben schneiden, in Eischnee und Paniermehl wenden und im heißen Öl goldbraun ausbacken. Auf Küchenpapier abtropfen lassen. Zimt und Zucker mischen und die Cremestücke damit bestreuen. Warm servieren.

AVIE MOSCATO PASSITO, CASCINA CASTLET, PIEMONT

In der Farbe intensiv goldgelb, mit lang anhaltendem Aroma, das an reifes Obst, Orangenblüten, süße Gewürze und Vanille erinnert – einfach köstlich zu Cremespeisen.

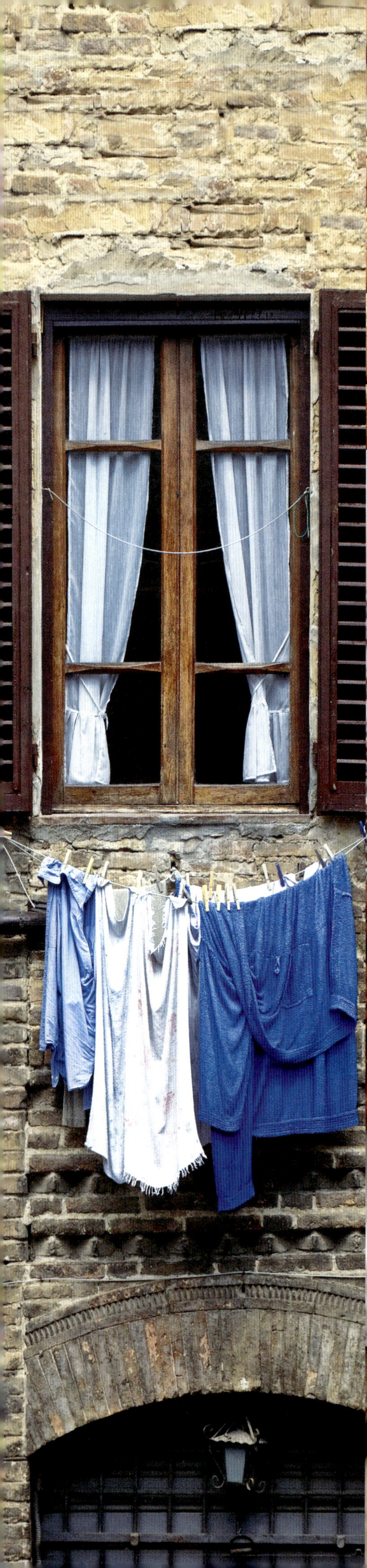
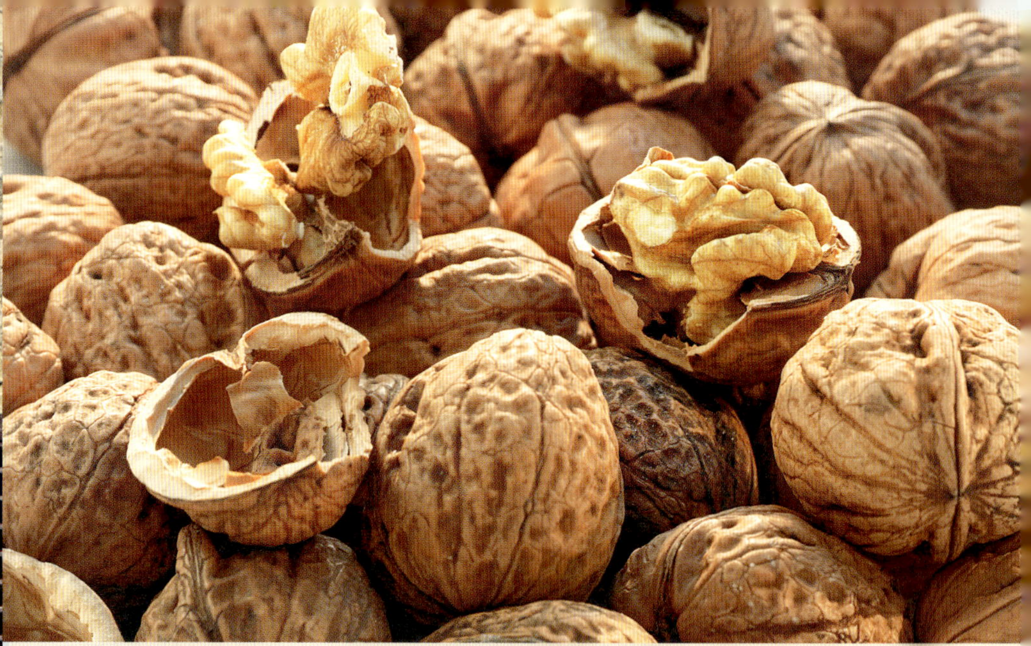
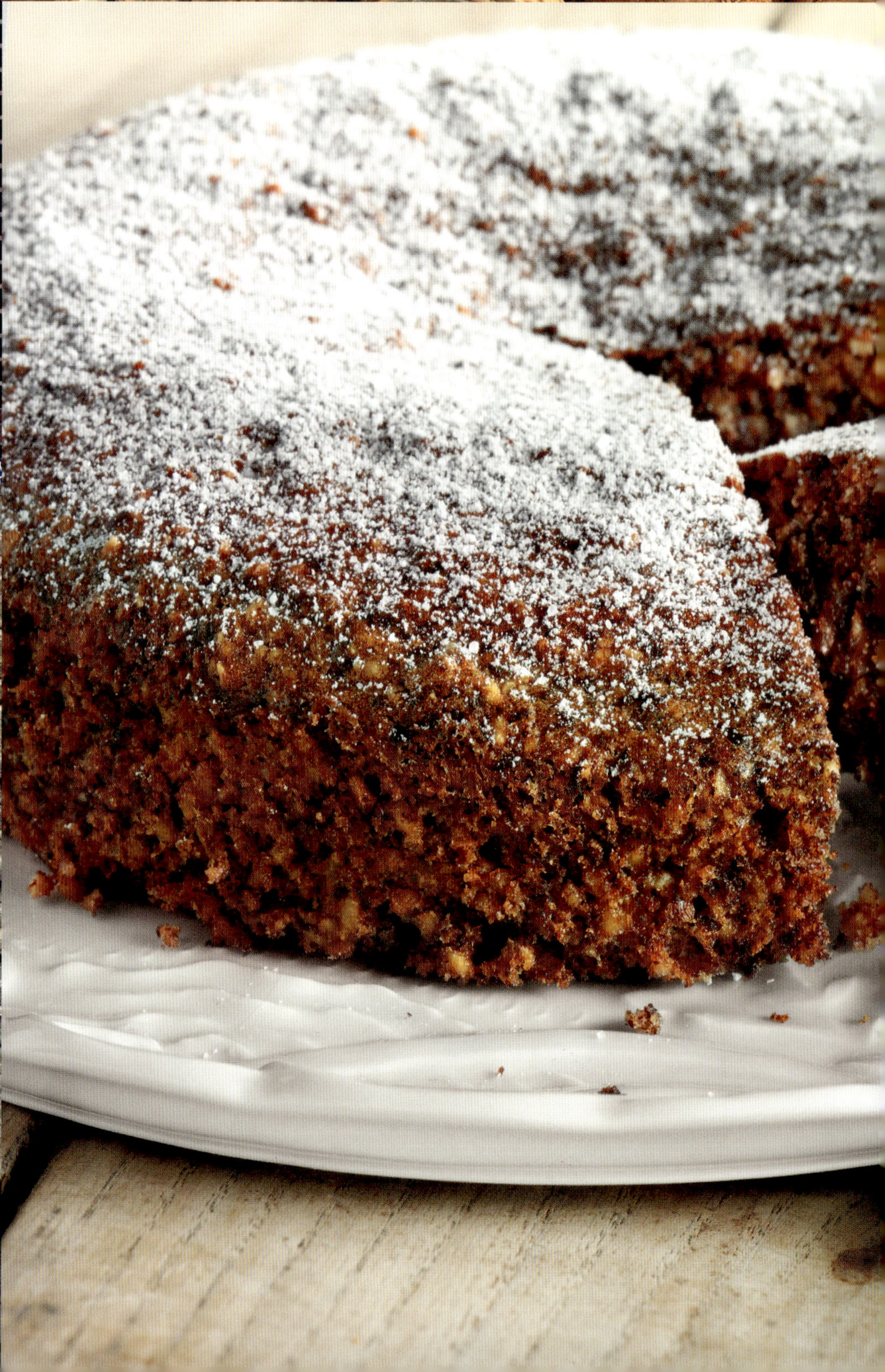

KASTANIEN-FLADEN
CASTAGNACCIO

Für ca. 12 Stück
300 g Kastanienmehl
Salz
1 El Zucker
2 El Olivenöl
50 g Pinienkerne
50 g Walnusskerne
50 g getrocknete Feigen
1 Rosmarinzweig

Zubereitungszeit: ca. 20 Minuten
(plus Backzeit)
Pro Stück ca. 121 kcal/507 kJ
2 g E · 7 g F · 12 g KH

Den Backofen auf 200 °C (Umluft 180 °C) vorheizen. Das Mehl mit 500 ml Wasser glatt rühren. Salz und Zucker einrühren und 1 El Öl untermischen. Die Pinienkerne, Nüsse und Feigen grob hacken. Die Rosmarinnadeln vom Zweig zupfen, hacken und ebenfalls unterheben. Die Springform mit dem restlichen Öl einpinseln und den Teig hineinfüllen. Im Ofen etwa 30 Minuten backen, bis der Fladen braun ist.

TIPP

In manchen Gegenden wird der Fladen sehr flach und mit Rosmarin zubereitet, wie ein knuspriges Nussbrot.

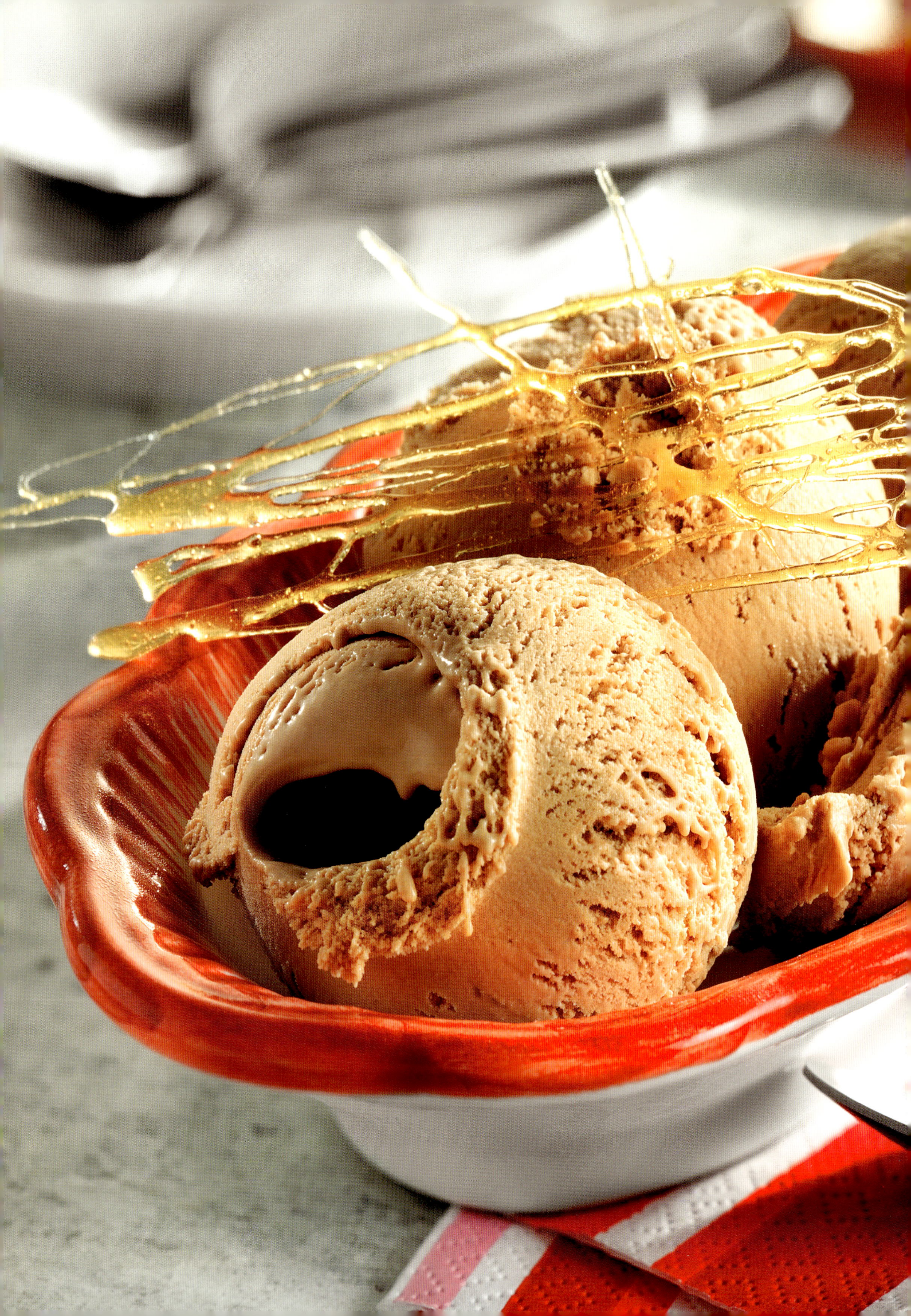

BUTTER (*burro*), von griech. *bous tyros*, Kuhkäse, ist ein unverzichtbarer Geschmacksverstärker und wird heutzutage in großen EU-Mengen produziert. Man bekommt sie als Süß-, Sauerrahm- und gesalzene Butter. Das Säuern übernehmen Milchsäurebakterien. Gesalzen wird sie vornehmlich in südlichen Ländern. Besonders delikat ist die Butter aus Milch von Kühen, die weidefrisches Gras gefressen haben.

TROCKENFRÜCHTE werden schonend und nicht allzu heiß, bestenfalls sogar in Luft und Sonn, getrocknet. Was übrig bleibt, sind maximal 20 % Wasser, dafür aber alle Nährstoffe in hochkonzentrierter Form. Weicht man sie in Wasser ein oder kocht sie in Saucen mit, werden sie schnell wieder weich und fleischig. Trockenobst ist lange haltbar, es kann sich jedoch verfärben. Zur Abwehr von Motten wird es geschwefelt.

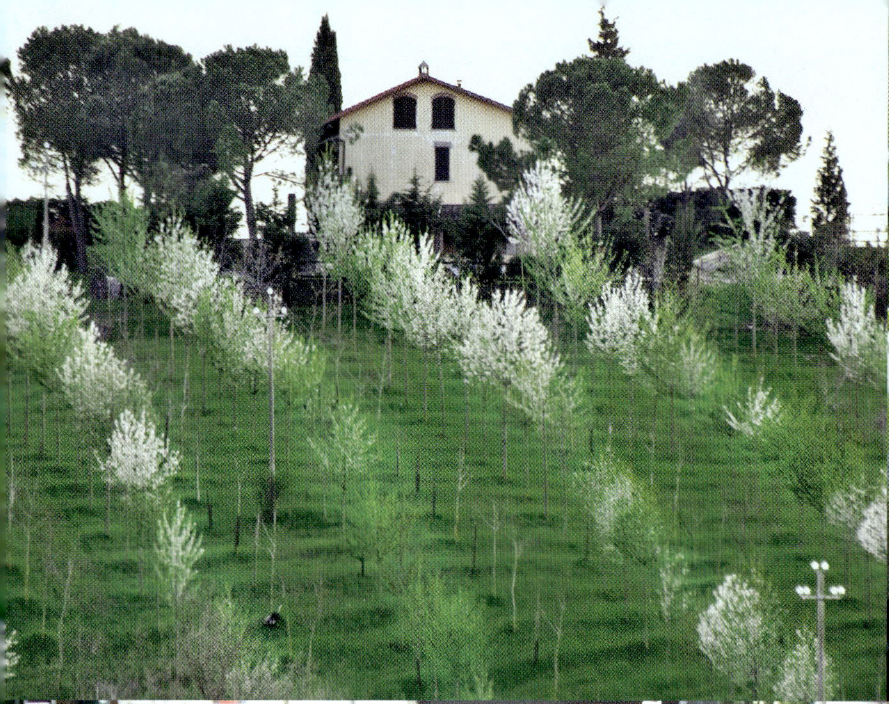
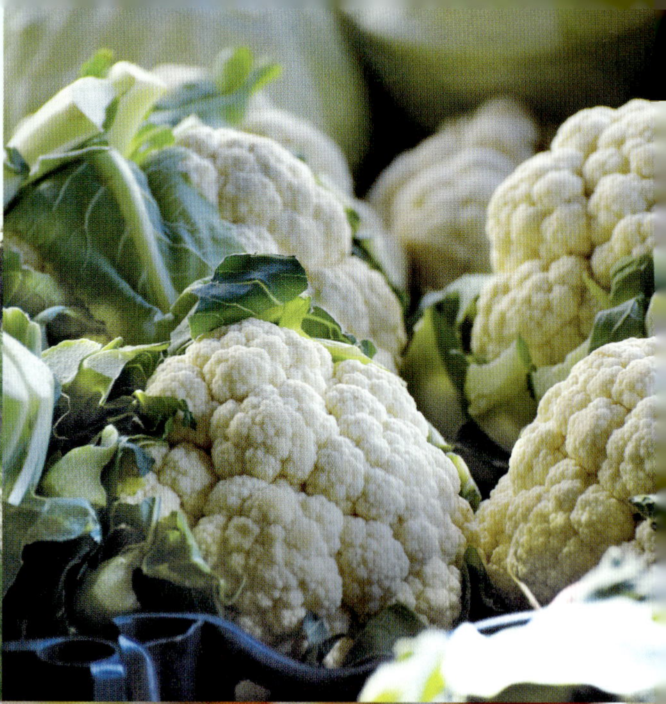
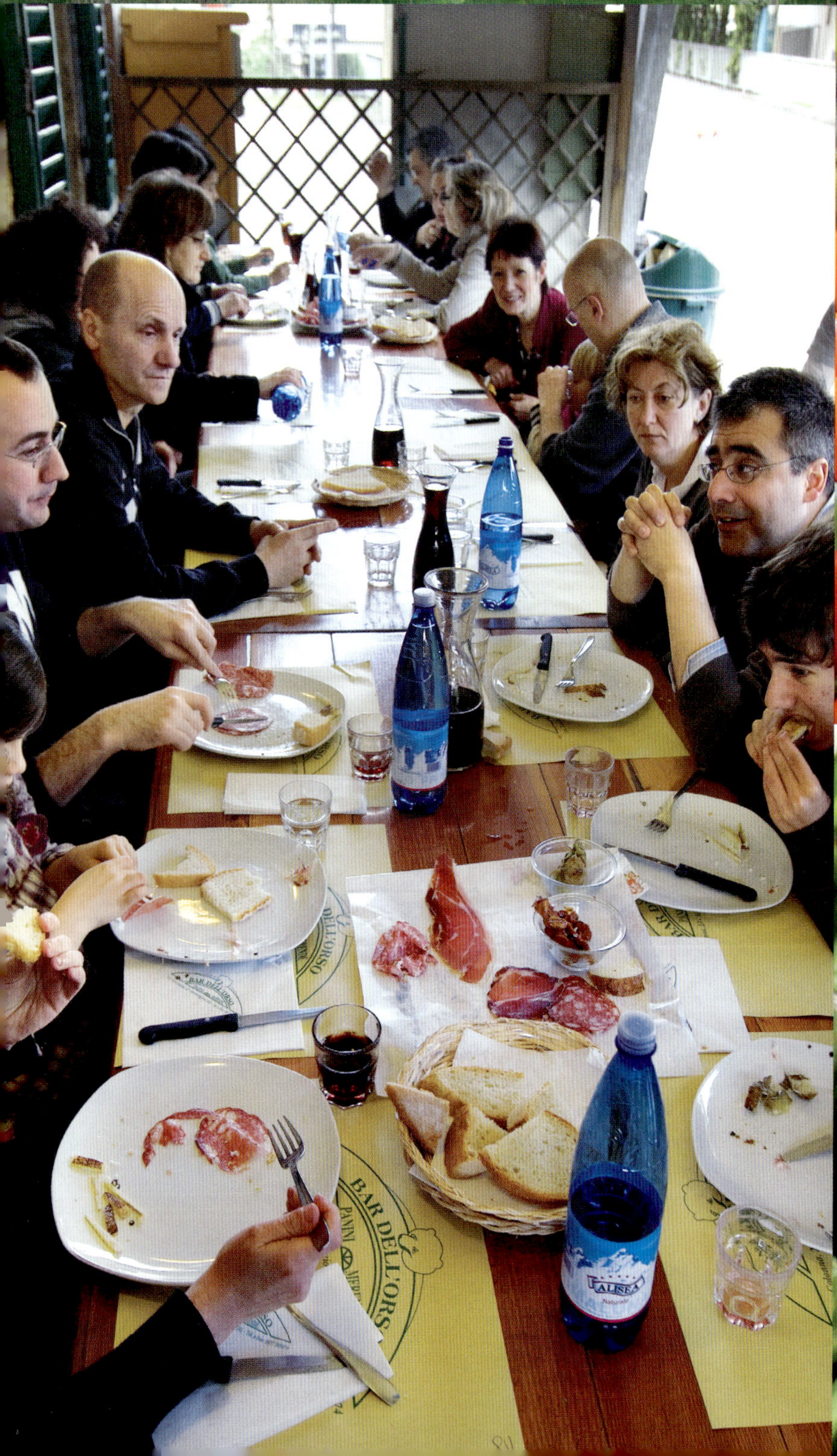
BAR DELL'ORSO
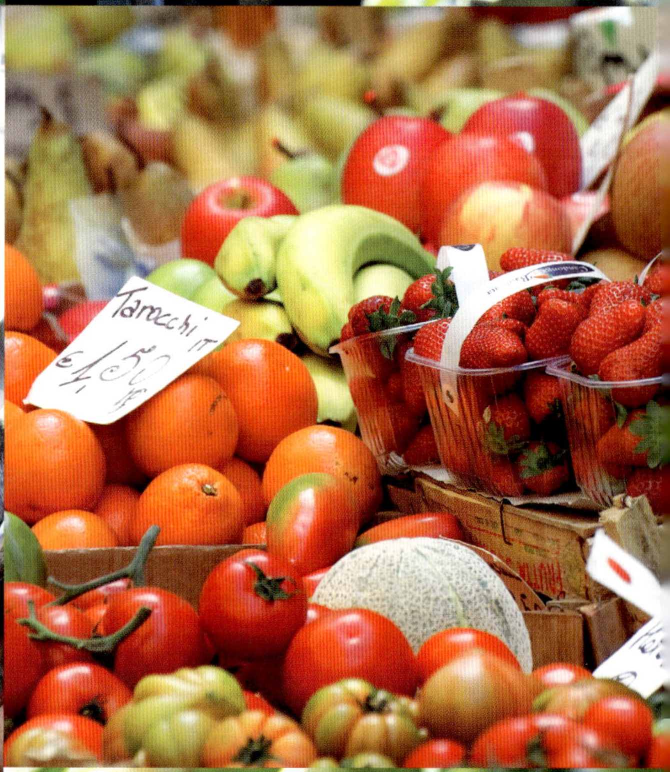
Tarocchi
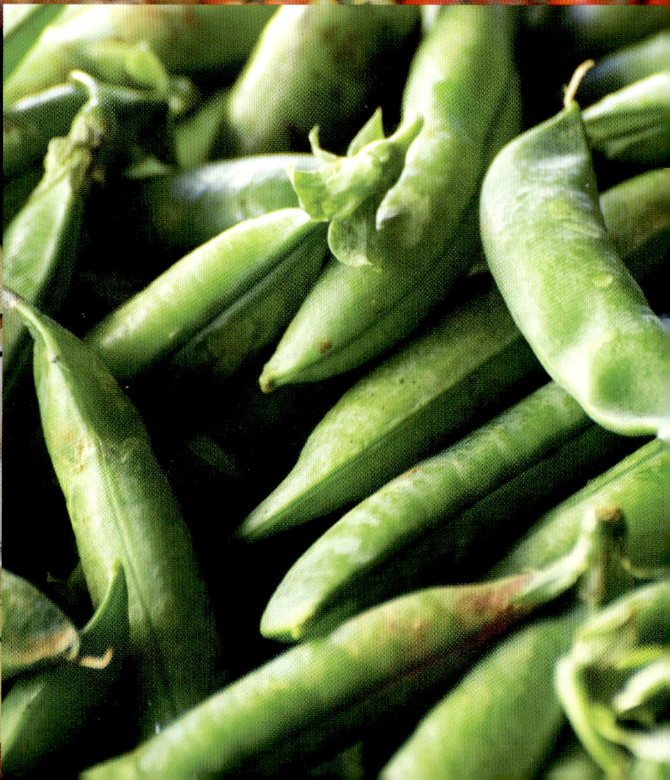

PLANET WEIN

Weinempfehlungen in diesem Buch

Frei nach dem Motto:

„Für einen guten Wein braucht man keinen Anlass, der Wein ist Anlass genug" finden Sie im Planet Wein eine weltweite Sortierung feinster Tropfen vom einfachen Zechwein bis hin zu internationalen Raritäten. Über 1000 verschiedene Sorten präsentieren sich in den Regalen unseres mediterranen Ladengeschäfts am wunderschönen Berliner Gendarmenmarkt, in dem man nicht nur Weine einkaufen, sondern auch direkt vor Ort genießen kann und auch eine kleine kulinarische Begleitung dazu findet.

Sollten Sie nicht die Gelegenheit haben uns persönlich kennenzulernen und die vielen besonderen Serviceleistungen wie gekühlte Weine, fachkundige Beratung, Lieferungen, Präsentservice und Verleih von Equipment vor Ort in Anspruch zu nehmen, finden Sie eine große Auswahl der Weine auch in unserem Webshop.

PLANET WEIN

Weinhandel am Gendarmenmarkt
Mohrenstraße 30
Eingang Charlottenstraße
10117 Berlin

Tel. 030.20454118
Fax 030.20454119

Öffnungszeiten
Mo - Fr 12.00 - 20.00 Uhr
Sa   12.00 - 18.00 Uhr

www.planet-weinhandel.net

REZEPTVERZEICHNIS

Aal in Tomatensauce 208
Apfelkuchen 220
Artischocken, gekochte 36
Artischockenböden mit Pilzbutter 50
Auberginenauflauf 100
Aufgekochte Gemüsesuppe 88
Bandnudeln mit Kaninchen 128
Bohnensalat, gemischter, mit Thunfisch 48
Brotsalat 26
Bruschetta mit Trüffeln 24
Creme, gebackene süße 244
Crêpes mit Spinat-Ricotta-Füllung ...104
Crostini mit Hühnerleber 20
Dicke Bohnen mit Pecorino 38
Dinkelsuppe 78
Dorade mit Steinpilzen 164
Doradenfilets mit Dicken Bohnen 194
Ente mit Salbei-Orangen 202
Erbsen Florentiner Art 120
Fasan, gefüllter 162
Fenchel, überbackener 116
Filetscheiben mit Steinpilzen 44
Fischsuppe 86
Fischtopf, gemischter 176
Florentiner Zwiebelsuppe 76
Florentinisches Rindersteak 148
Forelle, gebackene, mit Oliven 186
Forellengelee 40
Frittata mit Tomaten und Zucchini 22
Frittiertes Gemüse 124
Gebackene Forelle mit Oliven 186
Gebackene süße Creme 244
Gebackener Mozzarella mit Staudensellerie 62
Geeister Nusskuchen 230
Gefüllte Pfirsiche mit Amaretti 226
Gefüllte Steinpilze 28
Gefüllte Tintenfische 154
Gefüllte Tomaten 54
Gefüllte Zucchiniblüten 58
Gefüllter Fasan 162
Gefüllter Rinderrollbraten 160
Gefülltes Kaninchen 178
Gegrillte Sardinen 30
Gekochte Artischocken 36
Gekochte Sahne mit Himbeeren 214
Gekochtes Wasser 92
Gemischter Bohnensalat mit Thunfisch 48
Gemischter Fischtopf 176

Gemüse, frittiertes 124
Gemüsesalat mit Kartoffeln 56
Gemüsesuppe 68
Geschmorte Kalbshaxe 188
Geschmorte Weiße Bohnen 112
Gnocchi mit Käsesauce 134
Grüne Nudeln 118
Hackbällchen mit Ricotta 182
Hähnchen auf toskanische Art 174
Hähnchen mit Oliven 144
Hasenragout mit Mandelsauce 190
Hefefladen mit Trauben 224
Honigkuchen aus Siena 222
Kalbsbraten im Speckmantel 168
Kalbshaxe, geschmorte 188
Kaninchen nach Jägerinnen-Art 206
Kaninchen, gefülltes 178
Karamelleis 248
Kartoffeln aus dem Ofen mit Zucchini und Pilzen 108
Kastanienfladen 246
Kastaniennudeln mit Pilzsauce 132
Kastanienpudding 218
Kichererbsensuppe 72
Kürbisschnitten 52
Kürbissuppe 84
Kutteln nach Florentiner Art 152
Lammbraten mit Rosmarin 192
Lammfleischeintopf mit Wein 200
Lauch, marinierter 32
Leberspieße mit Fenchel 170
Lümpchen 232
Maisschnitten mit Mangold 130
Makrelen mit Tomaten 198
Mandelfladen 236
Mandelgebäck 216
Marinierte Sardellen 46
Marinierter Lauch 32
Mariniertes Wildschweinragout 172
Meeresfrüchtesalat 60
Mozzarella, gebackener, mit Staudensellerie 62
Nudelauflauf 138
Nudeln mit Wildschwein 122
Nusskuchen, geeister 230
Orangenparfait mit marinierten Orangen 238
Penne mit Rindfleischsauce 106
Pfefferfleisch 146
Pfirsiche, gefüllte, mit Amaretti 226

Pilzsuppe 70
Putenbraten in Milch 184
Reiskuchen 242
Ricotta-Schokomousse 240
Ricottatörtchen mit Fruchtsauce 250
Rinderbraten mit Paprikagemüse 196
Rinderrollbraten, gefüllter 160
Risotto mit Frühlingsgemüse 136
Risotto mit Tintenfisch 98
Rotbarben Livorneser Art 150
Rote-Bete-Salat 42
Rotweinbirnen 234
Sahne, gekochte, mit Himbeeren 214
Sardellen, marinierte 46
Sardinen, gegrillte 30
Schokoladentorte 228
Schwarzer Risotto 114
Schweinebraten nach Art der Maremma 158
Seezungenfilets mit Orangensauce ..156
Spaghetti mit Meeresfrüchten 126
Spinat mit Knoblauch 102
Spinatpudding 34
Steinpilze, gefüllte 28
Stockfisch mit Kartoffeln 180
Teigtaschen mit Salbei und Butter 110
Tintenfisch mit Weißen Bohnen 204
Tintenfische, gefüllte 154
Tomaten-Brotsuppe 82
Tomaten, gefüllte 54
Toskanische Tomatensuppe 90
Toskanischer Pudding 252
Überbackener Fenchel 116
Wachteln mit Trauben 166
Wasser, gekochtes 92
Weiße Bohnen-Suppe 74
Weiße Bohnen, geschmorte 112
Wildschweinragout, marinierter 172
Zucchiniblüten, gefüllte 58
Zucchinisuppe 80